Luxe & Digital

Sous la direction de
Darkplanneur

Luxe & Digital

DUNOD

Site internet du livre : http://www.luxeandigital.com
Couverture : Splendens Factory
Photographe : Virginie Khateeb
Directeur artistique : Valentin Ammann
Modèle : Anaïs Duquesne
Photographie Éric Darkplanneur Briones : François Tancré

11 rue Paul Bert, 92240 Malakoff
www.dunod.com

ISBN 978-2-10-074418-3

Remerciements

Remerciements à Isabelle Faggianelli, Solenn de la Croix, Céline & Charline, Cathary, Anaïs Duquesne, Virginie Khateeb, Hélène Le Blanc, Élisabeth Ciadella, Valentin Ammann, Nicolas André, Olivier Nicklaus, Régis Pennel, Marc Drillech, Arnaud Collin, Pascal Iakovou, Jean-Christophe Herail, Thomas Mondo, Vincent Grégoire, Bruno Kauffman, François Tancré, Garance Doré, toute la communauté brillante des plumes de notre livre, et bien sûr mes chers parents.

« La tradition peut bloquer car vous devez refaire plutôt que faire.
L'héritage, c'est avoir un nom qui vous donne la liberté d'aller plus loin. »

Alber Elbaz

« Je crois qu'une chose manque pourtant dans ce monde tout-numérique.
La sensualité du contact avec les objets. »

Bret Easton Ellis

« L'important, c'est de durer. »

Yves Saint Laurent

Sommaire

Préface

J'aime les préfaces à forte personnalité, celles qui savent vous faire rentrer de plain-pied dans un sujet. Elles sont dénuées de flagornerie pour leur commanditaire, car autonomiste, elles développent leur propre existence, c'est pourquoi à elles seules, elles justifient l'achat d'un livre. C'est l'ambition de cette préface, qui prend la forme d'une conversation sans concession avec le directeur artistique français le plus important de sa génération, Simon Porte, créateur de la Maison JACQUEMUS. J'ai rêvé cette rencontre dès la genèse du livre, et elle s'est déroulée un an plus tard, en octobre 2015, dans ses ateliers, autour de deux séances à la fois stratégiques, passionnées et psychanalytiques. La pensée de Simon est cristalline, elle est une feuille de route pour les Maisons qui veulent rayonner tout en perdurant dans l'ère Postdigitale. Durer, voilà d'ailleurs l'obsession remarquable de Simon Porte, à l'heure où nombre de jeunes créateurs utilisent leurs marques comme un CV afin d'attirer les grands groupes pour leur confier leurs vaisseaux amiraux. À l'opposé de notre visionnaire préfacier, dont le plus grand rêve est que dans quarante ans, un jeune créateur puisse rêver de reprendre les rênes de JACQUEMUS.

- **À quoi ressemblerait la Maison JACQUEMUS sans digital ?**

C'est une question difficile car ma vie, je ne l'ai pas connue sans. J'ai été blogueur dès l'âge de 12/13 ans, j'ai commencé à faire de l'image, à être créateur d'image. Je n'ai pas tout de suite commencé avec ma marque, c'était très spontané, j'ai d'abord fait des images pour dire qui j'étais et j'ai communiqué sur ces images-là. J'ai toujours connu un open album photo, où l'on partage tout et n'importe quoi, mais où finalement, ça a du sens.

- **Quelle est l'influence d'Instagram dans le monde de la mode ?**

C'est une vraie question : maintenant, les créateurs font de la mode pour que ça marche sur Instagram, ça doit être fort, très visuel. Quelque chose est en train de changer : il faut vraiment vendre ce que l'on montre. Ça devient pour moi ici, l'obsession. J'ai raccourci les collections ; il y a une envie de 100 % de vérité, d'aller dans les boutiques, se dire « ça je l'ai vu, je l'identifie, c'est JACQUEMUS ». Cette envie d'être vraiment en phase avec les gens. On s'est rendu compte que la clientèle veut acheter ce qu'elle voit. Maintenant, toutes ces plateformes offrent une visibilité monstre, du coup les boutiques peuvent prendre plus de risque, peuvent avoir des pièces beaucoup plus spéciales. C'est souvent ce que je dis aux journalistes : « Faites attention, on identifie parfois certains modèles comme commerciaux, mais le succès commercial ne repose parfois pas sur des "pièces commerciales" ». J'aimerais beaucoup qu'il y ait des tableaux, avec des chiffres.

- **Justement la Data et le Big Data ne te font pas peur ?**

Non, au contraire, c'est excitant ! On est dans une autre période où le marché est tellement saturé par l'offre qui se ressemble, qu'être différent est primordial : faire des choses où l'on retrouve des codes, des signatures très fortes, c'est-à-dire que sans voir l'étiquette, on sait qui c'est… Pour moi c'est ça qui est important… On se posait la question du vêtement viral, en fait c'est plus comme une signature qu'il faut avoir dans ce monde.

- **Il y a un mot fondamental pour toi : viralité.
La viralité est à la fois une obsession quotidienne et un principe de réalité économique…**

Je crois que quand on démarre avec peu de moyens, comme je l'ai fait, la viralité devient fondamentale. Il fallait que les gens partagent, aiment et regardent ce que je faisais. Cette viralité, ça a tout de suite été clé dans JACQUEMUS… C'est un sens en soi, la *viralité*.

- **Pas de viralité possible sans une vérité implacable :
Imagery is Currency ?**

Je n'ai pas fait le choix d'être viral ou de ne pas l'être, ça s'est fait assez naturellement et spontanément. Le défilé dans la piscine, dans la salle de jeux, ou le dernier avec un cheval très poétique, ont eu d'énormes retombées. On est dans un monde où l'on est de plus en plus éduqué et habitué à ça, *via* les réseaux et les applications, comme Instagram. Et parfois, on se surprend à faire des choix liés à nos applications, c'est presque dangereux.

- **Cette viralité chevillée au corps, c'est l'antithèse des obsessions du créateur dans sa tour d'ivoire. L'ambition JACQUEMUS, c'est bien d'être aimé, porté par le plus grand nombre ?**

Je suis un peu un cas à part parce que j'ai toujours voulu être populaire. Je veux être le créateur de ma génération… Oui, d'être porté par ma génération… J'ai toujours eu l'impression d'être lié avec les gens. L'aspect humain est très important pour moi, c'est un lien essentiel que je ne veux pas perdre. Je n'ai jamais voulu mettre de barrières. Et ça passe par beaucoup de choses : la communication directe, ne rien cacher, ne rien filtrer, que ce soit une image de moi à la mer, parce que je la trouve belle… Ne rien cacher, ne rien filtrer, un direct sens : ça passe aussi par faire des concepts assez compréhensibles, faciles et ludiques, qui pourraient s'adresser à un enfant de 4 ans, comme à une grand-mère…

- **Revenons à ton Instagram, est-il un voyage au cœur de ton cerveau ?**

Oui, c'est mon cerveau, sans filtre. C'est très personnel. C'est un tout. Parfois je publie des choses que je ne devrais pas mettre, mais je ne peux pas m'en empêcher.

- **Comment est venue l'idée d'un triptyque d'une même image sur ton Instagram ?**

Je pensais que c'était plus fort. J'avais posté 3 images du même style à la suite, sans faire exprès, et ça a créé une ligne. Je trouvais ça beaucoup plus impactant et plus fort, et aussi très « signature ». Puis l'émergence de la capitale, du triptyque, de la répétition de 3 images.

- **J'aimerais que tu nous racontes l'histoire de l'e-shop JACQUEMUS, un véritable ovni dans l'univers de l'e-commerce.**

Au départ, on s'est retrouvé avec un énorme stock sur les bras, alors je me suis dit qu'on allait faire notre boutique en ligne. Mais mon équipe a voulu (parce que c'était plus rapide) montrer les vêtements sur fond blanc, comme sur tous les sites, où on peut les voir en 3D… Mais je savais que ça n'allait pas marcher, j'étais contre ; on a reçu les images, je n'ai pas trouvé ça joli, mais on a quand-même mis en ligne et une semaine plus tard, j'ai compris que j'avais raison. Alors j'ai dit qu'on allait refaire à ma manière : c'était l'expérience de mon Instagram. Pour moi, c'est beaucoup plus viral, plus fort, une personne qui porte les vêtements… Les photos n'étaient pas parfaites, les vêtements étaient froissés… Personne n'aurait accepté ça, mais c'était assez vrai, assez réel, et toujours beau, avec une certaine poésie, sur la plage, ou devant une usine nucléaire… Ça a très bien marché, on a fait une cinquantaine de ventes.

C'est un roman-photo… et c'est le roman-photo d'une héroïne, de la femme JACQUEMUS… C'est toujours la même, elle n'a jamais changé… Elle passe du parasol à la centrale nucléaire… Pour moi, c'est la même depuis le début. La vie de cette femme JACQUEMUS est dynamique, j'espère bien qu'elle sera tous les étés à la Grande Motte en train de manger de la glace, elle se ferait chier sinon !

- **Derrière cet e-shop, il y a une philosophie de vente qui dépasse la sphère digitale.**

Je ne fais pas de la grande distribution, je n'ai pas envie d'être un catalogue ambulant. D'ailleurs, quand on veut inciter les gens à acheter, ils n'achètent pas… et quand on leur fait croire qu'on n'a pas envie de les faire acheter, ils achètent !

- **Le mot Postdigital, qu'est-ce que ça t'inspire ?**

La frontière entre le virtuel et le réel n'existe pas pour ma génération : je suis né après le Mur de Berlin, on a grandi avec le digital, ça fait partie de nous, de moi ! Les frontières, c'est du passé : aujourd'hui, tout est lié, on vit dans le digital, on est le digital.

Introduction

Chers lecteurs, rétablissons une vérité : ce sont les éditions Dunod qui m'ont suggéré l'idée du livre que vous avez entre les mains. Le challenge proposé, il me parut alors tout aussi stimulant qu'impossible !

Combattre le digital bashing anti-luxe

Écrire *Luxe et Digital* fut un challenge stimulant, car la problématique exposée est l'ennemi public numéro un de la tranquillité du secteur. Et ce, même pour les plus sages, comme – de façon indirecte – Johan Rupert[1] CEO de Richemont, qui se soucie des futurs impacts de l'intelligence artificielle et des nouvelles technologies sur le chômage de la classe moyenne mondiale, et donc, *in fine*, sur son marché du *Hard Luxury* qui ne peut se permettre d'être uniquement réservé aux millionnaires. Ainsi, le luxe subit depuis des années un véritable *digital bashing* de la part des médias, accompagnés par la démagogie de certains acteurs du numérique qui aimeraient désespérément pouvoir vendre ces objets magiques qui résistent à la crise. Ne comptez pas sur nous pour entretenir cette pensée unique que nous avons toujours combattue. Dès 2012, nous avions, Isabelle Faggianelli, Julie Porcher Ceccaldi et moi-même, défendu l'idée d'une fierté digitale luxe devant la vénérable tribune du HubForum, relativement sceptique à l'époque. Ces attaques incessantes ont eu les effets pervers de générer un vrai complexe numérique, mais aujourd'hui, la lassitude s'est muée en exaspération à l'écoute des formules *prêtes-à-l'emploi,* comme : « Prenez garde, vous allez vous faire *uberiser.* » Dans ce cas précis, la menace d'extinction n'a pas de sens, car on applique littéralement une transformation qui touche l'univers des services au monde des biens matériels. Toutes les révolutions technologiques majeures ont entraîné leurs lots

1. Intervention de Johan Rupert au Financial Times Business of Luxury Summit (2015).

d'illusions collectives et de tendances hystériques. Internet n'y a pas échappé, ainsi la dernière moquerie à la mode à San Francisco, pour caricaturer le monde des *start-ups competition*, consiste à répéter en boucle : « Mon projet, le prochain Uber dans l'univers de… »

Après cette période de frénésie et d'utilisation de nouveaux buzzwords quotidiens, n'est-il pas temps de réfléchir à une sagesse digitale qui choisit la mesure dans la démesure, l'évolution bienveillante plutôt que la réinvention hystérique ?

Développer une pensée digitale plurielle et pérenne

Écrire *Luxe et Digital* fut une mission impossible : la première raison est liée au périmètre du mot digital, puisqu'il couvre un nombre de spécialités tous les jours plus grand, tant et si bien qu'une entreprise, et encore moins un seul homme, ne peut prétendre détenir la vérité salvatrice.

La deuxième raison est liée à la question de la temporalité. J'ai la chance d'animer depuis 6 ans, l'unique émission entièrement dédiée à l'actualité littéraire du marketing, qui porte le nom de Darketing[1]. C'est une vigie efficace pour décrypter les livres qui traitent de la question numérique. Bien souvent, leur générosité à proposer des *study cases* à la chaîne est leur principale faiblesse, car à peine publiés, les exemples de ces livres sont déjà dépassés, du fait du système qui ne s'arrête jamais de tourner, cruel paradoxe.

Au regard de ces observations, nous avons eu la folie douce de contrarier l'impossible. Tout d'abord en développant pendant plus d'un an une authentique pensée collective, dans l'intérêt supérieur d'une digitalisation positive et singulière du luxe. J'ai eu le privilège de réunir un grand orchestre de talents provenant de quatre mondes : grandes marques, start-ups, agences et formateurs. Avec chacun leurs exigences et leurs rêves, ils ont permis au livre d'avoir la tête dans les étoiles et les pieds sur terre. Cette concorde permet de traiter quatorze expertises qui couvrent nombre de champs fondamentaux. Je suis fier d'avoir joué *Nick Furry* afin de constituer cette formidable équipe d'*Avengers* du luxe digital. L'effet choral produit est détonnant, entre le regard sans compromis d'Adeline Amiel Donnat, la pensée

1. Darketing est une web-série dédiée à l'actualité littéraire du marketing et de la communication, co-produite par Darkplanneur et ISEG Marketing & Communication School.

révolutionnaire de Frédéric Raillard, les envolées créatives de Balistikart, la croisade de 1.618, l'uchronie lumineuse de M Publicité, l'esprit réconciliateur de Cointrot et Eychenne (IBM), l'art du hacking de Splendens Factory, l'expérience avant-gardiste de The Beautyst, la sagesse de l'apprentissage de ISG Moda Domani Institute, les conseils naturalistes de Cavalier Bleu, le logiciel patricien de Dymant, le sixième sens de Nelly Rodi, la sagesse généreuse de Fashion Capital Partner, la science de la transformation digitale du Hub Institute et enfin, la passion experientielle d'Emakina.

Nous avons essayé de contrarier la malédiction temporelle qui frappe tout auteur qui ose s'aventurer dans les territoires dangereux du numérique. Au risque de décevoir certains, nous n'allons pas vous proposer un catalogue d'actions brillantes, mais plutôt l'exigence stratégique de chacun de nos contributeurs : suivre exclusivement ses convictions pour imaginer le futur optimiste. Privilégier la vision plutôt que le *best practice* : voici notre méthode, afin de trouver le bon chemin à suivre pour prospérer dans ce grand chaos qu'on appelle la *digitalisation*.

Un livre de planning stratégique avec, au cœur, le luxe de demain

Notre livre est irrigué par une double passion : celle des marques et celle de leurs publics. C'est un authentique ouvrage de planning stratégique guidé par la priorité donnée à l'intelligence client (aidé, en cela, par la technologie de data sémantique de la société Synomia). Il suit, avec humilité, l'un des grands enseignements d'un des pères de la cyberculture, William Gibson : « *The future is already here. It's just not very evenly distributed* », en nous concentrant sur la mise en lumière de signaux faibles, annonciateur du luxe de demain, que nous avons appelé luxe Postdigital.

Le *luxe Postdigital*, un concept au service du luxe de demain

Le *luxe Postdigital* se veut une boussole. Il doit donner le bon cap pour franchir cet Everest que représente l'épreuve de l'e-transformation, en défendant l'idée qu'acteurs du luxe et du digital ont un destin lié. Il confronte, sans ménagement, le luxe à la réalité en devenir de ses clients.

Réalité n° 1 : la frontière entre monde dit, réel, et digital n'existe plus

C'est un réflexe générationnel qui ne touche pas les *digital natives*[1], que de diviser le monde en deux dimensions : le physique et le virtuel. C'est en particulier le cas au cœur des entreprises, où la fonction digitale est encore isolée, incarnée souvent par le statut hautement symbolique de Digital Chief Officer. Cette partition est obsolète, interrogez cette profession, ils vous diront que leur fonction durera le temps de l'e-transformation de leur société. Les fonctions digitales finiront par s'infuser totalement dans tous les départements. La disparition de la frontière entre monde réel et digital, voici l'essence du mot *Postdigital* : il entraîne un bouleversement civilisationnel, dont nous voyons les premiers signes.

L'assimilation totale entre digital et réalité est déjà le quotidien de vos plus jeunes clients. Ayant traité, dans mon précédent livre *La génération Y et le luxe* (2014) de la question des Millennials, je m'attarderai ici quelques instants sur la génération Z, celle qui est née après l'an 2000, et sur ces quatre chiffres annonciateurs de l'*ère Postdigitale* : 70 % des jeunes chinois[2] préfèrent rester chez eux pendant leurs vacances, 45 % achètent une fois par semaine en ligne, 70 % achètent sur les médias sociaux, et 81 % partagent sur les réseaux sociaux leurs achats e-commerce.

Réalité n° 2 : la luxification du quotidien se moque de la crise

« Acheter des expériences, plus que des objets »[3], voici le diagnostic posé par nombre d'observateurs du monde contemporain. Ces expériences sont directement inspirées des fantasmes traditionnels du luxe (comme avoir un

1. Concept sociologique contesté, les *digital natives* appartiennent aux générations Y (nés à la moitié des années 1980 et au début des années 2000) et Z (nés après l'an 2000) : enfants du numérique ayant grandi dans un environnement numérique (ordinateur, smartphone, tablette, Internet…).
2. Article : « China's post millennials'embrace emojis and e-commerce as brands study their culture et Social Commerce and Smartphones drive China's Generation Z spending » : http://jingdaily.com/
3. Article : « Stores Suffer From a Shift of Behavior in Buyers de Hirocko Tabuchi », *New York Times*, 13 août 2015.

chauffeur privé à disposition, déplacer son esthéticienne personnelle à domicile, ou bénéficier d'un service de conciergerie qui réalise nos envies shopping les plus folles, etc.), et elles ne sont pas proposées par des acteurs du luxe, mais par des jeunes start-ups comme Chauffeur Privé, Beautysitter et Operator. Guidées par des modèles économiques qui privilégient un nombre de clients maximal, elles ont démocratisé ces désirs au point de devenir des petits luxes du quotidien, une luxification de nos vies, déclenchée par la magie de nos smartphones. Paradoxale, en période de crise, cette luxification n'est pas un privilège, elle est accessible à tous et devient le maître étalon en matière de service. Le *luxe Postdigital,* ontologiquement sans frontière, ne fait pas l'autruche devant un tel bouleversement, en s'inspirant du secteur hôtelier qui, en toute discrétion, est en train de réussir sa mue digitale, pour mieux cultiver sa différence face au symbole de la *sharing economy*, Airbnb.

Réalité n° 3 : la fracture croissante entre les Européens et le luxe

C'est une vraie question stratégique qui dépasse le digital : la fracture croissante entre les Européens et leurs luxes nationaux. La question se pose particulièrement pour la France, où une étude cruelle d'OpinionWay[1] d'octobre 2014 a tiré la sonnette d'alarme dans une relative indifférence médiatique. Si l'on dépasse la spécialité française à l'autocritique, ses conclusions sont sans appel, ainsi « le luxe ne correspond plus aujourd'hui aux Français, qui ne s'y reconnaissent plus du tout, le jugeant trop ostentatoire, provocant et inaccessible. Même s'il fait toujours rêver, il est désormais destiné, dans l'esprit des Français, aux touristes étrangers, à fort pouvoir d'achat »[2]. Plus précisément, 84 % pensent que les produits et services de luxe sont destinés aux étrangers et aux touristes ; pour 80 %, le luxe est devenu ostentatoire et *bling bling ;* et même 51 % trouvent qu'il manque d'élégance.

La menace d'une muséification du luxe français[3] est réelle, le luxe doit se conjuguer au présent et non au passé *glorieux*. Le luxe ne peut accepter que

1. Sondage OpinionWay réalisé pour Gemmyo.com les 17 et 18 septembre 2014 auprès d'un échantillon de 1055 Français représentatif de la population française âgée de 18 ans et plus. L'échantillon a été constitué selon la méthode des quotas, au regard des critères de sexe, d'âge, de catégorie socioprofessionnelle, de catégorie d'agglomération et de région de résidence.
2. Article : « Luxury : les Français fâchés avec le luxe », d'Emmanuel de la Pagerie pour le blog « *Particule de luxe* », 2 octobre 2014 : http://particuledeluxe.com/
3. *The Museumification of French luxury,* éditorial de Sandrine McClure, directrice d'Added Value pour *Luxury Society*, 19 août 2015.

son territoire d'origine se trouve totalement inadapté dans ses propositions à la fois stylistiques et économiques, et peut-être plus grave, qu'il dénonce la disparition de *l'excellence du service à la française* dans ses boutiques. À cet égard, lors de mes recherches sur la génération Y, j'avais été surpris par l'écrasante majorité de jeunes hommes CSP+ qui m'avaient témoigné leurs expériences désastreuses en boutique où, on leur avait fait clairement comprendre qu'ils n'étaient pas chez eux : tout simplement inadmissible et dangereux ! Dangereux, car c'est laisser un boulevard aux marques de luxe accessible. Pour s'en convaincre, faites un rapide *store check* à Londres et vous constaterez que nos boutiques luxes sonnent bien froid, comparées à l'euphorie des Anglaises qui font du shopping chez Michael Kors. L'autre menace est plus sourde, elle touche l'un des principaux atouts du luxe français : le mythe universel de la parisienne. Que se passerait-il dans l'imaginaire des touristes chinois ou américains si les parisiennes ne portaient plus de marques françaises ?

La disparition des frontières entre analogique et numérique, la luxification du quotidien, et la fracture entre les Européens et leurs luxes nationaux, autant de défis fondamentaux qui ont guidé notre travail sur le *luxe Postdigital.*

Les signes avant-coureurs de ce rapprochement

Vers une union vertueuse avec les géants du digital ?

Si l'on dépasse les postures en communication, le luxe pose une analyse pour le moins méfiante sur les géants de l'Internet. Si la comparaison boursière n'a plus lieu d'être et que les conflits historiques (eBay, Amazon...) ont été bien plus nombreux que les créations communes, les maîtres de la Silicon Valley continuent de regarder avec envie notre industrie si valorisante et intemporelle.

Le monde des nouvelles technologies s'inspire de plus en plus du luxe

Les pure players aiment emprunter les codes du luxe en les remixant, comme avec la vénérable institution du service de conciergerie qui est en passe de se transformer en meilleur complice du *smart shopper*, celui qui veut réaliser un shopping parfait alliant créativité et prix optimal, comme le promet M (l'assistant personnel de *Facebook Messenger*). Au-delà du service, c'est l'objet technologique même qui emprunte ses inspirations au luxe, en se présentant avec la même fonction magique que ses glorieuses inspirations. Le succès est pour le moins mitigé, nous pensons au *Google Glasses* et, bien sûr, à l'*Apple Watch*.

Hermès + Apple, premières marques luxe Postdigitales ?

C'est sans conteste Apple qui est allée le plus loin dans le rapprochement entre nos deux univers étudiés, elle pourrait même prétendre être la première marque de luxe Postdigital. Elle s'est illustrée par son appétit à recruter d'anciens grands talents du luxe : Angela Ahrendts (SVP of Retail and Online Sales), Paul Deneve (VP of Special Projects), Marc Newson (SVP of Design), Patrick Pruniaux (Senior Director of Special Projects), Catherine Monier (Special Projects) ; mais plus encore, par la communication de sa dernière-née : l'*Apple Watch*.

L'*Apple Watch* est un cas d'école. Son lancement savamment orchestré par Anita Borzyszkowska (ancienne Gap Global PR) a hypnotisé la planète luxe, qui lui a dressé un tapis rouge. Le groupe Condé Nast y a joué un rôle clé avec ses deux actes de naissance luxe qu'ont été la couverture du *Vogue* Chine (octobre 2014) et surtout, l'influente Condé Nast International Luxury Conference (2015), avec pour marraine Suzy Menkes, et pour parrain Karl Lagerfeld. Au-delà de l'impeccable machine de guerre mise en place, c'est l'inattendu discours sur l'*artisanat Postdigital* de Jony Ive et Marc Newson, qui a impressionné les observateurs. Ses thèmes cardinaux étaient la dénonciation du détournement du verbe *to craft* par le marketing, l'affirmation d'un esprit de manufacture dans les laboratoires Apple, la similitude entre les machines et les outils de l'artisan, et enfin, l'importance fondamentale d'avoir son propre or. Bienvenue dans un monde où luxe et nouvelles technologies se métissent. Le site référent Tech Crunch va plus loin dans l'assimilation de l'*Apple Watch* à un objet de luxe, en présentant cette montre comme un objet capable de nous déconnecter de nos addictions digitales (un comble venant de l'inventeur de l'*iPhone*), par sa fonctionnalité unique de tapotement qui se met en marche selon l'importance du message reçu, libérant ainsi notre attention, loin de nos smartphones. Comme un objet de luxe, l'*Apple Watch* est dotée d'un pouvoir magique, celui de conférer à son détenteur un sixième sens. Authenticité, artisanat, magie : la boucle est bouclée, l'assimilation au discours luxe est totale, accompagnée naturellement d'un protocole d'achat en boutique, lui aussi, totalement inspiré par son illustre inspiration.

Difficile de faire un bilan commercial à l'été 2015, la marque refusant de communiquer ses chiffres de vente. Néanmoins, les marchés s'interrogent sur la pérennité de son succès. Le site Markewatch[1] annonça une baisse de 90 % des ventes en juin. Plus évocateur, moins de 2 000 modèles de l'*Apple Watch Edition* (à plus de 10 000 euros) auraient trouvé preneur, alors que deux tiers des achats se réalisent sur le modèle d'entrée de gamme *Sport* (399 euros)… À confirmer !

Apple, première marque de *luxe Postdigital* : le chemin est encore loin et ne pourra se faire, de notre point de vue, sans des échanges créatifs avec les grandes Maisons. Cela permettrait d'éviter à la marque mythique de Cupertino d'affronter des *bad buzz*, comme celui de l'influent podcast *The Jay and Farhad Show*, où le terrible épisode du 13 juin 2015 était consacré à la revente de l'Apple Watch par Jay, du fait de son inutilité et de son attachement nul à l'objet. Néanmoins, le transfert d'Ian Rogers en septembre 2015, d'Apple vers LVMH, peut être vu comme la fin du pillage des talents luxe[2] vers le monde des nouvelles technologies, le premier *mercato Postdigital* en jargon footballistique.

Enfin, cette union vertueuse entre le monde du luxe et du digital est en marche depuis septembre 2015, avec le partenariat entre Hermès et *Apple Watch*, à la désirabilité mêlée[3] : « Avec ses bracelets en cuir réalisés à la main par les artisans Hermès en France, et un cadran Hermès redessiné par les ingénieurs Apple en Californie, l'*Apple Watch Hermès* est une merveille d'ingéniosité ; un objet d'une simplicité et d'une élégance uniques. » Ce nouvel attelage représente un délicieux clin d'œil, au titre méprisant du site Quartz : « *LVMH poached a top Apple executive, proving luxury is finally getting serious about digital.* »[4]

1. Article : « Opinion: Apple Watch sales plunge 90% », de Brett Arends pour *MarketWatch*, 8 juillet 2015 : http://www.marketwatch.com/
2. Article : « Why Has Apple Been Poaching Fashion Execs? », de Vikram Kansara et Helena Pike pour *B.O.F*, 11 août 2015 : http://www.businessoffashion.com/
3. www.apple.com
4. Article faisant suite à la nomination d'Ian Rogers en tant que Digital Chief Officer pour LVMH, en provenance d'Apple : « LVMH vole un haut cadre dirigeant d'Apple, prouvant que le luxe prend enfin la question digitale au sérieux », 1er septembre 2015.

Non, le luxe n'a pas attendu le recrutement d'un cadre d'Apple pour prendre au sérieux la question de sa digitalisation.

Hermès et Apple, premières marques du *luxe Postdigital* ? Il est trop tôt pour y répondre, néanmoins Pierre Alexis Dumas, directeur artistique d'Hermès, a donné la feuille de route ambitieuse pour ces deux marques : « L'établissement d'une alliance d'excellence, comme le cheval et sa calèche, une équipe parfaite. »

Le programme du livre *Luxe et Digital*

La première partie propose une thérapie de choc afin d'éliminer les complexes digitaux, puis se projette vers un demain proche, celui de *luxe Postdigital* dont les signaux faibles sont déjà perceptibles. Ce voyage prospectif s'inscrit autour de 10 enseignements.

Collaborative, la deuxième partie est un hackathon de papier, associant 14 expertises (influence, expérience, Big Data, image digitale, art et parcours client, e-publicité, Chine, commerce digitalisé, *retail*, développement durable, transformation digitale, formation, *product content*, entreprenariat) mises au service de la digitalisation de vos Maisons. En toute liberté, chacun fait l'état des lieux de son métier et propose des solutions concrètes pour se transformer.

Le livre se termine par un credo pour un *luxe Postdigital*, synthèse des enseignements tirés au cours de nos deux parties.

Excellente *Postlecture* !

Éric Darkplanneur Briones

PARTIE 1

Thérapie digitale et prospective

Chapitre 1

Luxe, décomplexe-toi !

Plus que tout autre secteur, le luxe a été la tête de Turc préférée des observateurs professionnels du monde numérique. A-t-il été victime de ses débuts timides, l'a-t-on sanctionné de ne pas être au niveau de son dogme de l'excellence, ou a-t-il été victime d'une forme d'ostracisme du fait de sa nature totalement singulière ? Nous ne rentrerons pas dans un débat historique qui, ici, aurait un bien faible intérêt. Nous préférons nous intéresser à demain, en tentant d'effacer ce complexe digital, qui a grandi de façon maligne dans l'inconscient du secteur. Pour cela, nous vous proposons une thérapie de choc, en s'attaquant directement au mal par une confrontation frontale aux complexes les plus régulièrement dénoncés. Sans tomber dans l'autosatisfaction, voici notre contre-plaidoirie, insensible au buzz, défendant une mémoire digitale, célébrant cette pensée de Jean-Noël Kapferer : « Les acteurs du luxe n'ont pas peur du digital.[1] »

Complexe 1 : le luxe n'innove jamais, il n'est que suiveur

➤ Contre-arguments

- **Le luxe et ses odyssées numériques**

À l'image du film *L'Odyssée* de Cartier de Bruno Aveillan, le luxe a toujours eu le goût pour l'exploration des terres inconnues. Paris fous pour certains, souvent éphémères, il témoigne d'un goût naturel pour l'inconnu, dont les territoires numériques ne font pas exception. Des limbes oubliés de Second Life et sa *Belladone Island* imaginée par Victoire de Castellane pour Dior Joaillerie, au drone Gucci scrutant le défilé Automne-Hiver 2014, en passant par l'application Amble Vuitton (adaptation luxe du réseau Foursquare) en 2011, sans oublier le défilé en lego 3D de Jean-Charles de Castelbajac en

1. Article : « Quel avenir pour le luxe ? » de Jean-Noël Kapferer pour Knowledge@HEC.

2008, ou plus proche de nous le spectaculaire défilé Printemps-Eté 2016 Louis Vuitton, consacré par Nicolas Ghesquière au voyage aux frontières du digital : le luxe a toujours gardé son âme d'enfant au contact du digital, autant pour le panache du geste que par calcul économique.

- **Le luxe ou l'innovation d'être soi**

Hermès s'est classée quatorzième au classement international Forbes 2014 des 100 entreprises les plus innovantes. Une récompense justifiée par une réussite économique insolente et pérenne, mais plus encore, par une créativité digitale sans influence, qui fait d'elle un ovni, un modèle bien au-delà des terres du luxe. L'exigence d'Hermès est de ne jamais *suivre les tendances, pour mieux se concentrer sur la diffusion de l'esprit du pas de côté.* D'une application mobile pour apprendre à bien nouer sa cravate tout en s'amusant (*Silk Knots*), à un film muet en immersion dans les ateliers (*Sans Parole*), autant d'initiatives *plus Hermès que jamais*, afin d'inspirer les futurs désirs de ses clients.

- **Le luxe ou l'innovation anti-hacker**

Bulgari innove en allant à contre-courant des *Wearable Tech* dominées par l'*Apple Watch*. Conscient que le luxe ne peut se résumer à un simple *gadget geek*, la montre *Bulgari Diagono « E » Magnesium*, invente un nouveau luxe, au cœur des désirs digitaux, construit autour d'une promesse magique, celle d'une protection totale des données personnelles, un luxe anti-hacker rendu possible par l'association entre la technologie de WISeKey et le design racé de Bulgari.

Complexe 2 : le luxe est snobe, il n'écoute pas les désirs de ses clients sur Internet

➤ Contre-arguments

- **Le luxe écoute les désirs anti-snobes de ses clients**

Exit les communications austères sur papier glacé, le luxe apprend à rire de lui-même, inspiré par l'énergie anarchique du digital. Les exemples sont légions et ils ont marqué l'histoire de la communication numérique des marques : les danses folles d'Alber Elbaz pour Lanvin (Automne-Hiver 2011-12) ; le flipper 3D « Mise en Dior » signé Patrizio Miceli (2011) qui faisait suite aux jeux d'arcades 80's du film *Dior Games* ; l'historique film *Fingerskate* d'Hermès ; le psychiatre fétichiste des fourrures Fendi dans *A Therapy* ; la valse de Vienne entre Cara Delevingne et Pharrell Williams dans *Reincarnation* par Karl Lagerfeld pour Chanel ; sans oublier l'ironique *Watermarked* par Kenzo... Autant de créations témoins d'un genre singulier, véritable respiration dans la pollution numérique, initiée par le buzz marketing.

- **Le luxe écoute les désirs narcissiques de ses clients connectés**

Le luxe a été à l'avant-garde de la valorisation de l'ego numérique de ses clients. Bien avant la récupération massive des selfies par les marques, Burberry ouvrait en novembre 2009, le site Art of The Trench, entièrement dédié à la célébration des initiés du trench. Authentique galerie virtuelle de portraits, célébrant l'élégance, la personnalité et le porté décalé, Art of The Trench est devenu une exposition itinérante à travers les plus grandes villes du monde et fait le bonheur de milliers de clients flattés, tout en inspirant de nombreuses Maisons dans cette voie, comme Louboutin ou Berluti. Par ailleurs, le lancement de son Scarf Bar en ligne, permettant de personnaliser à l'envie son écharpe en cachemire (avec plus de 7 000 combinaisons), est une manifestation brillante de la capacité d'écoute de la marque des tourments narcissiques des moins de 30 ans, pris dans le cercle vicieux du selfie quotidien, où il est interdit de porter les mêmes vêtements, à l'exception de l'accessoire de luxe à condition qu'il soit unique, customisé selon les désirs de son propriétaire.

- **Le luxe écoute les désirs de convivialité et d'accompagnement de ses clients**

L'achat en boutique mode et luxe est naturellement social, on aime partager cette expérience avec ses meilleures amies. Les secteurs luxe, mode et beauté ont rompu avec l'achat en solitaire, qui caractérisait l'ensemble des autres plateformes e-commerce, en plaçant la fonctionnalité sociale au cœur de leur expérience. Les référents étant le français The Beautyst, le réseau social privé Clique Chic (accessible uniquement sur invitation) et la machine de guerre sociale The Net Set, pensée pour les terminaux mobiles. The Net Set est un authentique média social visuel, où tout est achetable en un clic (à la différence d'Instagram), mais plus encore, il représente pour ses créateurs, un extraordinaire outil d'écoute en temps réel, un objet magique de détection et, au-delà, de prédiction des tendances.

- **Le luxe gourmand de Big Data**

En lançant son hackathon Unlock Luxury, Louis Vuitton est la première Maison de Luxe à se saisir de l'innovation par la data. Et ce sur des sujets critiques pour la Maison, loin des thèmes gadgets parfois inventés pour ces types de format lorsqu'ils ne sont pensés que dans une logique de buzz : anticiper les ventes en croisant les données sociales et commerciales, prédire les tendances en suivant les prescripteurs et les activités des concurrents, définir l'image actuelle et à venir de la marque. Pendant trois jours et pour la première fois, la Maison a mis à disposition ses données (*via* la plate-forme de cloud computing Windows Azure et le logiciel open source Hadoop) aux participants, coachés par une équipe d'experts internes, dont la mission est de développer des applications prédictives répondant à ces trois sujets.

Complexe 3 : le Luxe néglige l'e-commerce

➤ Contre-arguments

• Le leadership des boutiques en ligne de marque

En 2014, l'e-commerce a pesé 14 milliards d'euros (6 % de parts de marché[1]), enregistrant sur un an une croissance de 55 %. D'après McKinsey, ce sont les marques et les grands magasins qui sont à l'origine de cette croissance. Plus important, et pour la première fois depuis la jeune histoire digitale, les e-shops officiels de marque ont dominé le marché, avec une PDM de 28 %, devant les catégories *event* (Vente Privée.com...) à 20 % de PDM, et *Full Price* (Net-A-Porter...) avec une PDM de 18 %... L'e-commerce s'annonce fondamental pour le futur économique du secteur, puisqu'il représentera 70 milliards d'euros en 2025, pour atteindre 18 % du total des ventes.

• L'école de pensée luxe e-commerce : le *storyselling*

Longtemps, Amazon a incarné l'unique école de pensée e-commerce, construite autour des valeurs de profusion, de rationalité, dans un environnement clinique, sans storytelling. C'est l'univers du luxe qui a jeté un pavé dans la marre, dès 2000, avec la révolution Net-A-Porter de Natalie Massenet. Une réussite construite autour du premier magasin magazine, le transmedia The Edit, aussi élégant qu'efficace sur tablette, catalogue ou ordinateur. Le luxe et la mode ont posé les bases du *storyselling*, ou l'art de vendre sur Internet par la magie d'une histoire de style. Référence en la matière, la boutique en ligne Jacquemus, qui s'enrichit chaque saison d'un nouveau roman-photo entièrement achetable. Entre l'e-shop *La Maison des Carrés* d'Hermès et

1. McKinsey & Company, juin 2015.

Jacquemus, on voit apparaître une *French touch* e-commerce, une luxification du digital, à l'opposé de son archaïsme supposé.

Complexe 4 : le luxe est obsolète pour l'Homo Numericus

➤ Contre-arguments

• Le luxe fait rêver l'Homo Numericus Y

Les premiers Homo Numericus sont les membres de la génération Y, or ils aiment le luxe, quelles que soient leurs origines sociales. 80 %[1] d'entre eux nous ont confié qu'acheter un produit de luxe en période de crise n'était pas choquant. Ils désirent le luxe pour ses valeurs originelles (rareté, transmission, histoire), mais elles ont été salies, d'après eux, quand le luxe s'est laissé tenter par le *masstige*[2]. Un temps abusée par ces propositions, la génération Y les a aujourd'hui éliminées (disparitions des Marc by Marc Jacobs, CK by Calvin Klein, Kate Spade Saturday...). N'ayant peur de rien, elle somme le luxe de justifier le prix de ses produits. Autre fait témoignant de l'intérêt profond des générations Y et Z pour le luxe, le succès planétaire des écoles spécialisées dans le luxe, la mode et le design (plus de trente, rien qu'en Angleterre), comme la Central Saint Martin School, l'IFM, l'ISG Moda Domani Institute ou la Condé Nast College of Fashion.

• Le luxe répond à l'exigence *seamless* de l'Homo Numericus

Seamless, voici un *buzzword* utilisé de façon récurrente à l'encontre du luxe, qui porte l'exigence de l'Homo Numericus à vivre dans une expérience *sans couture*, parfaite et cohérente, quel que soit le point de contact activé, un continuum parfait dans le parcours client.

Cette promesse *seamless* est exécutée depuis des années, avec beaucoup de discrétion, par Louis Vuitton avec son *LV Services Client Center*, accessible sur l'ensemble du parcours client (*desktop*, mobile, tablette...) *via* téléphone, sms, e-mail, chat, et par WeChat. Le LVSCC est devenu un centre de profit, constitué d'un personnel hyper qualifié, à la fois conseiller client,

1. Étude Melty Group 2013, réalisée pour le livre *La Génération Y et le Luxe*, Dunod, 2014.
2. *Masstige* est un néologisme né de la contraction des termes « mass market » et « prestige ». Concrètement, il désigne la collaboration d'une marque, dite de luxe, avec une entreprise (distributeur, magasin, autre marque) grand public ou de grandes diffusions. La particularité des produits *masstige* est qu'ils combinent petit prix et qualité.

assistant personnel, il peut répondre à tout type de demande, quelle que soit la plateforme digitale utilisée.

- **Quand l'Homo Numericus rencontre l'Homo Faber**

Le livre de Chris Anderson, *Makers : La nouvelle révolution industrielle* (2014), est l'un des textes les plus éclairants sur l'avenir proche de nos économies numériques. Le rédacteur en chef de la revue Wired y révèle l'émergence d'un mouvement guidé par l'esprit DIY (Do It Yourself), mixant artisanat et culte des nouvelles technologies : les *Makers.* Ces nouveaux héros de *l'âge du faire*, adeptes des découpeuses laser, des imprimantes 3D, travaillent dans un mode naturellement open source. Ces *Makers*, nous annoncent « le passage des bits aux atomes » et au-delà, la « longue traîne des objets ». Chris Anderson nous invite à devenir tous des artisans, un triomphe et une promesse de longévité pour l'esprit du luxe. C'est également un pied de nez aux critiques qui voient dans le cyberespace, une transformation des choses en *non-choses.*

Complexe 5 : le temps du luxe est incompatible avec le temps numérique

➤ Contre-arguments

- **Le temps digital, bain de jouvence pour le luxe**

Le temps réel, né du digital, est une source de jeunesse pour le luxe, il lui fait vivre le paradoxe temporel, promis par l'exposition du Louvre de septembre 2015 : *Une brève histoire de l'avenir !* Chanel a trouvé, grâce au rythme effréné de YouTube, un nouveau public et une nouvelle jeunesse. La marque mythique de la rue Cambon affiche un leadership sur un chiffre révélateur de la fidélité qu'elle a su créer avec ses contenus : son nombre d'abonnés à sa chaîne, soit plus de 500 000[1], loin devant Dior (235 000 abonnés), ou l'hyperactive Burberry (230 000 abonnés). Une réussite qui couronne la capacité d'adaptation de Chanel à vivre dans un tempo digital, *via* une production qui satisfait l'addiction des publics, à la fois par sa fréquence de publication (pas moins de neuf vidéos pour un même défilé, par une multiplication des points de vue, allant de Karl Lagerfeld à la dernière *It Girl* à la mode), que par la rythmique effrénée de ses créations. Au-delà de Chanel, c'est l'ensemble des marques de luxe qui se confronte

1. Résultats constatés au 1er janvier 2016.

avec succès aux exigences du temps digital, fort d'un avantage concurrentiel, un réservoir d'histoires infini et en permanence enrichi.

La nouvelle génération de créateurs, comme Jonathan Anderson[1] pour Loewe, voit dans cette accélération du temps, le parfait bain-marie pour créer le luxe de demain. « Les marques ont besoin de bouger à la vitesse du monde actuel, et aujourd'hui cette vitesse est rapide. Nous vivons à l'air du contenu. Dès que nous publions une photo sur Instagram, une minute après, elle est reprise partout, pour au final disparaître. Cela n'est pas négatif, c'est ma façon de réfléchir également. »

- **Le luxe, au service de la Digital Detox**

Comme le chante Oxmo Puccino dans sa chanson *Slow Life* sur son dernier album *La voix lactée* (2015), les besoins de se déconnecter des écrans tactiles, d'activer le bouton pause, de faire la différence entre le lieu et l'espace, sont impérieux, car « quelque fois, gagner du temps ne vibre à rien »... sans pour autant tomber dans le refus sans concession d'Alain Finkielkraut contre la dictature du numérique et sa servitude consentie. On peut s'interroger face aux alertes de Jean-Philippe Lachaux sur la surchauffe permanente de notre *cerveau attentif*[2], face aux incessants stimuli envoyés par nos smartphones et au fantasme contemporain du multitâche. Lachaux nous rappelant « qu'un même neurone peut faire deux choses à la fois, mais que si deux activités font appel aux mêmes populations de neurones, il n'est pas possible de les exécuter simultanément[3] ». Le luxe, tant dans sa communication numérique (l'expérience du site institutionnel *Les Ailes d'Hermès* est une invitation à la flânerie numérique) que par ses objets habités, propose une échappée belle en dehors du temps, il nous invite à faire *pause* et à nous interroger sur les conséquences d'une overdose digitale, à l'image de l'introduction d'Alber Elbaz pour l'exposition *Alber Elbaz/Lanvin – Manifeste* à la Maison Européenne de la photographie (2015) : « À l'ère du numérique, nous vivons à travers nos écrans, à mettre en images le moment présent. Nous ne regardons plus, nous filmons. Nous n'écoutons plus, nous enregistrons. Et nous ne parlons plus, nous téléchargeons. »

1. Interview de Jonathan Anderson par Jess Cartner Molley pour *The Guardian*, 3 septembre 2015.
2. Jean-Philippe Lachaux, *Le Cerveau attentif, contrôle, maîtrise et lâcher pris*, Éditions Odile Jacob, 2013.
3. Article : « Comment Internet modifie notre cerveau », de Doan Bui, Jérôme Hourdeaux et Bérénice Rocfort-Giovanni, *Le Nouvel Observateur*, 20 octobre 2011.

Chapitre 2

Luxe et digital, les affinités électives ou les liens du sang

Incompatibles, antinomiques, contraires, les arguments prônant une incompatibilité entre luxe et digital sont nombreux. Supposée ou instrumentalisée, à la fois par les marques et les acteurs de l'écosystème digital, cette incompatibilité devient pourtant un non-sens dès lors qu'on s'attache à les regarder dans leur essence, leur ADN, leur raison d'être et leur philosophie. Si l'on reprend le concept d'affinité élective de Max Weber, il s'agit du « processus par lequel deux formes culturelles – religieuses, intellectuelles, politiques ou économiques – entrent, à partir de certaines analogies significatives, parentés intimes ou affinités de sens, dans un rapport d'attraction et influence réciproques, choix mutuel, convergence active et renforcement mutuel ».[1]

Ou quand incompatibilité devient proximité. Pris dans ce rapport affinitaire, s'épanouissent l'essence même du luxe et du digital, leurs ADN, leurs codes, leurs valeurs et la dynamique qui les sous-tend. Ce qui en font, aujourd'hui, deux acteurs clés du monde moderne.

Entrepreneurs et Risk Takers ?

Le digital est par essence un monde d'entrepreneurs, de créateurs, dont la prise de risque est souvent maximale dans un secteur qui ne cesse de se transformer, demandant une agilité et une capacité d'adaptation et d'innovation permanentes. La plupart des technologies échouent avant d'être mises sur le

1. « Le concept d'affinité élective chez Max Weber » par Michael Löwy *Archives des sciences sociales des religions* : https://assr.revues.org/1055

marché. 9 start-up sur 10 disparaissent de la Silicon Valley, dans un contexte de concurrence galopante et d'accélération des changements de comportements des consommateurs.

Tenter, échouer pour mieux réussir.

Tout comme le luxe.

Les fondateurs des Maisons de luxe d'aujourd'hui affrontent des difficultés similaires : le succès demande du temps… ou pas. Se faire un nom, construire sa notoriété et asseoir sa légitimité dans un secteur saturé par les marques, dont de plus en plus adoptent – pour ne pas dire copient – le storytelling des Maisons de luxe, est de plus en plus difficile. Et en même temps, le digital et son écosystème d'influenceurs, offrant un accès direct au monde, leur permettent d'exploser en (presque) une photo, Instagram.

Pour la faire durer, les fondateurs doivent prendre des risques… Même un nom comme Chanel fait face à des *bad buzz*, à des hauts et des bas.

Cette prise de risque aujourd'hui encore plus nécessaire qu'auparavant, fait souvent partie de l'ADN même du luxe comme pour le digital.

On retrouve chez les fondateurs d'une grande majorité de Maisons, cette genèse, cette âme.

Ils sont d'ailleurs souvent appelés *entrepreneur fondateur*[1]. Michel Marchesnay (2008) a défini l'entrepreneur comme le « propriétaire dirigeant gouvernant sa propre affaire ». Ou, pourrait-on aussi dire : des aventuriers qui ont tout abandonné, sont partis de rien et ont parcouru le monde pour trouver leur voie. Louis Vuitton en est la meilleure illustration : fils de meunier et menuisier il part à Paris à l'âge de 14 ans comme apprenti ; puis, il devient malletier, et crée en 1854 la marque que l'on connaît aujourd'hui, classée chaque année parmi les 50 marques les plus puissantes au monde. Et s'ils ne partent pas toujours de rien, ils n'en créent pas moins leur marque, leur identité, sans cesse plus fortes : Gabrielle Chanel, Christian Dior, Yves Saint Laurent, Marc Jacobs.

Digital et Luxe partagent une même iconisation de la figure du pionnier : dans le digital avec Marc Zuckerberg, Steve Jobs ou Jack Ma… Et dans le luxe avec Gabrielle Chanel bien sûr, ou encore Barbe Nicole Clicquot Ponsardin.

1. Eugénie Briot et Christel de Lassus, « La figure de l'entrepreneur fondateur dans le récit de marque et la construction de la personnalité de la marque de luxe », *Management international/International Management/Gestión Internacional*, volume 17, numéro 3, printemps 2013, p. 49-6 : http://www.erudit.org/revue/mi/2013/v17/n3/1018266ar.pdf

Expertise et technique

L'un comme l'autre fondent leur naissance, leur légitimité et leur avenir sur leur expertise : maîtrise technique, technologique et connaissance parfaite des savoir-faire nécessaires à leur activité. Hermès fut le maître du Piqué Sellier, Christian Dior l'architecte du Tailleur Bar, Chaumet l'orfèvre du Diadème, Alessandro Berluti l'exécuteur de l'escarpin à lacets réalisé dans une seule pièce de cuir sans couture apparente, etc. Avant d'être des noms de Maisons, ils ont, eux-mêmes, été des experts, des génies de la technique et du savoir-faire unique. Aujourd'hui, dans son usine de fabrication de souliers, Louis Vuitton teste sans relâche la solidité des talons d'escarpins et TAG Heuer plonge ses montres dans des tourbillons de billes abrasives pour éprouver la résistance de leurs alliages… L'expertise des fondateurs a traversé les années, s'est transmise, a évolué, s'est industrialisée et est, aujourd'hui, enrichie par celle des artisans modernes des Maisons.

Apple a réinventé le design, l'ergonomie et l'expérience utilisateur grâce à sa culture de l'expertise, sa stratégie de recrutement des meilleurs talents, sa maîtrise de la technique, en évoluant sans cesse. Ses produits ont aujourd'hui le degré de perfection technique, ergonomique et esthétique de ceux du luxe, le niveau d'excellence qui rend un produit unique, nominatif avec une identité propre, un acteur reconnaissable et reconnu du monde d'aujourd'hui.

Luxe et digital se partagent cette colonne vertébrale : une exigence et une maîtrise technique sans concession. Précision, savoir-faire, talent et sueur font l'écriture d'une ligne de code, la sélection d'un tissu, le mélange d'essences, la taille d'un diamant, l'équilibrage de composants ou encore l'esthétisme d'un angle. Leurs talents sont les artisans d'hier et d'aujourd'hui.

Expérience

Bien sûr, le besoin – et la réponse à ce besoin – reste le premier facteur d'émergence d'une nouvelle technologie. Pour autant, lorsqu'elle est couronnée de succès, une innovation est rarement limitée à un simple produit.

Elle est avant tout une expérience. Non seulement elle améliore celle que nous vivons aujourd'hui, mais surtout elle en crée de nouvelles, dont certaines ne sont même pas attendues ni désirées par les consommateurs. Le Kindle, par exemple, n'est pas uniquement un écran connecté, mais bien une bibliothèque mobile qui a proposé une nouvelle expérience de lecture. Airbnb en est un autre : ce n'est pas qu'une *uberisation* de l'activité d'hôtellerie, c'est d'abord, pour le consommateur, une nouvelle façon de voyager, permettant d'expérimenter des lieux privés totalement inédits.

Le luxe est expérience. Il ne se doit pas d'en proposer, d'en être une ou plusieurs, mais d'être expérience. Du produit au merchandising, en passant par la relation au vendeur en boutique, jusqu'à ce qui est dit de lui et donc de nous. Tout ce qui le constitue est une première fois, un exceptionnel, une émotion, un ressenti, un appel aux sens.

C'est pour cela qu'aujourd'hui, en retail, luxe et digital s'observent et s'inspirent mutuellement : Apple est souvent cité par les Maisons de luxe comme l'expert de l'expérience en boutique alors que la firme à la pomme emprunte à la stratégie du luxe le choix de ses emplacements, architectures de boutique, fidélisation de la clientèle, etc.

Innovation

Tous les 12 à 18 mois, la capacité de stockage de données dans le monde double, tout comme les technologies qui utilisent ces données.

La croissance exponentielle de la technologie digitale et de ses possibles, le repoussement permanent des limites du possible, la puissance des outils à notre disposition, et la créativité qui nous est proposée proviennent d'un élément clé : l'innovation.

Apple, Google, start-ups, tous les grands et petits acteurs qui font le marché du digital et créent nos usages sont dans un process permanent d'innovation.

C'est la fameuse politique du « *20 % de temps* » de Google qui alloue(rait) 20 % du temps de travail des collaborateurs, soit 1 jour par semaine, à travailler sur des projets, des idées, des process d'innovations, ce qui aurait donné naissance à certains des produits les plus iconiques de la firme, comme Gmail, *Google Reader*, *Google Talk*, etc. Plus qu'un objectif, une méthodologie ou encore un élément « à part », l'innovation est l'essence même des sociétés technologiques, leur énergie, leur processor interne et la raison de leur succès – ou de leur échec.

Le luxe et les Maisons qui ont réussi à se créer une existence assise, un avantage compétitif sur le long terme, sont celles qui ont également l'innovation au cœur de leur ADN. C'est le paradoxe (pour certains) qui existe au cœur même de la définition du luxe : une industrie entre tradition et innovation. Mais plutôt qu'un paradoxe, cette dualité est simplement une tension créative, les deux éléments d'un tout. Tout comme la relation entre digital et luxe, c'est une *affinité élective*...

Louis Vuitton est devenu Louis Vuitton parce que son fondateur a inventé une nouvelle génération de bagages cumulant luxe, fonctionnalité et innovation. Il a créé la malle plate et a trouvé le moyen de lutter contre la contrefaçon de ses produits grâce à un imprimé unique, idée améliorée par son fils avec la création de la toile monogrammée.

Madame Clicquot a, quant à elle, inventé la table de remuage, permettant de clarifier le vin, ce qui lui vaudra le surnom de « La Grande Dame de la Champagne[1] ». Aujourd'hui, les grandes Maisons horlogères se lancent dans les montres connectées.

On voit que l'innovation dans le luxe est, comme dans le digital, dans le produit, dans le process, dans la technique, dans la créativité même avec des collaborations nouvelles et disruptives – Louis Vuitton et Stephen Sprouse ou David Bowie, Dior et Rihanna, Givenchy et Courtney Love, etc. –, dans l'état d'esprit, dans le cœur en fait...

Créativité, magie et désir

L'envie. Péché capital certes, encore que cela dépend du sens qu'on lui donne. Lorsqu'elle n'est pas jalousie, l'envie est aussi désir. Attraction. Ravissement. Luxe et digital se partagent cette puissance originelle. Par essence, ils génèrent l'envie. Celle de posséder leurs produits, celle de vivre dans leur monde, de rencontrer ses acteurs, de croire à ce qu'ils nous proposent. Pour deux raisons : la créativité et la magie.

Ils sont innovation, ils sont expertise et ils sont créativité : cette dernière pourrait être décrite comme la capacité à générer des nouvelles idées et l'innovation, l'application réussie de ces idées.

Un fourmillement, sans cesse en ébullition, porté par l'exigence : du beau, de l'utile, de l'exceptionnel, de l'expérience. Le digital et le luxe créent sans

1. Procédé de la « Table de remuage » : la légende veut que Mme Clicquot, sur une suggestion d'un de ses employés Antoine Muller, ait fait découper dans une table de cuisine « des trous percés obliquement, afin que les bouteilles puissent être inclinées à des angles variés [...] et ne quittent plus leur logement pour être remuées » : http://maisons-champagne.com/fr/

cesse : des contenus toujours plus imaginatifs usant de prouesses techniques ; des fonctionnalités ; des objets. La réinterprétation du monogramme de Louis Vuitton par Murakami, la création du bracelet Hermès pour l'*Apple Watch*, l'ouverture par Burberry d'une chaîne sur *Apple Music*, etc.

Chaque jour, ils nous proposent une nouvelle façon de les voir, de voir le monde, notre monde.

Parce qu'ils sont magie. Chacun nous immerge dans une nouvelle réalité, un monde merveilleux dans lequel tout est possible, beau, scintillant, fluide, en permanente transformation. Comme dans les dessins animés, leur univers visuel, produit, est souvent une allégorie de notre subconscient. L'un et l'autre nous emportent loin d'une condition humaine limitée et soumise aux contingences extérieures. Dans leur monde les voitures sont autonomes, les images sortent des écrans, les maladies sont détectées automatiquement, les matières se transforment, les histoires d'amour sont passionnées, la vie est fluide, on est unique. Un monde merveilleux où tout est possible. Un mode magique.

Chapitre 3

À la découverte du luxe Postdigital

Le cap luxe Postdigital

En devenir, le *luxe Postdigital* porte une vision passionnée et libre du luxe, il prône une évolution décomplexée de celui-ci, une libération face à ses réflexes muséaux, un détournement de ses tics technophobes, un rappel de ses origines « rupturistes » (la révolution Saint Laurent Rive Gauche ou la libération de la femme par Coco Chanel), avec pour boussole, quatre valeurs piliers : *Transcendance, Innovation, Initiation et Singularité.*

Il fait écho aux travaux de Jonathan Openshaw[1], Editor de *LS:N Global, The Future Laboratory* : « Le luxe s'est exclusivement concentré sur le patrimoine au cours de ces dernières années. Il n'a cessé de regarder en arrière, vers des matériaux et des techniques très traditionnels. Je pense qu'on en a atteint les limites aujourd'hui, il ne reste plus grand-chose à faire pour les marques avec l'héritage. Nous assistons donc à un retour au luxe inspiré par l'innovation et les idées exceptionnelles. Les Maisons commencent à jouer un rôle actif dans la création d'un avenir plus innovant, nous allons assister à une évolution de ce genre de pensée hybride. »

Le *luxe Postdigital* est organiquement contemporain ; s'il s'inspire en permanence d'un passé glorieux, il ne fait pas l'autruche devant les bouleversements vécus depuis plus d'une décennie. La formidable croissance économique

1. Interview de Jonathan Openshaw par Darkplanneur à l'occasion de la sortie de son livre *Postdigital Artisans : Craftsmanship With a New Aesthetic in Fashion, Art, Design and Architecture*, Frame Publishers, septembre 2015.

du luxe[1] a radicalement bouleversé le sens même du mot, particulièrement mis à mal par la bulle financière qu'a connue le segment *luxe accessible* (avec ses éphémères champions boursiers[2] Coach Inc, Kate Spade & co ou Michael Kors*)*. Il a été vidé de son sens devenant, pour certains, une expression fourre-tout, un gros mot marketing pour les nouvelles générations[3]. Christopher Bailey va même jusqu'à parler du syndrome *L word*, référence directe à l'expression argotique *Fuck*[4]. Le succès de l'exposition[5] *What's luxury* (2015) au Victoria and Albert Museum illustra la schizophrénie du secteur, pour ses *curators* Ana Scholze et Leanne Wierzba[6] : « Les progrès du XXe siècle dans les technologies ont joué un rôle majeur dans l'essor du luxe au sein de la culture populaire. L'une des conséquences les plus importantes de ce phénomène est sans doute une dissociation croissante entre le luxe, la rareté et le coût élevé, ainsi qu'un intérêt accru pour le luxe du temps et le luxe de l'expérience. »

Face à un tel contexte chaotique, le *luxe Postdigital* est une réponse concrète à la mise en garde d'Axel Dumas, CEO d'Hermès[7] : « Peu importe votre prestige ou votre âge, vous devez être pertinent pour votre époque afin de continuer à exister. »

Le *luxe Postdigital* est le fruit d'une double passion : celle du luxe et celle des cultures numériques. Conciliateur des impossibles, il aspire à être un chemin de singularité et de pérennité pour les luxes de demain : l'utilisation du pluriel étant ici fondamentale, car il n'y a plus une seule définition académique du sujet, mais une multitude, une par individu… Nous vous invitons à prendre ce chemin, où aucun silo ne doit résister à l'enthousiasme libéré !

---

1. D'après les conclusions de l'étude mondiale sur le marché du luxe 2015 de Bain & Company et Altagamma : « Le marché mondial du luxe au cours des 15 dernières années s'est refaçonné. Le nombre total de consommateurs de luxe est passé de 140 à plus de 350 millions au niveau mondial. Les consommateurs chinois représentent aujourd'hui plus de 30 % des dépenses mondiales dans le luxe et sont la principale cause de la bascule du luxe d'une consommation locale vers une consommation mondiale. Malgré cette « ruée vers le luxe », les consommateurs ont à la fois une meilleure connaissance et une plus forte sensibilité aux prix, ce qui a entraîné la croissance du marché des canaux et modèles de ventes à prix réduit, qui représentent aujourd'hui 30 % de la totalité des ventes de luxe. »
2. Du 1er janvier au 7 août 2015, les actions Michael Kors Holding, Kate Spade & Co et Coach Inc. ont enregistré des chutes de leurs cours respectifs de près de 50 %, 35 % et 19 %.
3. Étude : « The coming affluent millennial » par Unity Marketing (2014).
4. Interview de Christopher Bailey pour le *Women Wear Daily*, 24 novembre 2014.
5. L'exposition *What's Luxury* du Victoria & Albert Museum a enregistré plus de 130 000 visiteurs en trois mois, de mai à juillet 2015.
6. Interview d'Ana Scholze et de Leanne Wierzba, curateurs de l'exposition « *What's Luxury* » au Victoria & Albert Museum, pour Darkplanneur, 31 août 2015.
7. Prise de parole d'Axel Dumas à la Conde Nast International Luxury Conference, mai 2015.

Les 10 clés du luxe Postdigital

Nous vous présentons une feuille de route en 10 clés, afin de réaliser une digitalisation harmonieuse, libre et féconde, pour se projeter vers le luxe de demain.

Clé n° 1 : installer une culture de singularité digitale

Si les origines d'Internet ont été largement influencées par les contre-cultures des années 1970 de la côte Ouest américaine, très vite, les obsessions de la Pop Culture ont envahi la Toile, en particulier une fascination pour un nombre magique, le *million* !

Le million de vues, d'abonnés, de *likes*, de *retweets*... Une fétichisation des grands nombres, tout droit tirée du box-office hollywoodien et de ses blockbusters. Cette fascination pour le *Big* a contaminé les stratégies digitales de nombre de Maisons. Le spécialiste de cette course à la démesure (symbolisée par la célébration très *bling* pour chaque nouveau million de fans recrutés) est le propriétaire du 121 Regent Street à Londres : Burberry. Les défilés, les *it-bags* ou les parfums Burberry sont lancés avec le gigantisme digital d'un film Marvel, ils font l'événement bien au-delà de la planète mode, de vrais phénomènes Pop !

Depuis 2006, la marque est possédée par cet appétit digital gargantuesque. Il a été insufflé par la vision d'Angela Ahrendts, qui n'a jamais cessé de privilégier Internet face aux médias traditionnels, car lui seul lui permettait de jouer les *David contre Goliath*[1] – Goliath étant, bien sûr, les grands groupes aux moyens supérieurs aux siens.

L'audace numérique de Burberry est double :

- S'inspirer en permanence des géants de la Pop Culture (cinéma, musique, jeu, événements sportifs...) pour mieux affirmer sa singularité face à ses concurrents directs.
- Placer à sa tête un authentique *digital champion* : Christopher Bailey, dont l'influence est autant business que créative, puisqu'il est depuis 2013, à la fois CEO et directeur général de la création.

1. Interview d'Angela Ahrendts, Chief Executive de Burberry, pour *B.O.F*, septembre 2013, quelques mois avant son départ pour Apple, où elle occupe depuis 2014, le poste de Senior Vice President de la branche Retail.

Cette différence s'est bâtie à travers une stratégie des moyens radicale et un contenu mathématiquement marqueté : la marque à l'*Equestrian Knight* est passée maître dans l'exploitation numérique de ses codes et dans l'appropriation de nouveaux, à l'image de la légendaire pluie londonienne qu'elle a réussi à s'approprier après des années d'efforts.

Depuis presque une décennie, Burberry s'est appliquée une culture d'entreprise inspirée des start-ups, en osant le *Test-and-Learn*, par son utilisation au pas de charge des moyens numériques dès leur apparition (Facebook, Twitter, Instagram, Vine, Snapchat, WeChat, Periscope, ou encore Apple Music, avec sa propre chaîne musicale).

« Être toujours le premier, le plus ambitieux, le plus engageant », voici l'essence de l'art de la guerre digitale de Burberry.

La marque anglaise n'est pas la seule à suivre le chemin de la singularité en mode *blockbuster*. On pense, bien sûr, au film *L'Odyssée* de Cartier (2012), à son rayonnement mondial (plus de 18 millions de vues à novembre 2015) et sa durée XXL (3'31), ou encore à la saga *Lady Dior* avec Marion Cotillard (2010). Les exemples sont légions, on pourrait en remplir un livre.

La singularité ne se trouve pas uniquement dans la course aux millions, il y a d'autres voies, celles plus naturelles qui proviennent de l'essence de votre marque ; cette inspiration qui ne doit pas être perçue comme une plateforme de marque inscrite dans le marbre, mais comme une énergie renouvelable n'appartenant qu'à vous. La philosophie digitale développée par Publicis EtNous[1] et son président Jean-Christophe Hérail, nous éclaire. Elle s'appuie sur une exigence stratégique et créative : créer une expression digitale toujours singulière en s'appuyant sur la révélation d'un complexe de supériorité, unique à chaque Maison, c'est la méthode propriétaire *EGO*.

La culture de la singularité digitale, voici le terreau d'où va jaillir le *luxe Postdigital*. Cette discipline doit circuler dans tous les métiers de votre Maison, pour mieux infuser vos points de contact. Elle doit devenir un dogme opérationnel, aussi naturel que l'exigence de perfection, que vous appliquez à la fabrication de vos produits.

Suivons le credo *luxe Postdigital* : peu importe votre chemin numérique, tant qu'il vous est unique et authentique !

1. Publicis EtNous est une agence dédiée au luxe, appartenant au groupe Publicis, ayant pour clients en 2015 : Hermès, Chopard, Thierry Mugler, SKP, le Comité Colbert, La Rinascente, Chic Outlet Shopping, Bioderma...

Clé n° 2 : avoir deux maîtres mots, clairvoyance et magie

Cette culture de la singularité digitale peut vite se transformer en une obsession vaine si elle ne s'inscrit pas dans une ambition, qu'historiquement le luxe peut embrasser : la réalisation du désir de transcendance.

Le mot *transcendance* provient du verbe latin *transcendere* (qui veut dire franchir, surpasser). Des trésors du pharaon pour passer dans l'autre vie, à une montre Patek Philippe[1] qu'on achète pour la transmettre à sa descendance, l'objet de luxe détient une magie qui permet à celui qui le possède de vivre l'émotion de transcender sa nature. Ce désir de transcendance est universel, il est même devenu vital en Chine, comme l'analyse Fred Raillard : « Le sac de marque est à la fois le bouclier et l'épée, l'armure magique ou la cape d'invisibilité. »

Le luxe a le pouvoir alchimique d'élever son détenteur, il lui donne des ailes, en particulier dans notre *monde Postdigital.*

Le désir de transcendance est devenu un *insight* clé de l'individu contemporain, parfait pour répondre à ses addictions narcissiques. Les marqueteurs l'ont parfaitement compris, et inévitablement, le luxe a perdu le monopole de la transcendance. Il s'est vu challengé par les géants d'Internet, les GAFA[2] qui par des *expériences Postdigitales* de plus en plus personnalisées, ont inventé une transcendance homéopathique, le *Mespoke*, taillé pour flatter notre sacro-saint lifestyle.

Le *Mespoke* est le pendant immatériel et algorithmique de l'ancestral *Bespoke*[3], il est la promesse pour tous de vivre des expériences physiques et virtuelles taillées pour satisfaire et anticiper les exigences de notre lifestyle. Le *Mespoke* donne l'illusion d'un monde émancipateur, construit d'après nos fantasmes ; une version stylée des visions de Philipe K. Dick, dans *Minority Report.*

Le luxe ne doit pas avoir l'ambition de se mettre au niveau de la concurrence. Ontologiquement unique, il doit bâtir sa différence digitale autour de deux inspirations : la clairvoyance et la magie.

1. La signature des campagnes de communication Patek Philippe depuis 2008, est : « Fondez votre propre tradition ».
2. GAFA : les quatre grandes firmes américaines qui dominent le marché numérique : Google, Apple, Facebook et Amazon, en 2015.
3. Selon l'agence de marketing opérationnelle *Bespoke*, le terme, apparu au XVIIe siècle, est utilisé pour décrire un vêtement fait spécifiquement pour un client, et qui ne suit aucun modèle, ni patron.

➤ La clairvoyance

On touche ici à un point clé de notre réflexion : il ne peut pas y avoir de *luxe Postdigital* sans *intelligence client.*

Nombre d'observateurs professionnels sont aveuglés par la nature quasi divine des créateurs, seuls dans leur tour d'ivoire, dont leurs inspirations seraient mystiques, fruits de voyages mystérieux, d'expositions ensorcelantes et de rencontres dangereuses. En revanche, vous pouvez oublier la présence à leurs côtés d'une inspiration fondamentale : la cliente. « Vous comprenez, cela serait sale, cela serait comme du marketing », me disait un jour, un de ces visiteurs du soir qui fréquentent l'avenue Montaigne. C'est une erreur, le luxe tire son pouvoir de fascination, et au-delà de transcendance, par sa connaissance intime des désirs de ses clients, l'alchimiste de nos fantasmes !

L'épopée des commandes spéciales des « malles magiques » Vuitton pour le magicien Houdini[1], ou encore les 149 créations de haute joaillerie Boucheron[2] pour le maharadjah de Patiala, sont là pour nous rappeler qu'*intelligence client* et histoire du luxe ne font qu'un. La merveilleuse scène du film *Saint Laurent*[3], où le couturier par la simple observation des névroses de sa cliente, la transcende, en est la plus belle illustration.

La question de l'*intelligence client* ne pose pas de problème aux jeunes créateurs issus de la génération Y, libérés du poids messianique attribué au grand couturier ; ils sont avant tout des entrepreneurs, s'inspirant autant de Karl Lagerfeld que de Steve Jobs. Le plus emblématique d'entre eux, Jonathan Anderson, dirige d'une main de maître sa marque éponyme, ainsi que la vénérable maison madrilène Loewe. Sa vision stratégique est riche en enseignements, en particulier sur le sujet de la connaissance client. Comprendre les désirs de ses clients est un élément clé de succès pour Anderson[4], c'est une forme d'humilité, obligatoirement partagée par l'ensemble des membres de son studio qui ont l'injonction de se plonger quotidiennement dans les statistiques de l'e-shop de la marque, pour mieux développer une *intelligence client* inspirante et non castratrice créativement.

1. Pierre Léonforté, Éric Pujalet-Plaà, Patrick-Louis Vuitton, *Louis Vuitton, 100 malles de légende*, La Martinière, 2010.
2. Vincent Meylan, *Archives secrètes Boucheron*, Éditions Télémaque, 2009.
3. *Saint Laurent*, film biographique écrit et réalisé par Bertrand Bonello, 2014.
4. Interview « Inside JW Anderson's Business » par *B.O.F*, 4 juin 2014.

Cette *intelligence client* est à penser comme un véritable gisement de croissance. Pour le Boston Consulting Group[1], la croissance des ventes du secteur devrait connaître un vrai ralentissement pour les dix prochaines années, enregistrant une croissance annuelle plus modeste de 4 %. Pour le BCG, plus que jamais le consommateur de luxe devra se sentir aimé *via* une expérience totalement personnalisée sur l'ensemble des points de contacts, démonstration d'une véritable *excellence Postdigitale*. C'est l'essence du programme Big Data *Burberry Private Clients*, dont la mission, selon Christopher Bailey[2], est de proposer une expérience plus privée, plus intelligente, avec ses clients, et de même qualité où que l'on soit, à Beijing, Londres ou sur son *iPad*. C'est la fin des barrières entre le monde physique et digital, la disparition des concepts de pays ou de villes : rien ne doit freiner la qualité relationnelle avec le client. Plus encore, les missions du *Burberry Private Clients* sont de prédire, et donc façonner, nos nouveaux désirs.

Oser prédire les désirs de ses clients vous met dans une posture d'apprenti sorcier qui peut s'avérer dangereuse, comme nous l'a confié Regis Pennel, le fondateur de l'e-shop L'Exception[3]. Un jour, il a fait livrer au domicile d'une de ses meilleures clientes, un cadeau d'anniversaire surprise inspiré par ses commandes sur l'e-shop, sans son autorisation préalable… Elle n'est jamais revenue.

Cette force prédictive dote le *luxe Postdigital* d'un véritable pouvoir de clairvoyance, mais toujours avec l'autorisation du client, et en toute transparence.

➤ La magie

Intemporel, un objet de luxe est doté d'une âme forgée par un artisan initié. Il est ontologiquement magique, c'est pour cela que pendant des siècles, il a échappé à toute justification de son prix. Cette magie de l'objet a été brillamment transposée tant dans des magasins, perçus comme des cathédrales, que dans des campagnes de publicité qui ne ressemblent à aucun autre secteur (certains publicitaires affirmaient même que ce n'était pas de la publicité, jusqu'au jour où ils s'en inspirèrent pour leurs clients hors captifs). Le *luxe Postdigital* veut étendre cette capacité à créer de l'enchantement à tous ses points de contacts digitaux.

1. Article : « Luxury's slowed growth forecast: How brands can come out on top », article de Patrick Lorenz pour *Luxury Daily*, 24 juillet 2015.
2. Interview de Christopher Bailey pour le *W.W.D*, 24 novembre 2014.
3. Créé en 2011, l'e-shop « L'Exception » présente une sélection pointue de créateurs français, tous indépendants, remarqués par des professionnels ou lauréats de prix prestigieux des plus grands festivals.

Hermès s'est transformé en premier enchanteur du *monde Postdigital*. Il a su retranscrire la magie de son ADN dans ses prises de parole numériques : sa boutique en ligne *La Maison des Carrés* (e-shop réalisé à partir d'illustrations), ses films YouTube de déconnexion numérique, comme *Le Jardin de Monsieur Li, painting can be read like a book*, ou encore son magazine papier *Le Monde d'Hermès,* qui prit vie le temps du numéro (automne/hiver 2014, intitulé *Elsewhere)* à l'aide de son application mobile, transformée pour l'occasion, en véritable baguette magique. La promesse du site *MANifeste*, dédié à l'univers masculin, va plus loin, comme nous pouvons le lire dans le communiqué de presse réalisé pour l'occasion : « Prenant le contre-pied des listes de courses, hit-parades, et autres to-do du bureau et d'ailleurs, Hermès propose avec son *MANifeste* des listes pour mieux désorganiser le sérieux et le quotidien des hommes. » Aussi fluide sur mobile, tablette ou ordinateur, *MANifeste* est naturellement connecté avec le magasin en ligne de la marque.

Les exemples sont nombreux, ils démontrent qu'une magie digitale diffusée avec fantaisie et légèreté, permet de créer un souffle de beauté et de fascination, durablement plébiscité par le public.

Cette *magie Postdigitale* peut ensorceler un lieu physique, c'est le cas des avant-gardistes expositions *Louis Vuitton Series*[1]. Au programme : un vertige numérique issu des défilés prêt-à-porter, réinterprétés dans des salles immersives, conjuguant hologrammes, 3D printing, projection à 360° et miroirs infinis !

Au-delà de la performance technologique, la pensée stratégique développée est là pour corriger deux types de limites. Les limites expérientielles du digital, soulignées par Nicolas Ghesquière[2] : « Dans cette ère du digital, les défilés sont diffusés en ligne et directement accessibles pour les spectateurs, mais il faut bien plus pour ressentir l'ambiance et partager l'intensité créative, l'énergie et l'émotion du show. L'exposition est une immersion physique et interactive au sein de la collection Louis Vuitton Automne-Hiver. » Et les limites commerciales de l'exercice du défilé, ainsi décrypté par Michael Burke, président directeur général Louis Vuitton : « L'exposition montre ce qui se passe actuellement en magasin, contrairement à un défilé qui nous

1. Les Louis Vuitton Series sont des expositions nomades à travers le monde, organisées à l'occasion des sorties des collections prêt-à-porter en boutique : la *Series 1* pour la collection Automne-Hiver 2014 s'est déroulée à Shanghai et Tokyo. La *Series 2* pour le Printemps-Eté 2015 à Los Angeles, Beijing, Séoul et Rome. Et la *Series 3* pour la collection Automne-Hiver 2015 à Londres. Chacune des *Series* enregistre environ 100 000 visiteurs, selon la marque.
2. Article : « Louis Vuitton to stage Instagram-friendly '*Series 3*' exhibition in London », d'Hettie Judah pour *B.O.F* (30 juillet 2015).

montre ce qu'on va voir dans 6 mois. Un défilé dure 12 minutes, assez long pour provoquer un *Like* mais pas assez pour initier un *Want.* »

La collection d'expositions *Series* symbolise une *pensée Postdigitale* en action, une fertilisation croisée d'un grand nombre de moyens de communication (digitaux et non digitaux), au service de la réussite commerciale d'une collection.

Clé n° 3 : régénérer sa puissance de fascination par sa communauté

Plus que tout autre secteur, le luxe construit son succès par sa force de fascination. Cette fascination évolue en fonction des aspirations fluctuantes des publics. Pendant des siècles, le luxe était le blason des puissants, le sceau de sa classe sociale, un privilège réservé à une poignée de *happy few*. C'est la définition classique d'un *luxe de soi*. Pour mieux en saisir sa substance, revenons en 1968 quand les marques de luxe étaient rejetées par la jeunesse, car symboles d'un ordre bourgeois, arc-boutant sur ses privilèges, comme le souligne le philosophe Gilles Lipovetsky[1]. Le luxe était synonyme d'un club privé chic, dont la carte de membre était héritée ou achetée très cher. Une partie de sa fascination résidait dans l'inaccessibilité à ce club fermé, au passe-droit si rare.

Révolution, depuis les années 2000, le luxe a changé de dimension, il s'est mondialisé. Plus encore, il s'est ouvert aux classes moyennes du monde entier par des produits plus accessibles, tout en restant désirable par des millionnaires de plus en plus nombreux. Les croissances à deux chiffres sont devenues l'ordinaire de l'industrie, tandis que l'association naturelle à la valeur *rareté* perdait peu à peu de sa pertinence. *Croissanc*e contre *rareté*, les marchés financiers firent rapidement leur choix ! Il faut donc créer symboliquement de la rareté par l'*artification* et la *sanctification*, comme le souligne Jean-Noël Kapferer[2], ou prendre une voie complémentaire, celle de la communauté !

Les nouvelles générations font de moins en moins de distinction entre luxe et mode, tous deux étant rentrés de plain-pied dans la Pop Culture ; pour certains, ils en sont même le centre de gravité. L'exposition Antonioni[3] à la Cinémathèque

1. Interview de Gilles Lipovetsky pour l'émission Darketing de mai 2015 à l'occasion de la sortie de son essai *De la légèreté*, chez Grasset.
2. Interview de Jean-Noël Kapferer pour l'émission Darketing de juin 2015 à l'occasion de la sortie *How luxury brands can grow yet remain rare*, chez Kogan Page Ltd.
3. L'exposition *Antonioni aux origines du Pop* à la Cinémathèque française (2015) immortalisa par son affiche officielle, l'influence du chef d'œuvre Blow Up (1966) dans la société de l'époque qui fit du photographe de mode un véritable artiste et héros contemporain.

française, intitulée *Antonioni, aux origines du Pop*, en était une parfaite illustration, puisque l'affiche de l'événement plaçait la mode au sein de la *Pop trinité* : cinéma, photo et donc mode. Plus encore, le défilé des dix ans de Riccardo Tisci chez Givenchy, à New York, sur le Pier 26, le 11 septembre 2015, incarne pleinement le virage Pop du luxe. Ce show hommage au 9/11, co-signé avec Marina Abramovic, fut une célébration de l'amour et de la fidélité, associant 200 VIP à 1200 fans de Givenchy tirés au sort. L'analyse d'un tel événement est simple : un acte culturel audacieux pour la marque, mais plus encore, un souvenir généreux et éternel pour ses 1 200 fan transformés, l'espace d'une soirée, en véritables initiés. La conclusion dressée par Justin O'Shea, Buying Director de MyTheresa.com est définitive : « Passé un moment, vous n'avez pas besoin d'un million de clients. Vous avez juste besoin de clients fervents. »

La Pop Culture et le *luxe Postdigital* trouvent l'idée de club privé aristocratique totalement obsolète. Ils lui préfèrent l'idée d'une communauté ouverte, à la fois engagée et engageante, qui aime flatter la part élitaire de chacun, à l'image de la signature du magazine Tank « *Elitism for all* ».

Le luxe est pensé au-delà de l'objet, c'est une culture, des valeurs de combat, une communauté accueillante et désirable. Le classique *luxe de soi* se transforme radicalement.

➤ Structuration d'une communauté *luxe Postdigital*

1. Flux de contenus facilement consommables, *snackable content*, pensés pour la curation personnelle, initiateurs d'enivrement des membres de la communauté (produits, défilés, *red carpet*, campagnes, grandes et petites histoires…).

2. Un credo clairement énoncé et pérenne (écologique, social, culturel…).

3. Un architecte des conversations élu, à la fois catalyseur d'histoires, d'authenticité, de liens, de communions numériques.

4. Une image numérique érigée en lien communautaire.

5. Un cercle d'initiés starifiés (clients VIP, artistes, célébrités…).

6. Un protocole d'initiation mis en place afin d'élever le meilleur des fans actifs et éloquents au rang d'initié.

7. Un capital humain consacré au premier cercle d'initiés.

8. Des messes annuelles dédiées à la rencontre, dans le monde réel.

9. Une plateforme culturelle en construction permanente.

10. Un jeu subtil entre distance et proximité.

11. Une étude permanente des conversations et comportements de la communauté.

Les marques les plus désirables pour les nouvelles générations, comme Balmain, Opening Ceremony, J.W. Anderson ou Kenzo, s'illustrent dans leur talent à créer de véritables *communautés Postdigitales*.

Sophie Metzker, Chief Marketing Officer de Kenzo (dont 60 % des clients ont moins de 30 ans), nous dévoile quelques secrets communautaires de ses deux créateurs Humberto Leon et Carol Lim : « Avec leurs énergies californiennes et new-yorkaises, très *street style*, ils ont réinjecté beaucoup de fun, beaucoup d'inspiration, et ont fait venir des artistes divers et variés. C'est très américain, ils sont dans cette logique du *cross chanel*. Ils ont un gang de talents qui sont des amis, qui viennent d'univers très différents et qui se nourrissent les uns les autres. Je pense qu'on a su l'adopter d'un point de vue marketing. On promeut ce gang de talents. Nous avons construit une communauté autour de la marque, autour de notions de fun, d'authenticité et de culture. C'est très contemporain. »[1]

La communauté Kenzo fut invitée, à l'occasion de la sortie du nouveau site de la marque (avril 2015), à séjourner dans une île virtuelle, conviviale et futuriste, signée par *Toilet Paper Magazine*. Clou de la visite, l'entrée dans le musée 3D de Kenzo, *Grace To The Nth Power* qui plongea le visiteur dans une expérience immersive et transmédia (par une navigation intérieure hybride à la souris et au téléphone mobile) sous les bits hypnotiques de l'artiste Fatima Al Qadiri. Un véritable tour de force qui incarnait toute l'ambition culturelle de la marque.

Cette aspiration communautaire semble avantager le luxe américain, avec sa proposition d'un rêve ouvert à tous, alors que l'essence du luxe français est historiquement royale. Le *luxe de soi* est bien plus qu'un blason de réussite, il est un *lego identitaire scintillant* qui permet de mieux exprimer l'unicité du client. La marque new-yorkaise Tiffany & Co. l'a parfaitement compris. Ainsi pour son CEO, Frédéric Cumenal, « à une époque de libéralisme et de l'expression de soi, vos produits doivent refléter non seulement le goût de vos clients, mais leurs passions et histoires. Le statut ne vient plus de la marque ou du prix d'un objet, mais de son association avec des valeurs comme l'histoire, la créativité et la générosité »[2].

1. Interview de Sophie Metzker, Chief Marketing Officer de Kenzo, sur Darkplanneur, juillet 2015.
2. Intervention de Frédéric Cumenal à la Condé Nast International Luxury Conference en mai 2015.

Le *luxe de soi* revisité anime le *luxe Postdigital* en lui ordonnant de construire une communauté engagée et engageante qui fera briller la part élitaire de chacun.

Clé n° 4 : passer du fan à l'initié

Le *luxe de soi* répond à un désir d'adhésion à une communauté engagée et engageante. Au-delà d'être une muse identitaire, cette communauté est le jeu d'une vraie compétition positive, entre fans anonymes et initiés reconnus.

On retrouve cette idée d'affrontements, dans le concept *Fit and Stand out*[1] qui décrypte les tourments vécus par la génération Y, tiraillée entre la volonté d'intégration à une communauté, et le rêve d'être la star de ce même groupe.

Le luxe et la mode sont les meilleurs alliés pour starifier ce maestro de l'ego, qu'on appelle aussi Millennial. Pour briller, il faut non seulement porter un objet de la marque, mais aussi jouer un rôle actif dans sa communauté, et dépasser le rôle moutonnier de fan pour accéder au cercle des élus, les initiés.

Voici, un nouveau fondement du *luxe Postdigital* : privilégier l'initié au fan.

➤ Initié *vs* fan

Le fan est un passant numérique qui, l'espace d'un moment, vous a croisé en vous saluant. Il est susceptible de repasser vous voir par simple curiosité, ou parce que vous l'avez à nouveau sollicité ; il peut même être un de vos concurrents.

L'initié s'illustre par un vrai engagement pérenne à la marque, il voit en elle un miroir sublimant, il partage son credo, ses combats réels ou fantasmés. Il est avide de ses nouveautés, mais plus encore, de ses savoirs les plus cachés. Il s'illustre par une véritable fierté d'appartenance. Érudit, enthousiaste et tribun, il désire ardemment communier avec les autres initiés et avec le créateur, son héros. Avant tout, il attend de la marque qu'elle reconnaisse ses multiples talents et couronne son lifestyle, si minutieusement mis en scène sur les médias sociaux.

Exercice pratique, nous avons imaginé avec la société Synomia[2], une infographie dédiée à la quantification et les catégorisations des initiés pendant la Paris Fashion Week, à l'été 2015.

1. *La Génération Y et le Luxe* de Darkplanneur et Gregory Casper, Dunod (2014) et Étude ZenithOptimedia : « Generation we are, Generation affirmation » (2013).
2. Synomia est une agence de conseil spécialisée dans l'analyse des datas sémantiques au service de la communication et du marketing, créée en 2000 suite à la rencontre d'entrepreneurs du numérique et d'une équipe de chercheurs du CNRS.

Les Initiés du Luxe Postdigital

Qu'est-ce qu'un initié au monde du luxe ? Une définition par la data sémantique :

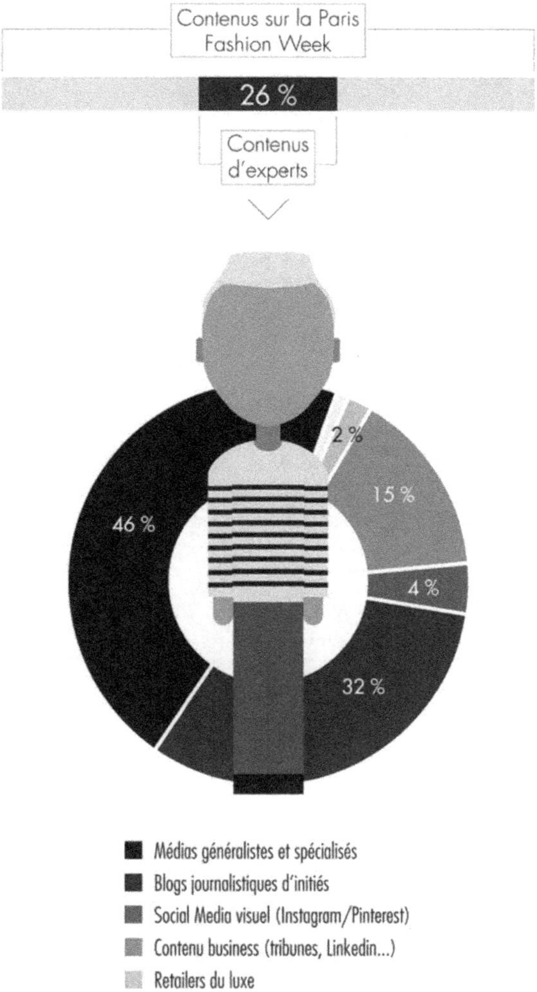

Méthodologie

96702
Mots-clés

Ces mots-clés renvoient du contenu web très généraliste gravitant autour de la mode et du luxe, allant du simple tweet à une page de forum spécialisé.

14648
Pages sur la PFW 2015

Ces pages constituent du contenu social dit «de surface» en lien avec la Fashion Week 2015 de Paris : informations générales, agendas d'événements ou commentaires sur des vidéos de la PFW.

3793
Contenus d'experts

Ces contenus sont identifiés par une analyse fine des données remontées lors de la recherche en masse sur le web.

4 %
Contenus d'inités

4 % des 3793 contenus d'experts sur la Fashion Week (blog, galeries photos social media) ont été mis en ligne par des initiés.

4
Communautés

4 catégories d'initiés ont été identifiées lors de la codification de leur mode de discours. Corespondant à 4 personas, elle donnent des précisions sur qui sont ces différents initiés.

Typologie des initiés identifiés

S'exprimant avec une forme d'enchantement sur la Paris Fashion Week 2015

Les marques de luxe inspirent certains internautes, ce qui se traduit par une richesse des contenus mis en ligne sur des sujets précis tels que la Paris Fashion Week. La technologie de Synomia permet une analyse fine de cette richesse sémantique en repérant automatiquement les contenus complexes et sophistiqués en conceptualisation, grâce à une analyse généralisée des syntagmes employés (nominaux, verbaux, adjectivaux/adverbiaux). Cette technologie d'analyse syntaxique permet aussi de créer un réseau terminologique de connaissances pour regrouper les contenus qui traitent de la même thématique.

La détection des initiés est ainsi immédiate, exhaustive et scientifique : repérés dans la masse conversationnelle, les initiés sont directement catégorisés par l'identification des connexions syntaxiques entre les syntagmes utilisés dans leurs conversations avec le luxe.

RETROUVEZ L'INTÉGRALITÉ DE L'ANALYSE DATA SUR WWW.SYNOMIA.FR / INFOGRAPHIE RÉALISÉE PAR STÉPHANE BAL synomia

Fort de ce désir communautaire, l'un des grands défis du *luxe Postdigital* est de proposer une expérience initiatique. La démarche initiatique doit permettre au futur initié de passer derrière le « cordon de velours virtuel », comme l'appellent Wolfgang Schaefer et JP Kuehlwein[1], celui qui donne l'accès à des privilèges, comme le font régulièrement Net-A-Porter, Amex ou Singapour Airline.

Le premier acte initiatique digital réside dans un *selfie* en mode humilité. Un *selfie* d'effacement où l'aspirant initié se transforme en piédestal de son produit fétiche, simplement signé par un hashtag communautaire, comme par exemple, #louboutinworld ou #TimeToPlayWithBerluti. La reprise du *selfie* sur le site de la marque couronnera ce premier acte d'initiation ; à la Maison d'en imaginer d'autres.

➤ Les deux familles d'initiés

• Les *earned* initiés

Les *earned initiés* sont des initiés qui ne demandent que votre lumière !

Ils sont à recruter naturellement chez vos clients fidèles, tout au moins les plus extravertis digitalement, et les célébrités.

Puis, il y a les aspirants initiés qui réclament votre reconnaissance bienveillante. Là encore, c'est l'acuité de votre *intelligence client* qui fera d'eux la force motrice de votre communauté. Enfin, il y a vos employés qui doivent devenir les premiers ambassadeurs de la fierté d'appartenance communautaire.

Vos vendeurs, en particulier ceux appartenant à la génération Y, ont un rôle clé à jouer dans votre stratégie communautaire, car ils sont les initiés visibles aux yeux de vos clients. C'est tout l'esprit de Kate Spade, qui en septembre 2015, a rebaptisé ses vendeurs Muses. Muses style et lifestyle des clients de la marque.

Ainsi, le client Y voit le vendeur, non plus comme un simple conseiller (il a déjà fait le travail de recherche sur Internet), mais comme un influenceur. Vos vendeurs Y ont une vie au-delà de leur boutique, ils se mettent en scène et fréquentent les mêmes lieux (virtuels et réels), et partagent les mêmes réseaux que vos jeunes clients. C'est une chance pour votre communauté, à condition d'être une main invisible qui sait les guider en tant que *mentor*, et non en surveillant chef…

1. Interview de Wolfgang Schaefer et JP Kuehlwein portant sur leur livre *Rethinking prestige bran ding : secrets of the Ueber-brands,* pour Darkplanneur, septembre 2015 : « A Brand is a brand that succeeds to appeal to its shoppers beyond considerations mance, price and other rational evaluation criteria. In fact, the decision to subsc brand is mostly emotional – or even irrational. »

- **Les *paid* initiés**

Les *paid initiés* ne s'obtiennent pas gratuitement. Ils sont disséqués par Adeline Amiel Donnat dans le chapitre consacré à l'influence. Ils sont blogueurs, instagramers, célébrités 2.0 et autres jeunes créatifs, qui sont à la fois talentueux et réellement attachés à votre marque.

Le *luxe Postdigital* s'appuie sur une pépinière constituée par ces nouveaux talents. Cette *factory* deviendra le bras armé de vos contenus, à la fois son relai de propagation et son co-auteur. Le challenge sera de révéler de nouveaux talents, plutôt que de miser sur des talents confirmés, afin d'attirer vers vous leurs propres communautés, qui seront reconnaissantes de votre démarche audacieuse de mécène contemporain.

➤ Initié et e-commerce

Le *luxe Postdigital* a pour mission de sublimer l'expérience d'e-achat en lui apportant émotion et valorisation. Le statut d'initié est un déclencheur de rêve pour l'e-commerce. L'épisode hilarant de la web-série de Jerry Seinfeld, *Comedians in Cars Getting Coffee* avec, pour guest, sa complice Julia Louis Dreyfus, est la meilleure publicité faite au programme d'initiés *EIP* (Extremely Important People) de Net-A-Porter. Dreyfus y expose sa frustration face à son incapacité à acheter le produit de ses rêves sur Net-A-Porter, car il n'est plus disponible. Après une courte vérification, la femme de Seinfeld a toujours la possibilité d'acquérir le produit désiré, car elle fait partie du programme EIP. L'épisode se terminant, par un appel émouvant de Julia Louis Dreyfus à en faire partie !

Personal shopper attitré, ventes et défilés privés, extra stocks réservés, *social curation*, autant de privilèges réservés aux initiés de l'e-shopping.

Clé n° 5 : élire un enchanteur des conversations

Si le *luxe Postdigital* milite pour que les Maisons créent et entretiennent des communautés fascinées et fascinantes, il n'en oublie pas moins qu'il ne peut y avoir de fascination sans distance. Commence alors un jeu de paradoxe entre proximité et éloignement, une petite musique permanente sous l'air d'un « si loin, si proche » comme le nomme Stéphane Galienni. Cette gestion subtile de la distance commence par l'exercice de la conversation digitale. Les marques les plus performantes en la matière sont : Balmain, Loewe et J.W.Anderson. Elles ont fait le choix d'élire un véritable *enchanteur des conversations*, leur créateur. Plus précisément, Olivier Rousteing et Jonathan Anderson ont choisi pour elles ! Tant l'idée de communiquer auprès d'un large public (bien au-delà des VIP des défilés) leur est naturelle, car tous deux partagent une même fascination : la Pop Culture.

Ils y jouent déjà un rôle important, au-delà de leur Maison, *via* des partenariats médiatiques, l'un avec H&M (Rousteing), l'autre avec Coca Cola Light (Anderson). Ces deux alchimistes conversationnels ont un terrain de jeu favori : Instagram ; les autres médias sociaux ne jouant qu'un rôle secondaire, de caisse de résonance.

Leurs territoires conversationnels les opposent, mais les deux génèrent une même fascination.

Anderson crée la conversation par un voyage intérieur, à forte valeur ajoutée. Il nous invite à plonger dans son quotidien aride. Il nous fait rentrer dans la tête d'un artiste possédé par le démon de la création, avec pour seuls alliés, son abnégation et son cabinet de curiosités personnel. Un spectacle participatif qui, par sa dimension sacrificielle, donne une essence sacrée aux créations Loewe/Anderson, tout en transcendant la culture générale de ses fans et initiés.

Authenticité, sacrifice et *culture* sont autant de valeurs au service d'un enchanteur artiste, spontanément architecte d'un « si loin, si proche ». Intégrer les communautés Loewe/Anderson revient à faire partie d'une élite culturelle, furieusement contemporaine.

Rousteing crée la conversation en nous proposant un voyage d'*insiders au pays des merveilles Pop*, il est ainsi le nouveau *lapin blanc* d'Alice. Chez Balmain, tout est glamour, célébrité et bonheur, mais au-delà, tout porte le *sceau du pouvoir*. Le pouvoir d'accéder à l'intimité des plus grandes stars de la Pop Culture (Rihanna, Kanye West, les sœurs Kardashian...), le pouvoir de la beauté (le créateur, par ses *selfies*, s'est imposé comme la première égérie de la marque) et le pouvoir politique (servir une mode militante, au nom de toutes les mixités).

Le génie conversationnel de Rousteing réside dans sa magie à nous transmettre ses pouvoirs, à la condition sine qua non de rejoindre sa #balmainarmy. La conversation au nom d'un pouvoir à prendre, voilà le programme Pop du candidat Rousteing.

Clé n° 6 : imagery is currency

Les capacités à développer une production d'images numériques, à la fois taillées pour le mobile, immédiatement codées, inspirant la réinterprétation (hacking) et la curation personnelle, sont vitales dans le monde du *luxe Postdigital.* L'image numérique fait les rois des médias sociaux. Tumblr, l'un de ses supports les plus créatifs, va même jusqu'à influencer de nouvelles esthétiques, directement adaptées dans des collections prêt-à-porter[1].

➤ Une image mobile/lifestyle centric

Le mobile est à la fois la muse, le pinceau et le tableau de nos styles de vie. Il est la matérialisation d'un des fantasmes Wildiens[2], en donnant à chacun la possibilité de faire un chef-d'œuvre (visuel) de sa vie, dont le monde du luxe est la gouache la plus précieuse, à condition qu'elle soit taillée pour ses images sous verre. Les nouveaux usages du mobile le propulsent au centre des *technologies du soi*, chères à Michel Foucault.

Instagram nous incite à devenir tous des Dorian Gray, à faire avec notre mobile, le portrait le plus désirable de nos vies vécues et fantasmées. Je suis fasciné par la qualité des comptes Instagram de mes étudiants à ISG Moda Domani Institute, en particulier celui de Lou Jacobée[3] et sa curation pointue de la *street couture*, où aucune photo postée ne désobéit à sa ligne éditoriale clairement posée. Vêtements associés, attitudes jouées, marques plébiscitées, personnalités croisées, boutiques et lieux visités, tout fait parti d'un assemblage précieux : notre lifestyle.

Réussir à raconter parfaitement son lifestyle, voici une des inspirations fondamentales de l'individu contemporain, parfaitement retranscrit dans le titre du premier livre de Garance Doré *Love x Style x Life* !

L'image numérique du *luxe Postdigital* doit inspirer une nouvelle forme de flânerie qui enflammera des millions de tableaux personnels, pour devenir le « lapin blanc » à lifestyle !

➤ Une image en mode collaboratif

Les médias sociaux visuels sont à la fois un paradis et un enfer pour le luxe. Enfer, car les images y sont diffusées de façon anarchique, avec une faible préférence donnée aux images officielles des marques. Tapez le nom de votre marque sur le moteur de recherche d'Instagram, et vous serez devant un chaos visuel. La marque ne doit pas compter uniquement sur ses seules

1. Article : « Viral Style: Tumblr-Inspired Fashion And Tag-Popping Tees » de William Edwin Wright et Charlotte McManus pour *The Creators Project*, 5 avril 2013.
2. En référence au *Portrait de Dorian Gray* d'Oscar Wilde (1890).
3. Compte Instagram @louloushcka, ouvert depuis mars 2013.

forces pour y mettre de l'ordre. Elle doit collaborer avec les talents émergents de ces nouveaux territoires à l'influence exponentielle. Ils ont fait des médias sociaux visuels, leur terrain de jeu. Ils sont photographes, graphistes, blogueurs, on les appelle les *New Pic*[1], ils challengent la castre des *Old Pic* (les maîtres de l'imagerie luxe analogique, en mode papier glacé). Ils ont le talent inné d'hacker vos images afin de les rendre organiquement virales, pour la multitude. Les héroïnes de cette nouvelle caste se nomment les *Instagirls* : « Ces filles combinent de manière inédite beauté plastique, contenu dramaturgique et relation avec une communauté »[2], comme le souligne le sociologue Stéphane Hugon.

Tel que le suggère Adeline Amiel Donnat (dans son chapitre consacré à l'influence), il est impérieux que vos agences s'ouvrent à ces nouveaux talents, afin de mieux vous aider à créer votre *factory new pic*, à la fois compatible avec votre ADN et influente sur vos audiences cibles.

Clé n° 7 : ouvrir toutes les portes aux artisans Postdigitaux

L'évolution d'une Maison de luxe passera par une révolution créative : faire entrer durablement dans ses ateliers, une nouvelle génération d'artisans : les artisans Postdigitaux[3]. Cette nouvelle catégorie d'artisan devra devenir le bras droit de vos directeurs artistiques et jouera une influence majeure sur l'ensemble de vos métiers. Ces héritiers de Léonard de Vinci développent leur art par une pratique quotidienne des technologies. Ils remplacent le dogme du tout numérique, par l'invitation à l'hybridation entre les nouvelles technologies et les secrets des grands artisans.

Posséder par le démon de la curiosité, autant ingénieur que poète, ils ne conçoivent leur création qu'en mode collaboratif, avec d'autres experts, la garantie d'une alchimie sans limite.

Cette intégration des *artisans postdigitaux* est loin d'être encore une réalité. L'analyse de Daljit Singh est sans appel : « Je suppose que le luxe en est incapable pour le moment, car il présuppose que c'est à quelqu'un d'autre de le faire, c'est la raison pour laquelle nous avons pu voir une kyrielle de

1. Les principes de *New Pic* et *Old pic* font référence aux concepts sociologiques de Old Money (fortune provenant d'héritages) et New Money (étiquette attribuée aux nouveaux riches).
2. Interview du sociologue Stéphane Hugon pour GQ France, août 2015.
3. Jonathan Openshaw, *Postdigital Artisans : Craftmanship with a New Aesthetic in Fashion, Art, Design and Architecture*, Frame Publishers, juin 2015.

collaborations technologiques qui ne représentent pas les valeurs des marques de luxe. Entre de bonnes mains, la technologie peut être magique et transformationnelle, se connectant avec les gens à un niveau émotionnel. Lorsqu'on parle de luxe, je pense que l'adjectif *magique* devrait remplacer le mot *intelligent* : le désir et la sexualité que le consommateur de luxe achète, est une relation émotionnelle plus profonde que la froide utilité que les technologies intelligentes nous procurent. C'est ce virage vers cette intelligence émotionnelle plus profonde que le luxe va prendre dans le futur. Le luxe peut ajouter de la magie/féérie dans notre monde prédictible et désenchanté. »[1]

Recruter ces talents devrait être une absolue nécessité, sous peine de les voir partir à la concurrence : les pure players ayant parfaitement compris leur rôle stratégique dans le monde Postdigital.

Clé n° 8 : ensorceler vos boutiques, développer l'expérience digitale augmentée

Le *luxe Postdigital* est une cure de jouvence pour votre réseau de distribution physique, il contredit les augures qui annoncent sa disparition programmée, au profit des e-shops. Sa méthode ? Balayer les complexes numériques par le contrepied, en dotant les retailers d'un état d'esprit de hacker, avec pour ambition de faire du magasin, une expérience augmentée du digital.

➤ Le magasin *Postdigital* ou L'UX digitale augmentée

Les écrans sont partout dans nos vies, les films sont en accès illimité, 24 h/24 h, et pourtant le cinéma est en pleine santé : rien que pour l'année 2015, trois films dépassent le milliard de dollars au box-office international et se classent dans les 6 plus gros succès de tous les temps[2]. Cela démontre le désir du public de vivre des expériences immersives et collectives, dans des lieux physiques, loin de leurs écrans. On pourrait tirer les mêmes conclusions avec le succès croissant des expositions à travers le monde. Nombres de multiplex et musées ont mené leur transformation digitale, en offrant une expérience qui dépasse en immersion celle vécue chez soi.

1. Interview de Daljit Singh, *Creative Director, Creative Business Strategist & Curator* pour Darkplanneur, 1er juillet 2015.
2. *Jurassic World* $1.543 ; *Furious* $*7*, 1.511 ; *Avengers : Age of Ultron*, $1.387. Sources : Box-Office Mojo du 29 juillet 2015.

Arrêtons-nous quelques instants sur deux expositions qui ont marqué 2015 : *Alexander McQueen : Savage Beauty*[1] au Victoria & Albert Museum, et *David Bowie is* à la Philharmonie de Paris. *David Bowie is* réinvente l'utilisation du son (l'éternel parent pauvre des expos) grâce à l'innovation Sennheiser's guidePORT qui permet une stimulation 3D du son, enrichie d'un système GPS qui ouvre un champ des possibles infini aux scénographes. Quant à *Savage Beauty*, elle permet de vivre une expérience *Postdigitale* par l'intermédiaire de son impressionnant Cabinet de Curiosités qui nous plonge dans l'expérience physique d'un Tumblr romantique et gothique géant. Le message envoyé est clair : pour réussir la digitalisation de vos boutiques, ne cherchez pas à copier le digital, mais transcendez ses faiblesses.

➤ 6 pistes pour créer une UX Digital Augmentée dans vos magasins de luxe

• Piste n° 1 : métamorphosez le magasin en la plus belle salle d'exposition

L'exposition de marque est un genre qui fait rêver les foules du monde entier, alors pourquoi la réserver uniquement aux musées ? Un défilé visionné sur YouTube informe le public, alors que sa version immersive en exposition le téléporte dans l'esprit visionnaire du créateur. Le contenu informatif vu sur Internet peut muter en un spectacle enchanteur dans le cadre de la boutique, son pouvoir de transformation commerciale s'en verra décupler.

La qualité d'immersion n'est pas le seul élément à prendre en compte, il faut également faciliter la valorisation de l'ego du spectateur, en particulier ceux de la génération Y[2]. Nombre de musées sont passés maîtres pour mixer autopromotion du visiteur et buzz de leurs expos, *via* l'incitation au *selfie* in vivo, par des applications dédiées qui prolongent l'expérience bien au-delà de la visite, comme pour les expositions *Gaultier* (Grand Palais, 2015), *Jeff Koons* (Beaubourg, 2014) ou *The Art of the Brick* (Old Truman Brewery, 2014).

• Piste n° 2 : imaginez, pour chaque magasin, une UX singulière

À de rares exceptions, les e-shops se ressemblent tous. Voici une formidable opportunité pour chaque boutique d'affirmer sa singularité esthétique et

1. L'exposition *Alexander McQueen : Savage Beauty* au Victoria & Albert Museum à Londres détient un double record : ses résultats au box-office (plus de 480 000 tickets vendus en 21 semaines) et son budget de production (3 millions de livres).
2. Article : « La génération Y et l'exposition : 4 stratégies mobiles pour la séduire », d'Aurore Maître pour le site *Generationyluxe.com* (juin 2015).

expérientielle face au mimétisme de l'offre e-commerce. L'époque de la *standardisation psychorigide* des boutiques de luxe semblent enfin terminée.

- **Piste n° 3 : transformez le vendeur en « mentaliste » d'Instagram**

Le *luxe Postdigital* ordonne la réconciliation entre le pouvoir des algorithmes et l'humain, en renforçant la force de conseil du vendeur. La jeune marque joaillière Eternamé montre la voie quand sa brillante créatrice Sarah Besnainou[1] décrypte systématiquement l'Instagram de ses meilleures clientes avant chaque vente pour mieux les conseiller.

- **Piste n° 4 : enrichissez le parcours client d'une dose d'éphémère artistique**

Laisser au digital sa nature mathématique pour mieux réenchanter le parcours client magasin par le happening artistique, tel est le thème du chapitre consacré à l'artiste digital, signé Laurent Moisson.

- **Piste n° 5 : transmuez le magasin en authentique espace communautaire, lieu de rencontre entre vos initiés**

Vos communautés vivent au quotidien sur le digital, pourquoi ne pas les faire se rencontrer dans vos magasins, lors d'événements rares et réservés. Les espaces restauration, par leur convivialité naturelle, sont à privilégier. Ils ne cessent de se développer : le café Thomas's au flagship Burberry de Regent Street, le Ralph's Coffee au Polo store à New York, ou encore le Gucci Café à Shanghai. Leurs vertus sont multiples : installer le magasin comme un vrai lieu de destination locale, combattre l'ennui naturel propre au shopping masculin, rallonger la durée de la visite magasin tout en augmentant le panier moyen, booster la compréhension et la désirabilité du lifestyle de marque, et enrichir l'expérience en activant la puissante mémoire gustative du visiteur.

- **Piste n° 6 : enrichissez votre service conciergerie par vos médias sociaux**

Suivez les recherches de David Dubois[2], en adoptant une ambition servicielle pour vos médias sociaux, en mode gants blancs. Hélène Le Blanc, du blog *The Luxe Chronicles,* nous donne le meilleur des exemples, celui du compte Twitter du grand magasin new-yorkais Bergdorf Goodman, qui se transforme en un service de conciergerie pour tous les clients connectés *instore.*

1. Interview de Sarah Besnainou pour Darkplanneur, 19 décembre 2014.
2. David Dubois est Professeur de marketing à l'INSEAD, où il enseigne la stratégie des médias sociaux (MBA et Executive Education).

Clé n° 9 : recharger vos histoires

Le luxe n'a plus le monopole des belles histoires. Dans un monde où tout est storytelling, il est indispensable de faire preuve d'originalité. Le *luxe Postdigital* a l'ambition de recharger en énergie les histoires du luxe.

➤ Rechargez vos histoires en modernité

Pour *thedrum.com*, Sidney Toledano, CEO de Dior, a mis en lumière une impérieuse exigence de modernité, exprimée chez ses clients, en particulier les plus jeunes (30-35 ans, millionnaires, provenant de Chine, Corée ou des Etats-Unis, extrêmement informés grâce à Internet). Frédéric Raillard va plus loin encore (chapitre 10) : « On constate en Chine que certaines marques de luxe s'essoufflent. Il va falloir trouver un second souffle. Cela ne peut reposer uniquement sur l'ADN de la marque. L'histoire et l'ADN ne créeront pas assez de valeur. Les Chinois ne s'intéressent pas à notre passé, mais à leur futur. »

Modernité et histoires ne doivent pas s'éviter, mais au contraire se métisser. Le *luxe Postdigital* a la mission de revivifier le corpus d'histoires d'une marque. Associer systématiquement une histoire à un produit est un réflexe chez les jeunes créateurs. L'histoire est à la fois un facteur d'authenticité (véritable antidote contre l'influence du marketing), mais plus encore, elle nourrit une vraie plateforme culturelle. Cette ambition est portée par Carol Lim : « Nous voulions raconter nos histoires, alors nous avons créé Opening Ceremony, nous l'avons pensé comme une véritable plateforme pour transmettre toutes les choses que nous aimons, et pour tous nos concepts. »[1] Cette ambition culturelle a trouvé son zénith en septembre 2014, lors de l'unique représentation de la satire de la Fashion Week newyorkaise, intitulée *100 % coton* de Spike Jonze et Jonah Hill, financée par la marque et réservée à ses initiés, qui étaient à la fois dans la salle et sur scène.

On retrouve le même esprit chez Kenzo : pendant l'été 2015, le court-métrage *Here Now*, signé du metteur en scène indépendant Gregg Araki, et fait en l'honneur de la collection Automne-Hiver 2015-16, est généreusement supporté publicitairement en presse magazine *via* une annonce qui reprend intégralement les codes d'une affiche de cinéma.

On retrouve cette fascination culturelle de manière plus radicale chez Jonathan Anderson : « Je ne crois plus vraiment en l'idée de *luxe*, c'est un

1. Conférence de Carol Lim et Humberto Léom à la Parsons School of Design New York, mai 2015.

concept très daté, comme la vie dans un aéroport. L'ambition que j'ai avec Loewe est d'en faire un univers culturel. »[1]

L'histoire est un élément de désirabilité intemporelle, elle marque la singularité, l'authenticité, l'origine d'un produit. Elle est également le sceau, d'un engagement pour un luxe durable. L'histoire imprime un choix éthique pour le client. C'est la vision de Stefano Pilati[2], développée pour la marque Zegna : « Le luxe, j'en parle comme d'un choix. Si je trouve quelque chose qui m'aide à définir mon style et qui est aussi éco-conscient, [...] le niveau de sophistication n'est pas dans les combinaisons de couleurs, c'est une question de contenu. »

Enfin, les histoires font vendre ! Nous sommes rentrés dans l'ère du *storyselling*, depuis l'avènement de Net-A-Porter. Véritable Némésis des pages clonées des boutiques Amazon, il a consacré le contenu journalistique comme un catalyseur d'impulsion e-commerce. Plus qu'un produit, c'est un lifestyle qui est ici mis en narration.

Dans un domaine plus poétique, l'e-shop de JACQUEMUS prend la forme d'un roman-photo au titre évocateur *Les Parasols de Marseille*, une balade vers Salon de Provence, pour une héroïne *Rohmerienne*, où tous ses vêtements sont cliquables et achetables. Par sa boutique e-commerce, le créateur Simon Porte prolonge son ambition créative : donner une âme à chacune de ses créations en racontant des histoires.

Le *luxe Postdigtal* aime transformer les e-shops *déjà vus* en écrin à histoires, sans pour autant sacrifier leurs résultats.

➤ Investir dans le content marketing

Raconter des histoires est la pierre angulaire du content marketing[3]. L'incontournable podcast en la matière, *PNR : this old marketing*[4] condamne la vision à court terme des stratégies de contenu digital. Les marques doivent s'inspirer de la Pop Culture, qui plébiscite les formats s'inscrivant sur un temps long (cf. le triomphe planétaire des séries TV et l'écrasante domination des suites au box-office mondial). Les marques

1. Interview de Jonathan Anderson pour *Bon magazine*, février 2015.
2. Interview de Stephano Pilati pour *Style.com*, 21 avril 2015.
3. « Branded Content is content created for the brand or about the brand. Content marketing is create for the audience. Two very different concepts. » (Joe Pulizzi)
4. *Pulizzi & Rose : this old marketing podcast* est une émission hebdomadaire créée en novembre 2013, par deux experts internationaux du content marketing, Joe Pulizzi et Robert Rose.

dépensent des fortunes sur des *one shot*, au lieu d'avoir l'objectif de recruter un véritable public d'abonnés, des initiés potentiels, une audience fidèle à long terme.

Fierté du luxe en mode digital, Chanel est un parfait contre-exemple, avec sa vraie série *Inside Chanel* de 12 épisodes sur YouTube (celui consacré à Coco dépasse les 7 millions de vues), qui nous plonge dans les codes et la grande histoire de la Maison, sublimée par un travail formel hyper contemporain, parfaitement pensé pour nourrir les décryptages savants de la génération Y.

Autre bel exemple, le fascinant documentaire *Dior et Moi* de Frédéric Tcheng (2015) qui pendant 1h30, transmet la dimension sacrificielle de la Haute Couture, à travers un œil naturaliste témoin de la pression titanesque subie par un nouveau créateur (Raf Simons) et ses équipes. Célébré dans de nombreux festivals (Sundance, Berlin…) et sur les réseaux de téléchargement pirate, le film est un parfait objet de fascination pour les fans et les initiés. Le film prend d'autant plus d'importance, qu'il permet de comprendre le départ fracassant de Simons, le 22 octobre 2015… Les *martyrs de la mode* ont tous leurs limites !

Dans l'univers de la *fast fashion*, le distributeur Asos s'illustre par sa science du *content marketing*. Fort d'une plateforme de contenus XXL (consumer magazine, blog, chaîne musicale avec *Google Play Music*), il y développe depuis des années, une tonalité unique où la marque s'est peu à peu effacée au profit de la mise en avant d'un authentique style de vie inspirant. La promotion commerciale se transforme en véritable contenu, placé dans un écrin de personnalisation, pour mieux contourner les phénomènes de *dépublicitarisation* du public, soulignés par Sylvain Pailey dans son chapitre consacré à l'e-pub (chapitre 9).

Le *luxe Postdigital* n'a pas peur du temps long, bien au contraire : il nous incite à raconter de vraies histoires, dans les formats et des technologies avant-gardistes. Engagé dans une diffusion *seamless* du contenu, il aime associer les bits du numérique avec les feuilles de papier glacé des magazines, pour inscrire dans le temps et élever le contenu méticuleusement produit pour le digital. Réaliste, il garde en tête le conseil donné par Samy Thuillier (à retrouver dans le chapitre 16 consacré au *product content*) de ne pas « surestimer son public ». C'est peut-être la limite des ambitions d'un Net-A-Porter qui, malgré son excellence rédactionnelle et servicielle, ne devrait être rentable pour la première fois de son histoire, qu'à la fin de l'exercice 2015. Le témoignage de cet ancien collaborateur est cruel : « Nos clients ne se sentent plus obligés d'acheter leur sac Chanel sur Net-A-Porter, ils vont chez Farfetch, Matches ou Yoox. »[1]

En effet, les nouveaux consommateurs du luxe sont des obsédés de la *value for money*, le prix affiché en reste sa principale manifestation... Une des explications de fond de la démission de Natalie Massenet le 3 septembre 2015 ? Néanmoins, son communiqué de presse d'adieu reste une véritable ode au luxe Postdigital : « Mon envie d'entreprendre est toujours aussi forte aujourd'hui qu'il y a quinze ans, et ma passion pour l'innovation continuera à être mon moteur. »

Clé n° 10 : être à l'avant-garde du post-contemporain

Le *luxe Postdigital* incite à retrouver le pouvoir de dire *non*.

Un *non* tout d'abord esthétique, face au diktat du contemporain, façonné par les codes hygiénistes digitaux.

C'est l'analyse fascinante faite par Hedi Slimane, qui pose les bases d'une nouvelle « inspiration post-contemporaine » : « Tout ce qui était autour de nous semblait être tout droit sorti d'un congélateur. Est-ce que j'ai toujours envie d'une maison contemporaine, un sofa design, des matières high-tech, et d'avoir un tableau issu d'une galerie d'art obtenu durant une foire internationale d'art contemporain chez moi ? Ce monde tout lisse et réfléchi est devenu extrêmement normatif, un langage toujours prudent et des produits conformistes. Je préfèrerais explorer un monde analogique étant capable de contourner la révolution *botoxed digitale* avec une alternative esthétique émotionnelle, en mouvement, chaleureuse et quelquefois, légèrement incorrecte et chaotique. Tout sauf un monde digital ennuyeux à mourir. »[2]

Un *non* philosophique contre la primauté de l'expérientiel sur le matériel. C'est la grande tendance actuelle, de prétendre que le consommateur veut jouir du luxe sans s'encombrer de la possession, en s'appuyant sur les réussites d'Uber, Airbnb ou Rent the Runway. Or, dans notre *monde postcontemporain* où le virtuel est omniscient, il est plus que jamais fondamental de se déconnecter par l'intermédiaire d'objets magiques habités d'une âme, ses

1. Article : « The World is not enough for Net-a-Porter » de Jessica Presseler pour *New York Magazine* (août 2015).
2. Interview d'Hedi Slimane par Dirk Standen pour *Yahoo Style*, 12 août 2015.

objets de luxe que l'on transmettra un jour à nos enfants, appartenant au *luxe Postdigital*.

La double expérience de thérapie et de prospective est désormais terminée. Attaquons-nous maintenant au cœur collectif du livre, dont la mission est de tracer un chemin pour une digitalisation bienveillante et singulière du luxe, à usage immédiat.

Partie 2

Hackathon pour une digitalisation singulière du luxe

L'emploi du mot *hackathon* dans l'univers du luxe – et au-delà, du conseil marketing – a pour but de nous sortir de nos zones de confort. Il provient du monde des développeurs, étant une double contraction des termes *hacking* et *marathon*. Son sens originel définit un concours de développeurs aux spécialités différentes, consistant à réaliser un projet précis, en mode commando, avec en final, une présentation courte devant un jury. Les vertus de l'*hackathon* appliquées au luxe, sont multiples : il libère les énergies créatives par sa dimension ludique, il enrichit la pensée par la fertilisation croisée des compétences, et enfin, il libère l'esprit rupturiste de ses participants.

Nous vous proposons un *hackathon* autour de quatorze spécialités, réunies pour servir une vision engagée de la digitalisation, celle qui respecte scrupuleusement la plus précieuse des richesses du luxe : son unicité.

Les quatorze chapitres ne suivent pas d'ordre précis, ils se complètent, parfois se contredisent. Ils sont de minutieuses observations ou des témoignages personnels, mais au-delà, tous s'inscrivent autour d'une pensée libre, une invitation à la sérendipité.

CHAPITRE 4

Influence

Par Adeline Amiel Donat

Après avoir débuté dans l'agence de communication de Sylvie Grumbach, Adeline Amiel Donat a multiplié les terrains de jeux et territoires de communication : mode, art, design, en tant qu'indépendante, ou intégrée en Maison chez Petit Bateau, et plus récemment chez Hermès. Un pied X, un pied Y, une oreille dans les Smiths, l'autre dans Beyoncé, Adeline trouve dans le motto de Jenny Holzer « *All things are delicately interconnected* », la douceur et l'excitation à accueillir l'époque telle qu'elle est : grave, engagée, fluide, pop, et finalement, pleine d'espoir.

Les forces complémentaires : l'influence et la puissance

Depuis les antichambres de Versailles ou les cours de récréation, l'influence demeure ce don mystérieux qui place certains au-dessus des règles, laissant aux autres les soupirs d'exaspération des mères : « Il est tellement influençable ! »

Être influençable comme la fatalité qui fait commencer la clope, les mobylettes et, en ce qui nous concerne, le désir des marques de luxe et leurs objets.

Ici, nous désignerons *l'influence* comme ce maelström digital qui entraîne le plus grand nombre de prescripteurs vers la même source et reconnaîtront ses gourous, ceux qui indiquent la route : les *influencers*.

Ces derniers, à l'instar des Homo sapiens, ont développé de nouvelles aptitudes motrices, mais aussi une capacité de gestion de communauté et d'élevage réduisant les blogueurs à leur état d'homme de Néandertal dans l'évolution darwinienne du digital.

D'ailleurs, le qualificatif de *blog* lui-même tombe doucement en désuétude ; et le terme *blogosphère*, quant à lui, sera réservé aux blagues, un peu comme le Minitel, le StarTAC ou communiquer un numéro de fax.

Les *blogs* existent toujours, bien sûr, et l'influence de certains est significative sur des sujets spécialisés : montres, spiritueux, parfums. Ces blogueurs demeurent identiques au fantasme de la fin des années 2000 : des personnes qui ont un job *normal* et un job de blogueur *en extra* et qui, sous pseudo, peuvent influencer une audience spécialisée et hyper captive. Mais à la moitié des années 2010, ils représentent une frange minuscule et un peu surannée, d'audience, de puissance et d'influence. On parlera volontiers de *plateforme* plutôt que *blog*, pour qualifier les fenêtres éditoriales des pure players *lifestyle* influents. C'est aussi dans cette mise à jour du panorama éditorial que l'organisation même de la communication des marques vers les influencers a évolué.

Dans la parade amoureuse entre l'industrie du luxe et l'influence, c'est l'influence qui mène la danse. L'industrie du luxe, stressée, manœuvre plus ou moins habilement pour exister sur le digital, et les mastodontes de l'industrie du luxe investissent à mort dans la communication digitale : brand content, campagnes digitales, e-commerce, applications, réseaux sociaux… Et pourtant, les mastodontes du luxe voient émerger des jeunes marques positionnées aux prix de l'avenue Montaigne, mais sans pas-de-porte, qui ne vendent qu'en ligne et en wholesale, et surtout, qui séduisent la nouvelle génération. Bien sûr, ces marques de mode, d'accessoires, de bijoux, de demi-mesure (comme Études, Amélie Pichard, Vêtements, Mylonelylingerie, Shrimps, Adieu…) ne sont qu'un micromarché, mais elles sont autant de signes qui prouvent que le client Y n'est plus celui qui a fait décupler les CA des méga-brands et groupes de luxe début 2000. L'influence a changé la désirabilité du luxe dans son essence, le luxe n'est plus défini par sa valeur, ni sa rareté. Le luxe peut être gratuit, recyclé, vintage, même dématérialisé.

Le luxe n'est-il devenu qu'une expérience ?

« 15 000 euros pour 1 post sur son site, et 2 photos Instagram du nouveau sac », confesse un attaché de presse d'une marque de mode américaine. Même si c'est tabou – qu'aucune Maison ne se targue de payer pour ce genre de deal – c'est encore plus tabou d'avouer, pour l'industrie du luxe, d'avoir besoin de solliciter des filles dont la plus grande force est d'être la *girl next door*.

Le luxe drapé dans sa distance avec la normalité doit bien jouer à Picoti Picota avec des filles qu'on pourrait croiser à une partie de tennis ou à la soirée pyjama de sa nièce, une lycéenne goinfrée de téléréalité.

The Blond Salad a plus de 5 millions d'abonnés sur Instagram, soit juste autant que Barack Obama. C'est aussi absurde que fascinant. Les bloggeuses sont devenues de vraies PME, des sortes de mini-agences de communication : elles monnaient leur puissance de diffusion, mais aussi, pour les plus *smart*, y font pousser leurs talents.

Elles ne s'expriment plus que sur leur plateforme, mais aussi sur les réseaux sociaux. Instagram est le lieu de prédilection de la mode, l'entreprise sans chiffre d'affaires rachetée par Facebook pour 1 milliard, affiche fermement l'intention de développer les partenariats mode comme un levier stratégique de leur commercialisation. Kevin d'IG, lors de sa tournée parisienne en février 2015, l'a clairement démontré : dîner avec Gaultier, interview avec Vogue, visite chez LVMH. Pour le reste de sa tournée européenne, c'était le *food,* autre forme démocratisée de nouvelles marques de luxe.

Garance Doré fête en 2015, les 10 ans de son blog. Pionnière durable, Garance Doré a été la première bloggeuse française à avoir un agent : paravent impitoyable entre la liberté éditoriale et les jobs rémunérés de photo, vidéo et illustration. Elle acquiesce sur la désuétude du terme de blog et s'amuse : « Quand les gens me demandent ce que je fais dans la vie, je leur dis *j'ai un blog*. C'est presque de la provocation, ça me fait rire parce que ça ne donne aucune indication de ton milieu social et les gens paniquent. »

Derrière cette jeune femme qui écrit à la première personne et signe avec de grandes boucles pleines et déliées, il y a un studio dans Manhattan, des lignes d'objets, un livre paru en 2015 aux États-Unis, des contributrices à demeure et un marketeur transfuge de Google. Garance incarne la professionnalisation de l'influence, d'ailleurs elle qualifie elle-même volontiers son blog *d'agence créative*. Son blog héberge du *native* fabriqué par ses soins pour les marques et *flaggué* comme tel.

Tout comme pour des plateformes surpuissantes comme Hypebeast ou Highsnobiety, les médias traditionnels trouvent une grande source de revenus dans la création de contenu pour les marques. De la même manière, aucun grand projet de diversification des groupes de presse n'exclut la création de contenu. Tous les groupes de presse sont devenus des agences spécialisées dans le *native*, avec une audience qualifiée d'emblée, et surtout un contact annonceur rassurant. Les médias sont agences, les bloggeurs sont agences… Que restera-t-il des agences ?

Quel est l'avenir de la gratuité ?

Côté annonceur, les plus agiles ont organisé leurs calendriers d'animations et budgets digitaux pour que les projets de brand content aient plus d'ampleur en *paid* ou en talent… Les vidéos, projets digitaux des Maisons de luxe à profusion, redoublent de signatures prestigieuses, de castings célèbres et de créativité.

Malheureusement, toutes ces bagnoles de luxe, pied au plancher malgré tous leurs efforts, dépassent péniblement le sillage de leur *owned*, leurs plateformes web traditionnelles et leurs réseaux sociaux… Les Maisons de luxe peinent à chiffrer le retour sur investissement de leurs productions, et certaines vidéos YouTube font l'effet de zombie à 4 500 vues, errant sur les chaînes de marques de luxe du CAC40.

Pressé par la montre et le climat économique, le luxe, en proie aux atermoiements du marché, n'est pas sûr d'avoir résolu sa crise générationnelle. Souvent à côté de la plaque des Y et Z, l'industrie du luxe s'entête à confondre storytelling et fausse campagne de pub. Lookbooks animés, spots de pub trop sophistiqués, le Beau a pris la place du sincère et du message. Et ça ne prend pas.

Le luxe, le vrai, ne serait-il pas détenu seulement par ceux qui savent qu'entre la promesse, l'expérience et le produit, il n'y a qu'une toute petite chair ? Les bourrelets d'un storytelling léché, de lancements de collections, ou d'un making-of de je-ne-sais-plus-quoi, resteraient figés comme le saindoux dans le début des années 2010.

Au-delà d'un déficit de crédibilité par un storytelling lisse et poli, les marques se confrontent à un déficit de diffusion : pression publicitaire sur les médias web classiques, mais aussi chez les pure players et influencers.

Il faut reconnaître aux marques de luxe, et aux autres, qu'elles se sont organisées et n'ont pas démérité à créer et investir. Pourtant, elles ne bénéficient que rarement de ce maelström digital évoqué plus haut. Bien sûr, les marques continuent à recruter par la puissance, par des investissements colossaux, mais pas par la viralité fantasmée. La viralité obtenue par les campagnes digitales survient parfois, lorsque l'investissement pub initial entraîne la roue assez vite.

Revient la question : la gratuité est-elle encore un luxe ou est-elle le mirage de l'oasis dans le désert ?

Pour Raven Smith, le Commissioning Director du site nowness.com, il y aura toujours de la place pour la gratuité. Mais il reconnaît également que les marques sont parfois moins bien placées pour diffuser leurs actualités quand elles utilisent leurs propres plateformes de diffusion : « Les marques viennent à nous parce qu'elles cherchent une manière différente de raconter leur projet. Elles viennent avec un projet de collection, un nouveau produit, et nous leur présentons les talents : des réalisateurs, photographes, etc. Nous les diffusons ensuite sur nowness.com »

L'audience de nowness.com est humble : plus de 300K fans sur FB, 180K abonnés sur Instagram[1]. Mais leur audience est hautement qualifiée et prescriptrice. Son site a été reconçu en 2014, et a laissé en radicalité pour ouvrir plus de place pour le texte. Les contenus photo ou vidéo ne sont plus lâchés avec pour seule possibilité de « LOVE » et de partager. Désormais conçue comme une chaîne de télé, la plateforme nowness a la faculté d'hypnotiser n'importe quel branché.

« Nous avons refondu le site avec un ciblage plus construit, le site vous propose des vidéos que vous êtes susceptibles d'aimer. » Étonnamment aussi, nowness s'appuie sur ses talents et communique librement sur ses propres employés : nowness regram volontiers les images des comptes Instagram de ses directeurs artistiques en les tagguant.

Raven Smith a étudié la photographie, puis a d'abord travaillé dans l'édition de très beaux livres à Londres, avant de rejoindre nowness. « Nous fabriquons du contenu au tarif édito. Nous parlons de l'importance de partager, les marques ont les moyens financiers de toucher une audience très large, elles peuvent payer pour Brooklyn Beckham et, par défaut, elles vont utiliser des grands noms, car c'est une relation d'argent. Quand nowness parvient à embarquer des talents célèbres, c'est pour des raisons créatives. Notre moyen de leverage est le cool et de faire partie d'un groupe. » Finalement, l'audience restreinte et hyper qualifiée de nowness, qui ne joue jamais le mystère, fait la résistance de son influence.

« Avoir un succès viral dure une journée, mais obtenir une audience plus loyale et régulière, ça se construit. Nous avons besoin de l'identifier. » En réalité, nowness.com est connectée en temps réel sur les audiences de ses vidéos et réagit. C'est donc une plateforme extrêmement attentive et investie pour une audience

1. Chiffres constatés au 1er janvier 2016.

sélectionnée. C'est bien ça, le luxe. Pourtant, cette plateforme ne ressemble pas à un titre de presse mode, or ses annonceurs sont les mêmes.

Nowness a ouvert la diffusion de contenus à des contenus non-produits par ses soins. Depuis sa refonte de 2014, on a le loisir d'y revoir des vidéos clips, des documentaires et d'autres formats, qui sont aussi bien diffusés sur d'autres chaînes du câble. Le format vidéo reste maître à bord, et pour Raven Smith, « c'est le format incontournable ».

C'est pourtant plutôt le support photo que the Red List met à l'honneur.

The Red List est une plateforme française, glossaire exhaustif de talents : books et bios de photographes, de scénographes, d'artistes contemporains, les coups de cœurs et coups de sang de Delphine de Canecaude, sa fondatrice.

Delphine de Canecaude n'est pas historienne de l'art, elle n'est pas iconographe, elle est DC et dirige une agence de communication, Étoile Rouge. Delphine en parle avec gourmandise : le Google Analytics est formel, The Red List atteint des taux d'engagement supérieurs à des marques de LVMH ou à des grands quotidiens français. The Red List jouit d'une communauté, petite mais dynamique, répartie sur une vingtaine de marchés : France, US, Allemagne et Brésil sont en tête.

Son principe : des pushs sur Facebook, d'images d'archives, photos ou œuvres à la beauté et l'humour fédérateurs qui engagent au partage et à cliquer sur le lien actif qui ramène au site. Marilyn, Delon, Anish Kappoor, Louise Bourgeois… pas un ne manque à l'appel.

Plus de 310K abonnés sur Facebook[1], mais un engagement qui amène à 3M de points de contact. The Red List compte 30 % de son trafic en provenance directe de Facebook, le reste vient du search. The Red List attire des influencers sur Facebook, qui partagent volontiers ces images intemporelles, innocemment brandées et inspirantes.

Delphine de Canecaude ne s'en cache pas : « Dans mes présentations clients pour Etoile Rouge, je commence par présenter The Red List. »

Devenue social curator, The Red List pourrait opérer la fonction de cheval de Troie pour les clients de son agence. En effet, les annonceurs pourraient y trouver un levier à une audience influente, et pourquoi pas même, internationale. À ce jour, les clients d'Étoile Rouge n'ont pas encore investi The Red List. On imaginerait pourtant aisément les mécaniques d'activation qui pourraient se lover au milieu d'images des 60's, de romances d'Hollywood en noir et blanc, et autres séries cannoises de pin-ups.

1. Chiffres constatés au 1er janvier 2016.

Le *social curating*, c'est quoi ?

C'est l'idée de s'approprier les créations, le contenu, les images des autres, pour les rassembler, les éditer et créer un paralangage digital. J'édite, donc je suis.

Très à la mode, le *social curating* a des adeptes fortiches sur Instagram.

Frost French, avec ses images sexy un poil 70's, ses natures mortes et instagrids splendides, a révélé, après 17K abonnés, que c'était une agence de DA.

The Academy New-York, compte Instagram potache en noir et blanc, a pour sa part, tenté la production de goodies : posters, briquets, t-shirts.

At Large Magazine, un vrai beau magazine papier, désireux de lancer sa communauté sur IG, a invité The Academy New York à être le *curator* de son compte jusqu'au 10K abonnés.

Le *social curating* est un moyen passionnant de repenser la plateforme, et surtout le langage des marques. S'exprimer en filigranes, plutôt qu'avec une information martiale et descendante de la sacro-sainte marque vers ses clients.

C'est ce qu'ont compris individuellement des masters de la communauté digitale comme Jacquemus, J.W.Anderson ou encore Julie de Libran. Bien sûr, on fait sa propre pub quand l'occasion s'y prête, mais on va y citer les films de Godard, des portraits de Françoise Hardy, ou encore une image de Paris à l'heure des runners.

Saute aux yeux, la vulgarité des références communes, en particulier dans la mode, le grand consensualisme du beau et l'esprit de clan autoréférencé font de l'IG des créateurs, un lieu commun en noir et blanc.

Garance questionne beaucoup la répétition de l'information et « l'intérêt de retrouver les mêmes images de final de défilé sur tous les comptes Instagram des rédactrices ». Un risque majeur à court terme pour la crédibilité de ces influencers est bien celui-ci : ce nouveau *contrat* entre les influencers et les marques les encourage, suivant la bonne recette du luxe, de marteler la même information. Tout comme pour la presse print *lifestyle*, dans laquelle les news sont souvent redondantes entre concurrents directs : les mêmes infos et les mêmes images sur les plateformes influentes finiront par éroder le pouvoir de ces prescripteurs.

Si les sites web ne ressemblent enfin plus à des magazines papiers collés sur un écran, les techniques de matraquage des annonceurs et la mécanique financière est inchangée.

Le territoire média pour le luxe reste circonscrit

Pour la majorité des annonceurs du luxe, les partenariats monétisés avec les bloggeuses mode sont inscrits au budget depuis déjà de nombreuses années.

En 2007, on a vu émerger une plateforme comme Blogbang. Projet ambitieux (Publicis pas loin) de jeunes gens convaincus que la micro-influence était l'avenir.

Le principe de Blogbang : vendre aux annonceurs un service de dispatch des communiqués et autres dossiers de presse, auprès d'une armada de bloggeurs sans visage que Blogbang avait fait fichés. Sur le portail de Blogbang (société radiée du registre du commerce en 2013) on peut encore être appelé à rejoindre « la communauté des leaders d'opinion ».

La même année, Louis Vuitton créait, au sein de son service de communication, un poste dédié aux relations bloggeurs.

À partir de 2007, les annonceurs ont commencé à recruter, au pire à s'interroger, sur la création de postes de *relations bloggeurs*, souvent liés aux services digitaux des entreprises.

Les agences RP et les services de presse intégrés étaient laissés en marge des missions digitales au profit de néo-geeks, souvent eux-mêmes anciens bloggeurs.

Vu comme ça, ça avait l'air d'être un vrai plan. Et le plan a fait illusion un temps, à coups de petit-déj bloggeurs, de goûters de mamans bloggeuses, et autres micro-events à cupcakes. Résultats immédiats : des articles dans la foulée, des commentaires dithyrambiques, ces micro-influencers ont, à l'époque, satisfait les directeurs marketing qui continuent, en 2015, à imprimer leurs emails.

Conjoncturellement, ces micro-influencers qui aiment bien les cupcakes, ont pour la plupart, stagné sur des audiences et des territoires restreints. Certains de ceux qui n'ont pas fait exploser leur plateforme, ont eu la vista pour se spécialiser dans des secteurs très particuliers : food, voyages, souliers…

Comme les mini-agences de com de Garance et ses comparses, eux aussi se sont professionnalisés.

Dans ce panorama où les plateformes web de médias traditionnels du luxe, et les pure players digitaux, sont des professionnels, l'annonceur passe désormais de nouveau par son service de presse ou son agence RP.

Encore accru par la perméabilité des fichiers – une journaliste du print peut devenir un bulldozer sur Instagram, un bloggeur peut être chroniqueur

TV à ses heures – le maelström de l'influence est, finalement, une belle bête à mettre entre les mains d'un service de presse avisé.

Les services de presse ont entre leurs mains un carnet d'adresses de professionnels du digital qui sont l'influence.

Former son service de presse au SEO, c'est probablement une manière de jouer avec le système, les journalistes-robots, et dépasser les frontières de son pré carré. Un RP avisé, c'est surtout un artisan : quelqu'un qui utilise avec délicatesse son expertise et sa main pour réaliser un objet.

Un communiqué de presse, rédigé SEO-friendly, pourra joyeusement nourrir les réseaux sociaux *owned*, traverser le mur du son des robots-journalistes, et contribuer activement à force de copier/coller de plateformes, à remonter doucement en référencement naturel. C'est tout bête, mais ça se pratique peu, surtout dans le luxe.

Dans ce contexte, et probablement pour un moment de gloire fugace, les RP sont le pivot du succès d'une campagne marketing digitale. Leur vision holistique des projets et de la concurrence est la meilleure alliée pour *ergonomiser* et mener au succès une campagne digitale. Malheureusement, et sans jouer les Cassandre, il est facile de parier que cette habilité est condamnée à moyen terme par la monétisation de l'édito.

La relation RP traditionnelle trouve ses limites d'advertorial tous les jours dans le print, le digital n'a pas de raison d'y échapper.

La place de l'éditorial gratuit, même sur les médias online « traditionnels », est restreinte et souvent reléguée dans des rubriques peu exposées.

Les Maisons ne peuvent plus être seules maîtresses de leurs contenus, et dans ce grand chambardement conversationnel du digital, la moindre des politesses serait que les Maisons acceptent que les influencers parlent d'elles à leur façon.

Au lieu de *monitorer* l'influence sur leur *owned*, les marques auraient fort à gagner en pilotant une constellation de co-créations avec des campagnes sur mesure.

La marque, au lieu de s'arrimer à son territoire *owned/earned/paid*, a tout à gagner à laisser courir la créativité d'influencers complices domptés par la force coûteuse de l'annonceur. Chez eux, la marque aura enfin le plaisir de rencontrer ceux qui ne la connaissent pas encore.

Ce job-là n'existe pas encore dans les Maisons, les agences ne sautent pas encore dessus. Mais « chef d'orchestre de l'influence/DA/achat média » serait l'intitulé du meilleur job de la fin des années 2010…

Le risque a l'air grand, et les géants tremblent de céder des bouts de leur image à des inconnus.

Les géants du luxe, ces comptes Twitter que des millions suivent et qui ne suivent personne en dehors de leur propre compte corporate (#truestory), ont bien du mal à entendre un autre son que celui de leur propre communication. Mais avec un petit pas de côté, on se rend vite compte que l'éventuelle erreur qu'un géant pourrait commettre a des chances d'être dissipée à la vitesse d'un *refresh* de page.

CHAPITRE 5

Expérience

Par Manuel Diaz (EMAKINA)

En 1997, avec l'aide de son frère Carlos, Manuel Diaz a créé, à Limoges, groupeReflect, une agence spécialisée dans la création de sites Internet, qui s'impose rapidement comme leader sur le marché du Web participatif en France et sur le marché européen. L'agence se rapproche, en 2007, du groupe de communication belge Emakina. Manuel Diaz devient alors Président du groupe en France. En décembre 2011, Manuel Diaz, proche de l'industrie du luxe, fait l'ouverture de la conférence LeWeb'11 aux côtés du couturier Karl Lagerfeld, qu'il conseille pour la communication digitale de sa marque éponyme, et de Loïc le Meur, chef d'entreprise et blogueur français. Le Figaro lui consacre un portrait le présentant comme « le Séguéla du numérique », et le magazine l'Optimum le fait figurer dans les 50 personnalités qui vont changer la France. En juin 2014, Manuel Diaz poursuit la stratégie de développement d'Emakina.fr avec l'acquisition de l'agence publicitaire créative TOY, agence aux clients prestigieux, tels que Solaris, BIC, Attractive World, Sofinco ou encore la SNCF.

Le luxe est une expérience

Comme beaucoup de monde, j'aime les belles choses. L'expression *belles choses* est d'ailleurs un lieu commun et mérite quelques explications. Qu'est-ce qu'une belle chose ?

C'est un objet, un vêtement, ou même un plat ou une boisson qui a bel aspect. Forcément recherché, mais pas nécessairement sophistiqué. Quoique. Être simple et sobre demande beaucoup de travail et peut, d'une certaine manière, représenter le summum de la sophistication. Justement, venons-en au travail nécessaire. Une belle chose l'est par son aspect, mais également par le cheminement qui a été le sien, de la conception à la réalisation. Le design, le travail, sont souvent réalisés à la main par un ouvrier talentueux et passionné, dont le nom s'efface parfois, devant le plaisir de contribuer à la réalisation de quelque chose de plus grand. Quand on voit, qu'on touche, qu'on expérimente l'objet, on pense quelques instants à ceux qui, souvent dans l'ombre, l'ont rendu possible, ces anonymes qui, par leur travail, perpétuent une tradition et nous en rendent en quelque sorte, acteurs et passeurs. Et c'est la dernière chose que m'évoque un bel objet. Nous nous inscrivons avec lui à un instant t, mais nous ne sommes qu'un maillon d'une chaîne dont nous nous sentons les héritiers, les passeurs. Nous héritons d'une histoire, nous entrons dans son présent, et nous préparons à la transmettre. À nos proches, en partageant notre passion et racontant l'histoire qui va avec l'objet ; à nos descendants, en leur transmettant cet amour des belles choses et, *in fine*, un jour, l'objet lui-même.

Mais il n'y a pas de bel objet sans un écrin digne de lui. Sa découverte et son achat relèvent souvent d'un cérémonial mis en place pour nous faire sentir tout ce qui vient d'être évoqué, pour nous montrer que nous rentrons dans une nouvelle dimension, nous rassurer sur la consistance de la marque.

Sentir un passé, transmettre plus qu'un objet mais des valeurs, faire partie d'une histoire, intégrer une communauté de passion et de valeurs, imaginer le talent et le travail qu'il a fallu pour en arriver là et le respecter. Le luxe n'est pas un produit, il est une expérience, et c'est ce qui le différencie du reste. C'est le fossé qui le sépare du haut de gamme.

Le luxe n'est pas le haut de gamme

La notion de luxe est galvaudée. Pour beaucoup, c'est quelque chose de totalement subjectif qui se définit par rapport à ce qu'on peut s'offrir. D'une certaine manière, tout peut être luxe pour quelqu'un. C'est un peu comme la richesse ou l'intelligence : on est tous le riche ou le *cerveau* de quelqu'un, de la même manière que nous attribuons ces qualités à d'autres. C'est une erreur, et il importe ici de rétablir une vérité.

Le haut de gamme est subjectif. Il y a, en effet, toujours plus *haut* que ce qu'on a, que ce qu'on connaît. Le haut de gamme se définit par l'objet, par le produit, par le service, et est donc améliorable, par définition, pour peu qu'on y mettre les moyens. Tout produit, toute marque, peut jouer la carte de la montée en gamme. En revanche, tout le monde ne peut pas prétendre devenir une marque de luxe du seul fait de sa volonté. Bien sûr, il y a une partie des attributs d'une marque de luxe qui est de son propre ressort, notamment en matière de produit et de service. Mais ce qui fait la différence entre le luxe et le haut de gamme, vient de la perception du client qui va, ou non, conférer à la marque le statut *luxe*, et cela demande la combinaison d'un certain nombre de facteurs. Il faut s'inscrire dans le temps, raconter une histoire, véhiculer un art de vivre et des valeurs ; il faut faire la démonstration durable de sa capacité à incarner et mettre en œuvre l'ensemble, au travers des produits, services et de la relation client. Et il faut enfin – et surtout – que cela soit reconnu et vécu par le client, et que cette perception soit unanimement et collectivement partagée pour que la marque accède au statut de marque de luxe. On ne devient pas une marque de luxe que par son offre, mais on le devient dans la perception, et les yeux du public. On devient une marque de luxe de par l'expérience que l'on fait vivre.

Le luxe a perdu le monopole de l'expérience

Pendant longtemps, cette notion d'expérience a été le monopole des marques de luxe. Délivrer une expérience digne de ce nom à travers un produit et des services associés à chaque instant de la relation client, cela demande tout d'abord un investissement conséquent en temps humain, qui est le prix nécessaire à l'attention portée au produit et au client. Cette attention est un élément déterminant de l'expérience, et le temps, ressource chère s'il en est, ne doit pas se compter. Elle demande aussi un investissement sur des composantes tangibles relatives au produit, mais également au point de vente, et à tous les vecteurs d'expérience tangible. L'expérience mobilise les cinq sens, ainsi que l'imaginaire, au travers d'un cérémonial global, cohérent, ininterrompu, d'une mise en scène de la marque, d'un vécu. Il est infiniment plus facile d'investir dans une expérience de marque si on s'adresse à peu de clients avec des marges importantes, que si on s'adresse à une grande masse de clients avec des marges unitaires faibles. Cette caractéristique de l'équation financière des marques de luxe leur a donc toujours permis d'offrir à leurs clients ce que des marques *normales* ne pouvaient pas se permettre. Mais le digital est venu bouleverser la donne, et l'industrie du luxe est en train de perdre un de ses arguments différenciants.

La notion d'expérience est au cœur des business models du digital. Le digital permet d'être en contact permanent avec le client, peu importe le périphérique qu'il a entre les mains, ou le moment de la journée. Avec l'explosion de l'Internet mobile, et la généralisation des Smartphones, une marque peut – et doit – être présente dans l'univers de ses clients à toute heure de la journée, et à tout endroit. Mais encore faut-il qu'elle le soit de manière pertinente et, là aussi, le digital offre aux marques des opportunités avec lesquelles aucun autre canal ne peut rivaliser.

La pertinence est clé dans une expérience de qualité. Pertinence du contenu et pertinence du moment. La bonne information, la bonne offre, le bon service pour le bon client, et au bon moment. Et là encore, l'utilisation des données client donne aux entreprises qui ont investi dans le digital, plusieurs longueurs d'avance sur les autres. La compréhension fine du client, de son contexte, de son comportement, de ses attentes, permet de ne pas saturer son espace, de ne pas sur-solliciter son attention, et d'avoir une approche servicielle de la communication. En effet, quand une marque arrive avec le bon contenu, la bonne proposition, et au bon moment, le client ne se sent plus assailli mais, au contraire, vit ses interactions avec la marque comme un service à valeur ajoutée qu'on lui apporte.

Si l'utilisation des canaux du digital au service d'une expérience de qualité demande un investissement certain, les règles du jeu ont profondément changé. Auparavant, il n'y avait qu'une seule manière d'augmenter ses ventes, de séduire et de satisfaire davantage de clients, c'était en maintenant le niveau d'expérience voulu : recruter, ajouter des ressources, afin d'augmenter le temps et l'attention disponible. Le digital fait voler ce paradigme en éclat puisque, contrairement à ce qu'on a connu jusqu'à présent, il est *scalable*. Que l'on ait 1 000 ou 100 000 clients auxquels on veut s'adresser et que l'on veut servir, le coût sera quasiment le même. Une expérience digitale peut donc facilement se mettre à l'échelle d'un business de masse pour un coût marginal ridicule, permettant ainsi à des marques, dont le modèle économique ne se prêtait pas à ce type de promesse auparavant, de venir jouer sur le terrain de l'expérience aux côtés des marques de luxe. Ajoutons à cela, le potentiel d'une connaissance approfondie du client, et nous avons là une équation gagnante : le digital permet de créer des expériences individualisées à grande échelle pour un coût marginal quasi nul.

Les marques de luxe ont perdu le monopole de l'expérience. Pire encore, elles sont en train de perdre un avantage concurrentiel qu'elles croyaient unique en raison d'une barrière à l'entrée dont elles n'avaient pas prévu l'anéantissement.

En limitant leur *chaîne d'expérience* à la dimension physique, qui a toujours été leur terrain de prédilection, et en abandonnant la dimension digitale à des marques plus grand public, elles se retrouvent face à un certain nombre de risques.

Un risque économique d'abord, puisque, nous l'avons vu, leur modèle n'est pas scalable.

Un risque d'image, car elles ne sont plus perçues comme les seules marques capables de délivrer une expérience personnalisée.

Un risque au niveau de la relation client, puisqu'elles ne sont pas présentes sur les outils et canaux permettant une relation permanente avec le client.

Un risque de déclassement par rapport à des nouvelles générations de clients qui privilégient le canal digital, et qui risquent donc, sinon de ne plus les avoir dans leur radar, au moins de ne plus avoir à leur égard une *présomption d'expérience* qui jusque-là, conférait aux marques de luxe, un statut à part.

L'enjeu pour les marques de luxe est clair. Il ne s'agit pas seulement de s'approprier le digital comme vecteur d'expérience, car en opérant ainsi, elles ne feraient que se mettre au niveau des autres et, d'une certaine manière, d'abîmer leur image en se *mass-marketisant*. Il s'agit donc également de se l'approprier d'une manière différenciante qui leur permettra de continuer à faire prévaloir leur singularité.

L'art de construire et piloter une expérience

Pour y parvenir, il est essentiel de comprendre comment se crée, et surtout se pilote, une expérience de marque. L'idée n'est pas de recourir à des cache-misère ici et là, mais bien d'avoir un dispositif cohérent qui doit servir de cadre de référence à toutes les initiatives de la marque. L'expérience est ce que la marque vend au client, elle lui est propre, elle est unique et doit être déclinée pour tous les points de contacts, qu'ils soient physiques ou digitaux. Dans une certaine mesure, le produit lui-même n'est qu'un véhicule de l'expérience parmi d'autres.

Si vous n'êtes pas une expérience, vous ne serez bientôt plus une marque, mais une solution opportuniste de dépannage, avec tout ce que cela implique en termes de fidélisation du client, de coût d'acquisition de ce client, de *repeat business*, etc. J'ajouterai également qu'une expérience de qualité est génératrice de marges : elle permet de vendre plus cher à produit égal, puisque le client ne valorise plus aujourd'hui le produit seul, mais bel et bien une expérience qui peut commencer avant l'acte d'achat, et durer après l'acte de consommation.

Pour concevoir et piloter une expérience de marque, nous avons, chez Emakina, élaboré ce que nous appelons la Brand Experience Platform™.

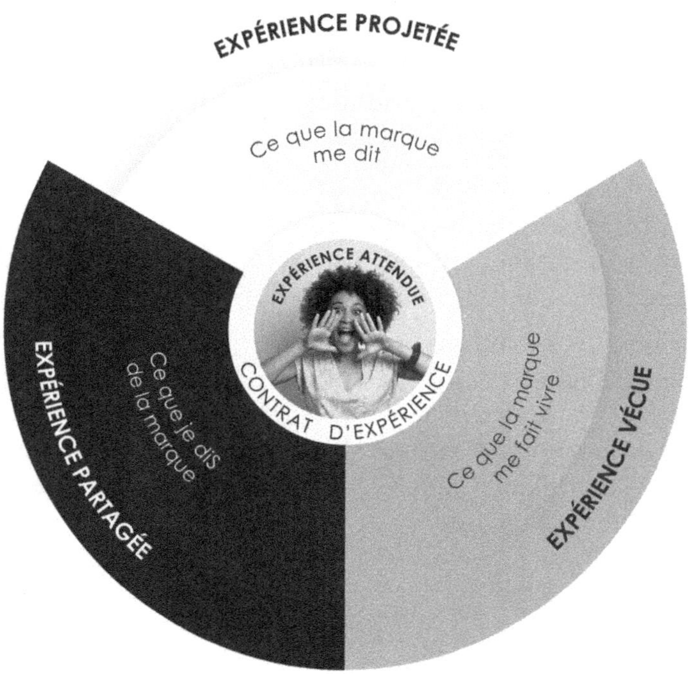

© *Emakina*

Tout commence avec l'expérience projetée. C'est la promesse de la marque telle qu'elle la formule elle-même, et la diffuse sur son site, dans les médias, dans ses prises de parole. Parlant d'une marque de luxe, on y ajoutera son Histoire, les histoires qu'elle raconte, les événements marquants auxquels elle a été, de son fait ou non, associée au long de son existence, ainsi que les personnages connus auxquels elle est reliée d'une manière ou d'une autre.

Vient ensuite l'expérience vécue par le client. C'est la réalité de l'expérience de marque, c'est en fonction d'elle que la marque sera jugée. Elle doit, bien sûr, être cohérente avec l'expérience projetée : inférieure, elle sera déceptive ; supérieure, elle ne sera pas assez valorisée par des clients qui, finalement, sont venus pour autre chose, et elle sera donc mal monétisée. Il est important que cette expérience soit déclinée de manière cohérente et alignée à tous les points de contact avec la marque. Cela peut commencer par les interactions en ligne, se poursuivre en magasin ou sur un site e-commerce, atteindre un point d'orgue lors de l'utilisation du produit, et perdurer au fil des interactions avec le service client, le support, ou les visites en magasin.

L'expérience vécue par le client est d'une importance primordiale, car elle va conditionner l'expérience partagée qui est ce que le client va dire de la marque, en ligne comme hors ligne. Ainsi, la valeur d'une marque est son expérience partagée, c'est sa réputation, ce qu'on dit d'elle, la validation du fait qu'elle tient ou non sa promesse. Beaucoup trop de marques se concentrent directement, et quasi exclusivement, sur l'expérience partagée car elle est la partie visible de l'iceberg, mais sans un pilotage de l'alignement entre l'expérience projetée et l'expérience vécue, il est impossible de construire une expérience partagée positive, durable, résistant à l'assaut des critiques dont on sait qu'elles arriveront nécessairement, dans un monde digital où les images artificielles et fabriquées ne résistent pas à l'épreuve de la conversation entre les consommateurs, ni au *fact-checking*. L'expérience partagée va ensuite, bien sûr, contribuer à alimenter l'expérience projetée, la renforcer ou, en cas d'incohérence, l'affaiblir. L'objectif d'une marque étant, évidemment, d'avoir une communauté forte de clients, de fans, qui portent ainsi son message, sa promesse et attestent de sa réalité.

Au centre de ce dispositif, se trouve le contrat d'expérience que l'entreprise passe de manière implicite ou explicite avec le client. C'est sa promesse telle qu'elle la conçoit et l'imagine, faite de valeurs et de principes opérationnels. Une marque de luxe, plus que toute autre, se doit d'avoir le contrat d'expérience le plus clair, ambitieux et explicite possible. Et là encore, trop de marques confondent leur promesse d'expérience et leur expérience projetée. Une marque peut avoir la plus belle des promesses, si elle la formule mal et/ou la délivre mal, cela amène à une mésentente entre elle et le client, qui va finalement se traduire dans l'expérience projetée.

La connaissance du client, première bataille des marques de luxe

Le propre d'une expérience de qualité, c'est d'être personnalisée. Désormais, les clients ne rentrent plus dans des segments de marché qu'on adresse grossièrement, ils sont des marchés d'une personne. C'est vrai pour des marques de grande consommation, ça doit l'être davantage pour le luxe.

L'autre jour, je suis donc allé m'acheter une paire de chaussures dans mon magasin favori. On me connaît, on m'appelle par mon nom, et on sait que je préfère le thé au café. Le vendeur a l'historique de mes achats, que ce soit chez eux ou dans d'autres boutiques de la marque, ce qui lui permet, soit de facilement me proposer quelque chose en accord avec mes goûts, soit à l'inverse, quelque chose de totalement différent qui viendrait compléter ma garde-robe. Et bien sûr, ma pointure, en fonction des différents types de formes, ce qui évite les essayages inutiles.

Cette connaissance du client a toujours été l'apanage des marques de luxe. Non seulement parce que leur modèle leur permet de prendre le temps de l'acquérir, mais également parce que reconnaître chaque client comme un individu avec toute sa singularité, fait partie de leur ADN et est un des piliers de leur promesse.

Mais la digitalisation du monde des affaires a changé les choses. De manière très basique, au début : la simple informatisation a permis de faire supporter à un logiciel ce qui était auparavant, quelque chose de très personnel. L'effort de connaissance n'est plus supporté par le vendeur, mais par le système. Le vendeur n'a plus à se souvenir, le système le fait pour lui. *De facto*, la connaissance du client, pourvu qu'on veuille s'en donner la peine, n'est plus le fruit d'une relation personnelle, mais est partagée, potentiellement avec chaque vendeur. Elle est devenue *économiquement* possible pour tout type d'enseigne, avec les effets d'échelle que l'on peut facilement imaginer, alors que dans le luxe, on reste encore trop souvent dans l'artisanat : la connaissance est dans la tête du directeur de magasin ou du vendeur, parfois notée sur un cahier qui constitue la propriété intellectuelle du magasin (heureusement, mon magasin favori est passé à l'*iPad*).

Les marques de luxe restent différenciantes sur la qualité, la chaleur et le côté humain de la connaissance client et de sa mise en œuvre. En revanche, elles se font distancer sur l'industrialisation de l'exploitation de cette connaissance, et le nombre de canaux aux travers desquels elle est acquise, et les expériences nouvelles qu'elle permet.

L'industrialisation de la connaissance client n'est pas incompatible avec le côté artisanal et humain de la mise en œuvre de la relation client. C'est, au contraire, ce qui différenciera le luxe du mass-market, où l'exécution sera nécessairement plus froide. Mais pour y parvenir, le luxe ne doit pas s'endormir sur ses lauriers et va devoir, au contraire, investir dans l'acquisition et le traitement des données clients pour fournir une expérience sur-mesure, en ligne et dans le point de vente.

La boutique de luxe ne sera plus ce qu'elle était

S'il y a un point de différence entre le luxe et le mass-market, c'est bien le point de vente. À tel point qu'il a souvent incité les marques de luxe à négliger toutes les évolutions qui ne concernaient pas ce domaine, avec le risque de décrochage qu'on observe aujourd'hui.

Mais là encore, l'avantage est friable si rien n'est fait. Prenez l'exemple d'un Apple Store : c'est du mass-market, mais on y retrouve tous les codes, et une partie, de l'expérience du luxe. L'utilisation pertinente du digital, du mobile, la cohérence et les synergies entre les lignes, ainsi que le point de vente physique, procurent aux clients une fluidité et un niveau de service qui s'inscrivent totalement dans la logique d'un magasin de luxe. Même les pure players ont compris l'importance de l'expérience en point de vente : Amazon ouvre des magasins physiques aux États-Unis, et ça n'est pas pour rien.

Et encore une fois, le luxe n'a pas à se créer un avantage, mais à conserver celui dont il dispose aujourd'hui en le réinventant. Lorsque la présence d'une marque en ligne est pauvre, et la contribution du digital à l'expérience client est faible, tout repose sur le point de vente. Le luxe doit apprendre à intégrer le point de vente dans un parcours plus global.

On passe beaucoup de temps dans une boutique de luxe. On s'informe, on regarde, on réfléchit longuement, avant d'arriver au point crucial : l'acte d'achat, et le cérémonial qui l'accompagne. Mais les comportements des consommateurs évoluent : ils ont les moyens de s'informer, le font longuement en amont et ont une idée précise de ce qu'ils veulent en arrivant sur le point de vente. Et le consommateur de luxe ne déroge pas à la règle.

La boutique de luxe doit se recentrer sur deux missions essentielles : le cérémonial et l'expérience d'achat, ainsi que l'amorçage de l'expérience partagée, la phase amont se passant désormais en ligne.

Le produit de luxe est souvent un produit de petite série, et il arrive qu'il ne soit pas disponible dans la boutique dans laquelle on rentre, le jour où on se décide. Il n'y a rien de plus frustrant pour le client ; et du côté de la marque, cela peut fréquemment ressembler à une occasion manquée.

Demain, le client devra pouvoir choisir en ligne le ou les produits qui l'intéressent. Le cas échéant, et en fonction de sa taille voire des couleurs qu'il désire essayer, la boutique sera en mesure de lui fixer un rendez-vous, soit immédiatement, soit le jour où elle se sera procuré les produits en question (auprès d'autres boutiques ou du réseau de distribution). Le client sera ainsi certain de ne pas se déplacer pour rien, que tout ce qu'il désire essayer sera disponible, et la boutique n'aura plus à craindre de rater une vente. De plus, elle pourra se concentrer sur ce sur quoi elle excelle, faire vivre une expérience unique lors d'un moment de vérité essentiel : l'essayage et le choix.

Dès lors, ce moment deviendra un moment organisé, attendu, voire partagé. On peut facilement imaginer la cliente conviant ses amies à ce rendez-vous, pour recueillir leurs avis, partager une expérience qui va au-delà du simple essayage (déguster un thé accompagné de pâtisseries, par exemple), et dans certains cas, les initier à ce monde, à ses codes, à ce type d'expériences.

En effet, le propre d'une expérience vraiment bénéfique à une marque est de ne pas être physique ou digitale, mais *phygitale :* cohérente et complémentaire entre les deux dimensions. Le luxe a cette culture, cette capacité unique d'émerveillement des 5 sens… Pourvu qu'il sache sortir de la dimension uniquement physique pour rayonner sur la totalité des points de contact avec le client. Trop souvent aujourd'hui, l'expérience du luxe *marche* bien, mais elle ne marche que sur une seule jambe, au risque de perdre des opportunités d'engagement du client au profit de marques qui ne proposent pas la même chose, mais arrivent à être omniprésentes dans l'univers du client.

Cette complémentarité entre digital et physique est parfaitement illustrée par l'expérience partagée en magasin, telle que je la décrivais. On invite ses amis, on leur fait découvrir quelque chose, on partage une expérience et, d'un seul coup, ce sont eux – et non plus seulement le seul client – qui deviennent les relais de l'expérience de marque. En une expérience, la marque peut gagner de nouveaux clients et de nouveaux relais. Peter Drucker nous disait que le but d'une entreprise était de créer et conserver des clients. Cette expérience vécue ensemble, puis partagée, est un moyen unique pour y parvenir, et c'est un domaine où le digital peut avoir un effet de levier largement supérieur à ce qu'il peut faire pour d'autres types de marques.

Le luxe n'a pas de fans, mais des initiés

Je l'ai mentionné à plusieurs reprises dans ce texte : le propre du luxe, c'est de repositionner le client par rapport à une Histoire (avec un grand H, s'il vous plaît), à une culture, à des souvenirs personnels ou partagés par d'autres. On n'achète pas du luxe, on rentre dans une marque de luxe comme on rentre dans une sorte de confrérie. On ne *like* pas une marque de luxe (ça, c'est pour le haut de gamme ou le mass-market), mais on démarre un parcours initiatique.

Un parcours initiatique nécessite l'immersion dans un univers, le partage d'éléments d'histoire et de culture, une richesse des contenus, tant au niveau de leur qualité que de leurs formats. Si un secteur a tout à gagner à faire un usage intensif du digital pour projeter sa promesse, c'est bien le luxe. Nul autre n'a tant à dire et à partager. Nul autre n'a à offrir un univers si riche dans lequel on a envie de s'immerger et se perdre avec plaisir. Le luxe devrait être un leader de l'expérience digitale, alors qu'il ne se positionne souvent qu'en suiveur, convaincu que ses caractéristiques constituent une sorte d'abri anti-numérique.

Les marques de luxe ont, pour la plupart d'entre elles, un vécu. Elles ont traversé l'Histoire. Elles apparaissent dans des moments historiques, aux côtés de ceux qui ont écrit l'Histoire, qu'ils soient politiques, artistes, ou sportifs. Parfois, ce sont même ces moments et ces personnes qui ont permis à une marque de changer de statut sans qu'elle l'ait nécessairement cherché. Raconter le luxe, c'est raconter l'Histoire. Une marque de luxe contribue à la culture générale de chacun en racontant des histoires, en partageant son histoire. De la même manière, l'Histoire raconte le luxe, il n'a qu'à s'appuyer sur elle.

Un parcours initiatique nécessite un accompagnement, une sorte de mentorat. Les facteurs qui font que quelqu'un s'intéresse au luxe sont nombreux : curiosité, qualité de l'expérience projetée en ligne, réputation, amour du beau. Mais le passage à l'acte intimide parfois, le client a peur de sa non maîtrise des codes, alors il se repose sur son réseau, sur des contenus en ligne susceptibles de contribuer à son éducation. Nous avons déjà parlé des contenus plus haut, mais qu'est-ce que le digital, sinon le plus formidable outil d'interaction en réseau qui soit. C'est là que se trouvent les contacts de chacun, c'est là que se trouvent des communautés de passionnés avec qui échanger, apprendre, puis partager son expérience. Luxe et digital partagent cette composante affinitaire et communautaire, et il serait dommage de ne pas profiter des synergies possibles – ce qui ne signifie pas pour autant se *mass-marketiser*, bien au contraire. Pour le luxe, communauté doit rimer avec exclusivité, là où les autres la font rimer avec banalité. La différence entre un initié et un fan, c'est justement la faculté de la marque à ne s'occuper que de 5 % de ceux qu'elle peut toucher.

Le luxe aime la confidentialité et craint le partage, alors que l'expérience partagée est le point de départ d'un rite initiatique sans lequel le luxe redevient du haut de gamme. Au luxe, de se servir de la puissance du digital pour que ce partage devienne un partage choisi et non subi, affinitaire, et vecteur de la singularité de la marque.

Si vous n'êtes pas une expérience, vous n'êtes pas une marque. Si vous n'êtes pas une expérience initiatique, vous n'êtes pas une marque de luxe.

Le luxe doit se dépoussiérer digitalement

S'il est une industrie qui possède, dans son ADN, tous les codes du digital, et a toujours su valoriser l'expérience client, c'est bien celle du luxe. Le luxe devrait être en avance dans le digital, mais force est de constater qu'il n'est, au mieux, que suiveur.

Le luxe a cru que ses boutiques le protégeaient du digital. Il a cru que son art de la connaissance, et de la connaissance client artisanale, ne serait jamais attaqué par des modèles plus froids mais industriels, scalables. Il ne croyait pas que d'autres allaient pouvoir se permettre de jouer sur son terrain avec un avantage considérable en termes de coûts. Il a cru que se digitaliser signifiait se banaliser, alors que c'est le meilleur moyen de faire valoir sa singularité. Il a cru que sa relation avec ses clients était uniquement personnelle et feutrée, alors qu'elle est également immersive.

La question pour le luxe n'est pas d'aller vers le digital ou non, mais de créer des expériences différenciantes qui prennent en compte sa singularité et celles de ses clients.

Cela va se traduire, entre autre, par un travail sur la connaissance du client, et sur des manières nouvelles de proposer à ce dernier, des expériences nouvelles.

Cela va se traduire par la création d'un univers propre, immersif, expérientiel, initiatique.

Cela va se traduire par le repositionnement de la boutique dans le parcours client, et surtout, dans la chaîne d'expérience, par des synergies entre le online et la boutique physique.

Cela va se traduire (et peut-être aurais-je dû commencer par-là) par un regard nouveau à porter sur le digital en se défaisant de l'idée reçue qu'il n'est que massification et contraire à l'ADN du secteur. Le digital est massification si on le veut, mais c'est avant tout la capacité à délivrer de la pertinence à grande échelle, la notion d'échelle restant fonction de l'ambition de chacun. Il ne s'agit pas de s'adresser à tout le monde, mais de ne laisser aucun membre de sa cible sur le côté de la route, et à aucun moment.

Enfin, cela va se traduire par de nouvelles approches produit, marketing et services, qui mettront l'expérience, non plus en complément de l'existant, mais au cœur des dispositifs de création et de conception. Une fois la promesse d'expérience connue, tout, du produit à la boutique en passant par le marketing et le protocole de service, sera conçu pour la délivrer de manière cohérente et globale. Tout ne sera plus qu'un vecteur d'expérience au sein d'un écosystème organisé. L'entreprise ne pensera plus à son expérience, mais pensera tout en fonction de son expérience.

Si le luxe rate la marche du digital, il ne sera plus du luxe. D'abord, parce que d'autres finiront par lui confisquer le business de l'expérience ; ensuite, parce que cela voudra dire qu'il a renié son ADN.

CHAPITRE 6

Big Data

Par Jean-Charles Cointot & Yves Eychenne

Jean-Charles Cointot, ancien élève de l'ENSAE, a rejoint IBM en 2003 après un parcours de créateur d'entreprises de plus de 15 ans dans les NTICs. Il s'est spécialisé dans le Big Data et la transformation digitale des entreprises ces quatre dernières années, et a travaillé sur de nombreux projets de transformation digitale pour de grandes entreprises françaises.
Yves Eychenne, ancien élève de Centrale Lyon et Cornell University, a rejoint IBM en 1999, après un parcours chez Capgemini, Alcatel, et dans des start-ups. Il a occupé plusieurs postes de direction technique dans les domaines du logiciel, du secteur télécom et du cloud, en lien avec le Big Data.

Le Big Data est luxe

Le Big Data est l'essence même de notre Ère Digitale basée sur les données. En 2012, certains experts annonçaient que l'humanité avait créé plus d'informations en deux ans qu'au cours de toute son histoire. Difficile de se rendre compte de ce que cela représente vraiment, mais ce volume ne cesse de doubler régulièrement. Cette croissance exponentielle de la création de données n'apporterait que chaos et brouhaha s'il n'y avait pas les technologies associées qui permettent de les traiter afin d'en retirer de l'information. C'est ce que l'on appelle globalement le Big Data. Il est l'outil qui nous permet de décrypter le monde numérique qui nous entoure.

Pour le 60e anniversaire du CERN, sept ingénieurs ont *mis en musique* les informations enregistrées par quatre détecteurs du Grand Collisionneur de Hadron[1], l'accélérateur de particules qui a permis de mettre en évidence le fameux boson de Higgs. L'analyse des données mathématiques a mis en évidence des structures qui, associées à des notes et structures musicales, ont permis d'écrire des partitions. La simple transcription des données n'aurait généré qu'un bruit, un peu comme une radio déréglée. L'application d'algorithmes d'analyse a transformé ce bruit en *une musique de chambre*.

Ce qui est intéressant dans cette histoire de Big Data, c'est que le résultat n'est pas uniquement une information qui s'adresse à notre intelligence, comme pourrait l'être l'analyse de la consommation d'un grand site d'e-commerce pour mieux cibler ses consommateurs. Ce Big Data s'adresse à notre *sentience*[2] ou *qualia*, c'est-à-dire notre capacité à ressentir, à vivre une expérience subjective, une émotion.

L'utilisation du Big Data pour la création d'une émotion !

Pour l'entreprise, l'utilisation du Big Data consistera surtout à mieux comprendre et communiquer avec ses clients devenus *consom'acteur*[3]. Ce client connecté, informé, entend bien rester maître de sa consommation, y compris – et même surtout – lorsqu'il s'agit de dépenses somptuaires et superflues représentatives de ce qu'il estimera être *Luxe* – « ce superflu, chose très nécessaire », selon Voltaire.

Le Big Data va permettre de personnaliser la relation avec ce consom'acteur, de développer avec lui une relation d'intimité, de lui offrir une expérience de consommation *unique* et différenciée, d'entretenir un « discours » de marque approprié à ses envies et ses ressentis à travers les réseaux sociaux.

Le Big Data, c'est aussi l'analyse de l'expression de quelque 2 milliards d'internautes actifs[4] sur plus de 2 000 réseaux sociaux[5], et des *Likes*, ou avis divers, sur les millions de sites d'e-commerce. Cette utilisation du Big Data va permettre de comprendre les tendances de fond, de capter ces *signaux faibles* de l'air du temps, annonciateurs des changements de modes, de mentalités et de société, et ainsi, d'innover pour s'adapter. Qu'on le veuille

1. LHC : http://home.web.cern.ch/fr/topics/large-hadron-collider
2. Définition de sentience et qualia : http://fr.wikipedia.org/wiki/Sentience
3. Jean-Charles Cointot et Yves Eychenne, *La Révolution Big Data : Les données au coeur de la transformation de l'entreprise*, Dunod, 2014.
4. http://www.blogdumoderateur.com/chiffres-reseaux-sociaux/
5. http://controverses.ensmp.fr/public/promo10/promo10_G20/importance-des-reseaux-sociaux/

ou non, le luxe n'est pas intemporel. Il joue sur des temporalités plus longues que celle de la mode. Les marques qui l'ont ignoré ont disparu, comme Elizabeth Arden par exemple. D'autres sont apparues grâce à leur compréhension précoce des signes avant-coureurs de ces changements sociétaux. Les réseaux sociaux sont des vecteurs de développement d'une vision du luxe multiforme, multiculturelle et multigénérationnelle au niveau de notre petit village monde.

Le Big Data réinvente la notion de rareté attachée au luxe. Jusqu'à la Génération Y, ce concept est principalement lié à l'offre et à la demande du marché. Depuis, la rareté *Luxe* est beaucoup plus attachée à la notion de *bon plan*. Le luxe, c'est trouver le bon plan qui va immédiatement servir de façon positive l'image de son inventeur grâce à la diffusion sur les réseaux sociaux. Il a su trouver le bon plan grâce à la maîtrise du Net. Même s'il l'ignore, cette maîtrise est servie par le Big Data qui sous-tend toutes nos recherches et navigations dans les blogs, réseaux sociaux et sites Web de la Toile.

Émotion, personnalisation, différenciation, individualisation, relation d'intimité, rareté, innovation. N'avons-nous pas là, les ingrédients du luxe ? Le Big Data n'est-il donc pas, par essence même, *Luxe* ?

L'*Apple Watch* se décline en plusieurs versions, dont les prix varient de 649 € à 1 249 € pour la version standard *Apple Watch*[1], et de 11 000 € à 18 000 € pour la version *Edition*. Elle se positionne ainsi, dès le départ, comme une montre haut de gamme, voire de luxe pour la version Édition. Qu'est-ce qui justifie ce prix digne des montres de grandes marques horlogères ? Le boîtier en or rose ? Le cours de l'or rose 18 carats ? Or, il ne représente qu'une dizaine de pourcent du coût total. Le mécanisme horloger ? C'est un circuit imprimé de coût minime, produit à la chaîne. Dans une montre automatique à mécanisme sophistiqué, l'amateur de luxe reconnaîtra un travail de minutie et de précision de l'artisan. Il imaginera les graphiques d'engrenages sophistiqués, un peu à la façon des esquisses de Léonard de Vinci, qui ont permis de construire sa montre. Il contemplera le balancier, les engrenages et les rouages qui capturent le temps qui s'écoule, les heures, jours, années et phases de lune, à l'instar des plus belles horloges, comme la Tour de l'Horloge à Paris ou l'Horloge de Prague[2]. Tout cet *art* à son poignet.

1. Site Apple Watch : http://store.apple.com/fr/buy-watch/apple-watch
2. Horloge de Prague : http://fr.wikipedia.org/wiki/Horloge_astronomique_de_Prague

L'*Apple Watch* est un concentré de notre Ère Digitale. C'est ce qui en fait sa valeur, ce qui la rend luxe. Si elle n'est pas rare, elle est innovante, et renferme l'équivalent technologique de nos grands ordinateurs d'il y a simplement quelques années. Elle est personnalisée, puisqu'elle stocke au plus près de son possesseur, à son poignet, sa vie en images avec la photothèque, son environnement musical avec iTunes, sa vie sociale avec ses messageries. Elle est différenciée avec ses applications de coaching personnalisé relatif à l'activité et au sport grâce à l'intégration des technologies Big Data. Elle est unique grâce à son coach personnel SIRI, la quintessence même du Big Data. Sans ces applications de coaching basées sur le Big Data, ce serait une montre électronique uniquement. Elle n'aurait pas d'intelligence. Porter l'*Apple Watch* n'aurait rien de *luxe*. Avec l'intelligence du Big Data, porter une *Apple Watch,* c'est afficher son *leadership* de l'Ère Digitale. « Je n'ai pas peur du Big Data, Big Brother. Je ne subis pas la technologie ni le progrès, bien au contraire, je les maîtrise, je les utilise au mieux pour mon bien-être. Pour cela, j'ai dépensé plus de 1 000 €, ce qui est une somme importante pour l'objet, alors que toutes les fonctions proposées existent sur iPhone. J'affirme ainsi un goût pour le luxe, mais un luxe intelligent, *branché* au sens propre, elle est connectée, comme au sens figuré. »

Le Big Data, l'Internet des Objets et l'intelligence artificielle se sont récemment invités dans le monde de la mode et de la Haute Couture avec le projet Anouk Wipprecht[1]. Cette artiste designer est une pionnière du Fashion Tech, combinaison du design de mode avec l'ingénierie, les technologies de pointe et le Big Data, pour la création d'expériences esthétiques, nouvelles et uniques. Pour Anouk Wipprecht, la technologie crée l'esthétique, par opposition à la simple amélioration de la fonction du vêtement. Plutôt que de la cacher, elle la montre. Écrous et boulons, vannes et mécanismes, sont mis en avant. Les capteurs de sa *Spider Dress* servent d'interface entre le corps et le monde extérieur en utilisant la technologie, et le vêtement comme moyen d'interaction. Grâce à des capteurs de proximité et des capteurs de respiration, la robe va définir et protéger l'espace personnel de celui qui la porte. Agressives, les prothèses mécaniques se mettent en position d'attaque. Au contraire, calme et amicale, la robe invite les interlocuteurs à se rapprocher avec des gestes suggestifs. La *Spider Dress* ne serait qu'une création *Steam Punk* sans l'ajout de l'intelligence et l'utilisation d'algorithme Big Data. C'est ce qui en fait un objet de haute couture d'avant-garde, un objet de luxe plutôt qu'un accessoire de jeu de rôle.

1. Projet Anouk Wipperecht : http://www.anoukwipprecht.nl

Si le luxe a toujours reproduit le clivage mythologique entre la rareté de la nourriture pour les dieux, et l'abondance de celle pour les mortels, la façon de l'exprimer varie avec le temps, les cultures et les sociétés. Pas étonnant qu'à L'Ère Digitale, le luxe évolue de son expression de l'Ère Industrielle. Le passage d'une société industrielle basée sur la matière, à une société de l'information basée sur la donnée, impacte nécessairement notre vision du monde. Le Big Data est la clé qui permet de décrypter ce nouveau monde : pas étonnant qu'il soit au cœur du luxe de notre nouvelle Ère, et qu'il en soit l'essence même.

Le Big Data et le luxe

Un objet de luxe connecté à des services digitaux animés par des services cognitifs nourris de Big Data, va transformer la relation entre son possesseur et l'objet lui-même. Il va se créer une relation de dépendance à l'instar de ce que l'on observe avec les Smartphones. L'objet devient vite indispensable à son propriétaire car même s'il est superflu, il participe de façon intelligente à son intimité. Il va ainsi participer à la fidélisation à la marque et permettre de développer une relation qui va s'inscrire dans le temps.

Le Big Data est une composante de l'Ère Digitale qui repose sur la capacité à toujours mieux exploiter les informations existantes, ainsi que de nouvelles sources d'information, comme les réseaux sociaux. L'exploitation des réseaux sociaux est importante car le nouvel acheteur d'un produit de luxe n'est plus un consommateur passif et impulsif, cible du marketing traditionnel. Il est connecté et informé. Il entend bien rester maître de sa consommation.

On peut définir le Big Data comme l'ensemble des technologies, des métiers, des approches conceptuelles permettant d'exploiter l'ensemble des données générées par les hommes, de façon consciente ou non, et par les objets connectés ou non générant des données.

L'origine du Big Data

L'origine de l'approche du Big Data vient des géants de l'Internet que sont Google, Yahoo, Amazon, eBay, Facebook et LinkedIn. Ils ont appris à maîtriser et à traiter de vastes quantités de données, car leurs business models leur imposaient de valoriser ces données collectées.

Pour cela, ils ont développé des outils analytiques permettant d'effectuer toutes les fonctions nécessaires à la recherche et à l'exploration des données massives et de natures très variées : données structurées comme les bases de données ou autre *data warehouse* ; données non structurées comme des messages, des blogs, des textos ; données de capteurs et de sondes ou d'objets dits connectés, des logs de machine… Bref, toute donnée générée par notre société de l'Ère Digitale.

Le Big Data par l'exemple

Le Big Data a d'abord été un outil pour rechercher très rapidement une information comme :

- une liste d'URL (identificateur de site Web public ou site privé), pour Google ;
- une liste de sites Web publics ou des sites d'information, pour Yahoo ;
- une personne, pour Facebook ou LinkedIn ;
- les objets à vendre, pour Amazon ou eBay.

Ensuite, les techniques du Big Data ont évolué pour permettre d'extraire de la valeur des données collectées, par exemple :

- la valeur d'une combinaison de mots clés (*Google AdWords*) ;
- le profilage d'un utilisateur, ou plus exactement d'une session de navigation, sur Internet ;
- la recommandation d'articles, d'amis ;
- les moteurs de gestion de la publicité.

Le Big Data s'invite dans les magasins de luxe

Le luxe se vend en magasins, mais la décision et l'envie d'achat d'un produit de luxe se façonnent dans le digital, et ceci est d'autant plus vrai pour les nouvelles générations. Le Big Data joue un rôle important pour capter les tendances, mais aide aussi à gérer les campagnes digitales sur le web ou le mobile. Mais le Big Data a aussi un rôle dans le magasin.

Une étude de 2014 sur 250 chaînes de magasins dans le secteur du luxe, rapportée par Women's Wear Daily, et sponsorisée par I2I Events, montre que 68 % des ventes se font en magasins, contre 16 % en ligne[1].

Apple a développé une technologie iBeacon (*beacon* : balise, en anglais). Il s'agit de transmetteurs à basse consommation énergétique et à bas coût, qui peuvent notifier la présence de mobiles iOS proches[2]. Les iBeacons fonctionnent aussi sur Android. Le périphérique équipé d'un tel transmetteur peut faire réagir une application personnalisée et déterminer la position du iBeacon.

Associés à de l'intelligence et à des applications faisant utilisation de Big Data, les iBeacons permettent la géolocalisation en magasin pour envoyer des offres personnalisées, faire la promotion de produits en vente à proximité, ou proposer des produits que vous pourriez chercher, en se basant sur l'historique de la navigation dans le magasin. Cette technologie permet également de régler ses achats en caisse, comme les terminaux sans contact. C'est une technologie concurrente du NFC.

La start-up française Retency, fondée par Isabelle Bordry, a, quant à elle, développé un boîtier qui permet d'identifier de façon unique les téléphones de consommateurs tout en gardant leur anonymat. Ce boîtier transmet ensuite ces informations aux serveurs de Retency qui analysent, grâce aux technologies Big Data, le comportement des consommateurs. Fréquence de visite, parcours à l'intérieur du magasin, temps passé dans un rayon. Ces informations sont particulièrement intéressantes dans le cadre du déploiement des « magasins d'expérience » des grandes marques de luxe. Elles vont permettre de définir un parcours idéal tout au long des rayons et des étages en fonction de la personne qui rentre dans le magasin.

Le rôle du Big Data dans la conception des produits et des services

Le Big Data a un rôle en amont dans la définition du produit, mais aussi des services d'exception attachés au produit de luxe. Le téléphone Vertu a

1. http://connection.ebscohost.com/c/articles/98751139/retailers-navigating-era-disruption
2. http://www.larevuedudigital.com/2014/09/05/le-magasin-printemps-teste-le-ibeacon-pour-une-boutique-kenzo/

dominé le segment du luxe en téléphonie avec des services haut de gamme, comme la garantie ou la conciergerie. Il est challengé aujourd'hui par Apple avec des *iPhones* en or et diamant disposant de toute la richesse des applications et des services dont on ne peut plus facilement se passer. Le Big Data est derrière de nombreuses applications qui procurent un service, comme le guidage GPS, les services météo, les comparateurs de prix, et les services de suivi et de coaching pour la santé.

L'expérience d'Apple montre l'importance de l'expérience client. Les services digitaux contribuent à façonner l'image de la marque. Les services digitaux des véhicules connectés vont transformer les automobiles de luxe. Un design, des matières et un moteur d'exception ne suffisent plus. Il faut y adjoindre des services digitaux, comme l'assistance à la conduite en temps réel, ou l'assistance au voyage (informations touristiques, sites à visiter, points d'intérêts, parkings liés à la position du véhicule), ainsi que des services de conciergerie en temps réel (réservation de places à des événements, de tables dans des restaurants, etc.). Le Big Data sera à la fois dans le véhicule pour observer le conducteur et détecter les situations de fatigue ou de malaises, et à l'extérieur pour toutes les aides intelligentes de maintenance, de circulation, se garer ou trouver le meilleur restaurant dans le secteur.

Le Big Data pour un service client d'exception

Les objets de luxe avec services intégrés qui vont évoluer dans le temps, vont créer une nouvelle relation, et un plus grand attachement à la marque et aux produits.

L'intelligence et la pertinence des services amenés par les technologies Big Data et les technologies cognitives, sont au cœur du choix d'investissement dans une montre de luxe telle que l'*Apple Watch Edition*. Il sera donc difficile pour son possesseur de changer de marque ultérieurement, comme il est difficile de passer d'un téléphone ou d'une tablette iOS à son équivalent Android. C'est moins l'objet qui compte que son contenu personnel, ce qui est difficile à faire migrer d'un environnement à un autre.

De tels produits requièrent un service client après-vente personnalisé exemplaire. Le luxe, c'est l'exception et la personnalisation. Pour cela, le service client devra utiliser les mêmes technologies de Big Data pour immédiatement savoir à qui il a affaire lorsqu'il sera en relation avec le client : historique de consommation, profil client, goût du client, etc.

Le Big Data pour lutter contre la contrefaçon

Un rôle important du Big Data pour l'industrie du luxe peut être la lutte contre la fraude. L'analyse des réseaux sociaux et des sites de vente en ligne permet de repérer les trafics et les réseaux qui les animent. D'après le site monannuairepro.com, « de grandes marques comme Chanel, Hermès ou encore Vuitton, réunies au sein du Comité Colbert, en appellent vivement à la collaboration des banques et des sites e-commerce pour lutter contre un phénomène qui prend une ampleur considérable : la vente de produits contrefaits sur Internet ». Le Comité Colbert estime l'impact de cette contrefaçon à 10 % du chiffre d'affaires du secteur.

En avril 2014, Zouheir Guedri, PDG de Data & Data, a lancé Brand Watchdog[1], un outil de détection de la contrefaçon en ligne. « Pour le secteur du luxe, les équipes de Brand Watchdog ont pu constater qu'un seul et même réseau de sites frauduleux pouvait effectuer jusqu'à 10 millions de dollars de chiffre d'affaires sur un mois. Toutefois, dans certains cas, il se révèle plus intéressant de laisser libre cours aux activités illicites d'un site afin de pouvoir observer, mesurer et ensuite justifier auprès des autorités, le montant de la compensation. En à peine un mois, la plateforme a ainsi pu évaluer plus de 140 millions d'euros de préjudices. »

Le risque de désintermédiation

Un des principaux risques des acteurs du luxe qui ne maîtrisent pas le digital et le Big Data est la désintermédiation. Des nouveaux acteurs de l'économie numérique, parfaitement rompus aux techniques de Big Data, peuvent contrôler un canal de distribution et capter une part importante de la valeur du secteur sans en être un vrai acteur.

1. Communiqué de Big Data Paris du 29 janvier 2015 : http://www.decideo.fr/Lutter-efficacement-contre-la-contrefacon-en-ligne-avec-le-Big-Data_a7661.html>

Plutôt que d'ignorer ces méthodes de marketing et de vente de grande consommation, le secteur du luxe devra savoir s'en inspirer et les adapter à son profit. Leurs clients sont aussi les clients de ces sites. La clé sera d'utiliser les mêmes réseaux, les mêmes méthodes, pour les attirer au bon moment, au bon endroit, avec le bon message, et les pousser à craquer pour l'achat de luxe dont ils rêvent.

Comme toutes les industries, l'ensemble de la chaîne de valeur du luxe est impactée par le Big Data : produits et services, marketing et communication, vente et expérience client, logistique, relations avec les fournisseurs. Les métiers du luxe doivent s'adapter aux transformations sociétales profondes actuelles pour répondre aux attentes singulières des nouveaux clients du luxe : Génération Y et millenium, nouveaux pays, nouvelles mentalités et nouvelles cultures.

Faute d'utiliser ces technologies qui ne sont pas tant des technologies de grande consommation que des technologies de lecture de notre société digitale, le luxe risque de se refermer sur lui-même et de s'isoler dans un hyper luxe uniquement basé sur le coût exorbitant que seuls quelques happy few peuvent se permettre. Cela dit, au dernier recensement, il y aurait 2 325 milliardaires[1] et 12,5 millionnaires dans le monde[2], et ce nombre ne devrait pas cesser de croître dans les prochaines années[3].

1. http://www.lemonde.fr/argent/article/2014/09/18/le-nombre-des-milliardaires-atteint-un-niveau-record-en-2014_4489622_1657007.html
2. http://patrimoine.lesechos.fr/patrimoine/placement/0203253040798-2014-annee-explosive-pour-les-millionnaires-643895.php
3. http://www.lefigaro.fr/argent/2014/10/15/05010-20141015ARTFIG00014-le-monde-comptera-18-millions-de-millionnaires-supplementaires-en-2019.php

CHAPITRE 7

Image digitale

Par Stéphane Galienni (BALISTIK#ART)

> Stéphane Galienni est co-fondateur de Balistik#Art, l'agence des belles marques qui accompagne les annonceurs du luxe dans leurs stratégies digitales. L'agence remporte en 2009 le Grand Prix Stratégies du Luxe pour Dior, avec la campagne The Lady Noire Affair, et compte parmi ses clients, des marques prestigieuses comme Hermès, Cartier, Guerlain ou encore Dom Pérignon. Stéphane Galienni intervient régulièrement comme expert digital pour de grands groupes en France et à l'étranger.

Pourquoi et comment l'image de luxe peut potentiellement se faire *uberiser* par les nouveaux petits génies de la Silicon Valley ?

Pas de panique, nous avons un kit de survie pour vous : la *Smart Image.*

Luxe et *Digital* sont des notions qui recouvrent tellement d'aspects contradictoires que la simple association des deux termes provoque un bug philosophique. Un Big Bang culturel sans précédent qui nous oblige à repenser le rôle et la fonction de l'image du luxe à l'ère des réseaux sociaux visuels.

Adoptée de façon totalement intuitive par la génération Y, et perçue comme incompréhensible par les dirigeants en place, cette révolution digitale offre l'avantage d'une créativité en ébullition permanente, faste et généreuse ; mais en contrepartie, il y a un inconvénient majeur : l'impression de ne plus rien contrôler. Or, pourquoi oser ce lâcher-prise dans le secteur du luxe où la maîtrise de son image est fondamentale, à la fois moteur de désirabilité et facteur clé du business ?

Les industries du luxe et du digital se sont imbriquées – malgré tout – dans une réalité économique en pleine mutation, à double vitesse. D'un côté, une posture fondée sur l'héritage d'un patrimoine qui vise à préserver l'excellence et la rareté d'un savoir-faire séculaire. De l'autre, un nouvel état esprit *hacker* du luxe qui bouscule les codes du secteur. Ce sont les enfants chéris d'Instagram, telles que Kristina Bazan ou Chiara Ferragni, qui émergent avec leurs millions de *followers*, des audiences équivalentes aux grandes griffes du secteur. Plus encore, Evan Spiegel, fondateur de Snapchat, dont la fortune est aujourd'hui estimée à plus de 1,5 milliard de dollars, à 25 ans, refuse les avances du géant Facebook pour mieux dicter les lois du marché à venir, résolument axé sur les réseaux sociaux visuels.

Pris dans cet étau, la communication de luxe subit une nouvelle tension où interfèrent des notions contradictoires, telles que la distance et la proximité, l'intemporel et le temps réel, l'officiel et l'officieux. Les images s'entrechoquent dans un grand magma : collusion artistique, dysfonctionnement culturel, mélange des genres pop-couture ou vintage modernisme… L'image de luxe se mute dans sa digitalisation, mais pas dans ses fondamentaux. L'enjeu est toujours le même : vendre du rêve et du plaisir au plus grand nombre sans jamais décevoir les initiés.

Quelle place, donc, pour l'image de luxe dans un monde en permanente mutation ? Doit-elle être fixe, figée pour l'éternité comme l'instantané photographique d'une audace, d'une époque, d'un style et d'une esthétique ? Ou, au contraire, doit-elle se démultiplier à l'infini sur tous les écrans, afin de mieux exercer son pouvoir d'attraction, de fascination et d'influence ?

Finalement, toutes ces interrogations convergent vers un dénominateur commun : la photographie. Discipline artistique privilégiée de la communication de luxe, c'est aussi le média le plus partagé sur les réseaux sociaux. Pour preuve, les succès fulgurants des applications Instagram ou Pinterest.

Le papier glacé, mur porteur de la communication luxe ?

« Là, tout n'est qu'ordre et beauté, luxe, calme et volupté ». Ce vers de Charles Baudelaire est l'illustration parfaite pour décrire ce que nous évoque l'image de luxe institutionnelle : une invitation au voyage. Indéniablement, l'image de luxe semble toujours déconnectée de l'hystérie du monde, immuable et intemporelle, figée pour l'éternité. On a d'ailleurs ce sentiment troublant, quand on y pense, que ces images appartiennent davantage au monde des beaux-arts qu'à celui du marketing et de la publicité. Est-ce parce que la communication de luxe nous séduit plus qu'elle nous agresse visuellement que nous en acceptons son omniprésence publicitaire ?

En effet, dopé par l'industrie des cosmétiques, du prêt-à-porter et de ses accessoires de mode, l'imaginaire des grandes marques s'impose à nous plus souvent qu'on ne le croit dans les médias de masse. Ils façonnent ainsi, dans nos mémoires, une image d'Épinal du luxe : égérie statufiée, flacon précieux, visuel épuré et logo de prestige... Voilà, à première vue, ce qui nous vient à l'esprit quand on pense aux codes du luxe.

Admettons-le : pour créer de la désirabilité, rien n'est plus efficace qu'un visuel papier glacé dans Vogue Magazine ou Harper's Bazaar. Des images tellement sublimes qu'elles recouvrent les deux tiers de la pagination de la presse féminine sans que personne, ni même la lectrice, ne s'en plaigne. Et pourquoi le ferait-elle ?

L'acte même de feuilleter ces magazines est devenu une forme de luxe, un moment d'évasion pour soi. C'est dans cette parenthèse enchantée que la magie des marques opère. On s'identifie à un look, on se projette dans un style de vie, on convoite du regard l'objet du désir : un sac à main, un bijou, une paire d'escarpins. Avec ces mannequins qui vous toisent du regard, le papier glacé crée une distanciation entre la consommatrice et la marque, générant de la frustration, de l'envie... Et donc, du désir.

C'est pourquoi la communication de luxe se reposait, jusqu'ici, sur son média de prédilection, le papier glacé : soyeuses au toucher, et agréables à regarder, ces annonces presse sont de véritables écrins, conçues comme les pièces maîtresses d'une collection de haute-couture. Le processus de fabrication et de diffusion est maîtrisé de A à Z, avec l'assurance de toucher sa cible en plein cœur.

Noyau dur du business luxe, épicentre de la planète mode, c'est tout un écosystème qui vit de ces créations publicitaires de prestige : égéries et photographes de renom, directeurs artistiques, stylistes et make-up artistes... un cercle restreint d'élus, personnes et personnalités qui font la pluie et le beau temps en matière de style et de tendances. Ils sont les garants du bon goût, les gardiens du temple : Helmut Newton, Nick Knight, Peter Lindbergh, Steven Meisel, Inez & Vinoodh…

Big-bang digital & bouleversement dans le petit monde du luxe

Propulsées au-devant la scène, les bloggeuses de mode deviennent *bankable,* n'en déplaise à Anna Wintour, qui doit faire un peu de place sur le *Front Row*, et ce, depuis le défilé de Dolce & Gabbana en 2009, où le monde de la mode a basculé dans le digital.

Depuis *Art of The Trench* de Burberry, ce qui est le plus frappant dans la collusion entre la planète luxe et l'ovni digital, c'est l'amplitude de son onde de choc qui ébranle, en à peine une décennie, les fondements de la communication de luxe.

Certes, les Maisons de luxe les plus audacieuses ont su se distinguer en provoquant elles-mêmes le big-bang visuel : c'est le début d'une surenchère digitale entre les marques ; de la saga *Lady Dior* à *l'Odyssée de Cartier*, des blockbusters avec têtes d'affiche et grands noms de la réalisation, le luxe reprend le contrôle et se retrouve à la Une de *Google News*. Seulement voilà, le *one shot* ne suffit plus dans l'immédiateté des réseaux sociaux qui imposent leurs nouveaux tempos.

Un visuel de campagne, quelques *beauty shots* ou autres images *behind the scenes,* ne sauront permettre aux enseignes du luxe d'alimenter leurs différents réseaux sociaux, à long terme. La belle image papier glacé se dilue dans le flux quotidien d'images, son *wow effect* ne prend plus.

Malheureusement, cette culture du papier est tellement ancrée dans les mentalités des professionnels du luxe, que la plupart d'entre eux s'obstinent encore à faire entrer au chausse-pied leurs visuels dans des supports digitaux inadaptés. Certains vont même jusqu'à publier leurs annonces presse rectangulaires dans le format carré d'Instagram, laissant apparaître le fond perdu, profondément inesthétique.

Ces plateformes ont chacune leur propre logique avec des contraintes de support et de format qui génèrent une nouvelle culture graphique de l'image, singulière et communautaire. Sans oublier qu'au sein d'une même plateforme, l'image officielle du *packshot* publiée par la marque cohabite avec des milliers d'images du même produit vu par le prisme des consommateurs : une perception kaléidoscopique et pas toujours flatteuse pour le bel objet sorti de son écrin…

Du papier glacé à l'image sous verre : pourquoi la *Smart Image* est l'avenir du luxe sur les réseaux sociaux ?

On coupe définitivement le cordon ombilical qui reliait l'individu à son écran. Le clic prend une claque, et la souris est mise au placard. Avec l'Internet nomade et les écrans tactiles, le digital devient résolument *lifestyle.*

Finalement très proche de l'expérience du papier glacé, l'image digitale devient tactile, donc sensuelle. Mieux que le visuel de presse, on peut zoomer l'image en écartant les doigts pour en admirer un détail couture, par exemple. Mais surtout, avec ces nouveaux médias interpersonnels, c'est l'abolition des frontières du ON et du OFF qui délimitaient jusqu'alors, de façon étanche, deux mondes distincts. On se connecte *anytime anywhere* pour une expérience augmentée de la vie.

La Smart Image est née avec le Smartphone, mais s'est émancipée grâce à Instagram. Petite sœur du papier glacé, elle offre plus de proximité dans la distance ; un « si loin, si proche » qui s'immisce dans le quotidien de nos vies, aujourd'hui connectées.

Instagram a l'avantage d'être moins *mass-market* que Facebook, plus intime et confidentiel que Twitter, et tout aussi addictif que peut l'être Pinterest. Mais la grande force de la plateforme, c'est d'être fortement aspirationnelle et non commerciale. Sur ce réseau où l'image est reine, et l'engagement est ROI, l'utilisateur peut enfin consommer du média sans être interrompu par une bannière publicitaire ou toute autre forme de spam, comme partout ailleurs sur le digital et même dans les médias traditionnels. Un monde purement esthétique, sans pollution visuelle, vierge de toute publicité ? Presque : un nouvel eldorado pour les marques de mode et de luxe dont le principal vecteur de business, c'est de vendre du rêve.

Car, dans le monde merveilleux d'Instagram, la vie ordinaire des uns et des autres n'est qu'une succession de moments extraordinaires, sublimés par ses filtres esthétiques : du coucher de soleil à Santorin à la façade graphique du musée de Bilbao, chaque publication est une invitation au voyage, tout comme le luxe. Il était donc légitime que les griffes de mode soient les premières présentes sur la plateforme, et aussi les plus suivies : Louis Vuitton, Dior, Chanel, Louboutin, Elie Saab... chacune de ces marques comptent aujourd'hui plusieurs millions d'abonnés.

Utilisé intelligemment, Instagram permet, non pas de vendre une marque, mais son univers, une ambiance, un *lifestyle*, à la manière de magazines papier tels que *Le Monde d'Hermès* ou *RougeCartier*.

Finis, la culture Photoshop et le culte dévoué de l'image lisse et aseptisée, sans aspérités : Instagram a rendu à la photographie son caractère suranné et authentique, cette émotion précieuse que nous avons perdue depuis la mort du Polaroïd et l'avènement du tout numérique. Au diable, le million de pixels et les milliers de fichiers stockés sur nos disques durs ! Le monde moderne a besoin d'un supplément d'âme, de l'e-*motion*. Ce qui compte dorénavant, c'est le *Carpe Diem* digital : saisir l'instant présent et le partager immédiatement avec sa communauté, avec une *spontanéité* artistique maîtrisée.

Cette esthétique démocratique du *prêt-à-poster* en fait le réseau le plus chic et le plus prisé des amateurs de belles et bonnes choses, du gastronome au grand voyageur, en passant par le collectionneur d'art, l'initié du luxe, mais aussi par ceux qui en façonnent l'image : créateurs de grandes Maisons, photographes de mode, directeurs artistiques. Pour eux, ce qui importe, c'est d'offrir un regard pointu sur le monde qui les entoure, transmettre une vision inspirée dans une envie de partage immédiate, isoler un détail dans le décor qu'aucun passant n'avait pris le temps de regarder, ou encore, donner à voir une partie de leur âme de créateur.

La posture de distanciation du luxe s'estompe au profit d'une nouvelle proximité désirable : le « si loin, si proche » qu'imposent les réseaux sociaux visuels. Tout comme l'image prise au téléobjectif par le paparazzi, le monde lointain et inaccessible de gens extraordinaires nous semble dorénavant proche et familier, sans le voyeurisme malsain de *l'instant volé*.

Storytelling sur les réseaux sociaux visuels : la stratégie du « lapin blanc »

Tout comme le « lapin blanc » dans *Alice au Pays des Merveilles*, la stratégie des marques de luxe sur les réseaux sociaux visuels consiste tout simplement à conduire la consommatrice jusqu'à la porte d'un monde merveilleux. Un pays de cocagne fascinant avec ses belles images, où l'on vient pour mieux s'y perdre, pour y flâner et rêver. Sur Pinterest et Instagram, l'objectif est de maintenir la consommatrice dans un état d'hypnose permanent, un rêve éveillé de luxe, celui de votre marque.

Le « lapin blanc » devient ainsi le fil conducteur de votre storytelling visuel dont chaque case est une image à fort pouvoir d'évocation narrative, provoquant son *like success*. Cela peut être une fenêtre grande ouverte sur l'imaginaire de marque ou, au contraire, une porte presque fermée sur les ateliers d'une grande Maison qui laisse entrevoir partiellement ses secrets.

Il est nécessaire que la distanciation de luxe soit maintenue dans le relâchement de cette nouvelle proximité digitale. L'objectif est de maintenir une désirabilité régulière d'un « si loin, si proche » dans laquelle le consommateur peut s'immerger plus régulièrement et plus instinctivement. Suivre le « lapin blanc » doit être jouissif et addictif ! Chaque publication doit être un *shoot de luxe* pour le consommateur qui aspire à votre marque. Il ne s'agit pas de publier toutes les pièces de votre collection dans la même journée au risque d'inonder le flux de vos abonnés ou de *Flooder* votre communauté qui ne suit pas que votre univers, mais d'innombrables abonnements, dont vos concurrents.

Votre « lapin blanc » vient toujours d'un endroit exceptionnel et va toujours vers un ailleurs tout aussi fascinant : c'est la dynamique du voyage dans la marque qui prime, pas simplement la juxtaposition inopinée d'images envoyées par vos départements RP, marketing et communication. N'oublions jamais que vendre du rêve de luxe, c'est avant tout raconter de belles histoires.

Le fantasme ou la désirabilité de luxe sur Instagram, c'est de pouvoir suivre une personne (ou personnalité) qui vit le luxe de l'intérieur : mannequin de podium, créateur, grand chef… à l'image des filles dans le vent, comme Kristina Bazan et Chiara Ferragni, toujours en mouvement. De la vie de palace au *Front Row*, en passant par les *selfies* sur le tapis rouge, ces filles-là sont porteuses d'un nouveau phénomène, *l'Instaglam* qui inspire d'ailleurs la presse féminine traditionnelle. Pour suivre cette dynamique de storytelling, il suffit de suivre les hashtags #Kaytureonthego (pour Kristina), et #Theblondesaladneverstops (pour Chiara). À travers leurs regards ou leurs *selfies*, on se téléporte immédiatement à leurs côtés. On vit par procuration une part du rêve : de l'essayage d'une robe haute-couture aux crépitements des flashs sur le tapis rouge, chaque publication est une brique posée qui consolide toujours plus de rêve.

Décryptage d'une Smart Image à 100 000 Likes

Une main bien manucurée posée à plat sur un sac Chanel dont on peut admirer le détail couture, voire même en sentir le cuir, tant que l'image sous verre consultée sur l'écran tactile est palpable. Au majeur et à l'annulaire, deux magnifiques bagues de la collection joaillière Maison, Coco Crush. Le fermoir du sac en forme de double C signe l'image d'un logo, sans donner l'impression d'y voir là une publicité, sinon un instant précieux.

Oui, nous sommes bien dans les traditionnels codes du luxe papier glacé, mais il y a dans le visuel un je-ne-sais-quoi qui tend à faire penser que la photographie n'a pas été retouchée sous Photoshop ou subi la moindre transformation due à un des nombreux filtres que propose l'application. La lumière est très belle, paraît naturelle, sans artifices. Le set est soigné mais semble pris dans le quotidien ordinaire d'une femme extraordinaire. Une femme Chanel, dont la légende évoque une pensée secrète et intime, pulsionnelle : I need it. I need it. I need it. I need it. I need it. Suivi du hashtag #CocoObsession, et du crédit photo : Caroline de Maigret, mannequin français à la carrière internationale, qui a également créé son label de musique.

Autrement dit, une ambassadrice élue ou « lapin blanc » de circonstance, à qui l'on a confié provisoirement les clés du compte Instagram Maison. Neuf cases, neuf moments dans la vie de cette femme initiée à la marque, mais évoluant dans son environnement : entre intimité et exhibition, on ne sait plus très bien si c'est le mannequin qui pose où l'héroïne de l'histoire qui hésite dans l'essayage de ces nouvelles parures : or ou argent ? Une seule bague, ou plusieurs à la même main ?

Différents éclairages sur la collection, différentes ambiances de lumières pour ponctuer, avec des ellipses temporelles, ce storytelling visuel proposé par la marque. L'objectif ici n'est pas transactionnel, car Instagram n'est pas une plateforme e-commerce. Le but de l'opération est de mettre en avant la collection Coco Crush, et de créer de la désirabilité auprès d'une nouvelle génération de clientes, mobiles et connectées. En tapotant 2 fois sur leurs écrans tactiles, elles likent l'image consultée de façon compulsive, geste gratuit qui n'engage à rien, sinon le plaisir de montrer à la marque qu'on existe, et, d'une certaine façon, sortir de l'anonymat.

Le fin mot de l'histoire, c'est que la photographie prise par le mannequin Caroline de Maigret, commentée plus haut, comptabilise 112 000 Likes, ce qui est énorme en termes d'engagement, et qui plus est, organique, sans aucune dépense en achat média. Quand on pense que certains magazines mode de niche se tirent à environ 100 000 exemplaires, et qu'une simple page coûte une quinzaine de milliers d'euros, la comparaison n'est pas inintéressante. Autre fait marquant, la vidéo YouTube de la gamme Coco Crush très bien exécutée, n'enregistre elle qu'un petit 37 000 vues, soit moitié moins que la moyenne de Likes observée sur le compte Instagram de Chanel, environ 70K. De plus, on ne parle pas ici des impressions, ou du nombre de personnes qui a été exposé à l'image comptée comme vue, comme c'est le cas concernant la presse ; mais on parle de Like, c'est-à-dire concrètement d'un clic qui manifeste l'engagement de l'abonné pour le contenu consulté.

Shot on iPhone 6

La dernière campagne Apple rivalise sur la façade d'un kiosque avec un visuel Louis Vuitton. On regarde ces deux images et on se demande alors : c'est quoi, finalement, l'authentique image de luxe ? Le beau cliché d'un arbre vert isolé en plein désert – style National Geographic – réalisé par l'un des talentueux clients de la firme à la pomme, et mis en avant pour l'occasion ? Ou bien cet éternel mannequin au sac monogramme, qui vous toise toujours de la même façon ?

L'un dans l'autre, il ne s'agit plus de comparer ni même de parler de concurrence. *The World's Most Valuable Brands* de Forbes 2015 place toujours Apple comme la marque la plus puissante au monde, devant la marque phare de LVMH qui dégringole à la 14e position, derrière Google et Facebook, entre autres, rappelons-le.

Le digital n'a donc pas à complexer du luxe, c'est plutôt le contraire qui se produit. Le risque, pour ces grandes Maisons de luxe, c'est de se faire « uberiser », pour reprendre le terme utilisé par Maurice Lévy dans une interview accordée au *Financial Times* : « L'idée qu'on se réveille soudainement en découvrant que son activité historique a disparu, du jour au lendemain », tout comme les chauffeurs de taxi, subitement concurrencés par les véhicules de tourisme avec chauffeur (VTC) comme Uber, à l'origine du néologisme de Lévy. En cause : le *tsunami numérique* qui bouleverse aussi d'autres secteurs, comme notamment l'hôtellerie, concurrencée par la plateforme Airbnb, ou encore les libraires, éclipsés par le géant Amazon. Et le monde de la communication ne sera pas épargné, selon le publicitaire Maurice Lévy, chamboulé par des nouveaux acteurs comme Google ou Facebook, devenus en quelques années, des mastodontes.

Gardons le moral. La *Smart Image Shot on iPhone 6* sera probablement votre passeport pour survivre dans ce nouveau monde. Il ne s'agit pas, comme vous l'aurez compris, d'appauvrir l'image de marque ou de vos produits emblématiques, potentiellement amputée par une coupure budgétaire. Non, l'idée est avant tout philosophique : les artistes vous le diront, l'image change avec les époques, et l'histoire de l'art est là pour nous le rappeler.

Souvenez-vous d'ailleurs : avec l'arrivée du cinéma et l'expansion du chemin de fer, nous avons découvert avec stupeur, puis avec délectation, la vision cinétique d'un paysage en mouvement. Les peintres sont alors sortis de leurs ateliers pour poser leurs chevalets dans les gares, les champs, les fêtes foraines. Ils souhaitaient saisir l'émotion de ce nouveau monde dans un nouveau genre pictural : c'était ni plus ni moins la naissance d'un grand mouvement, l'Impressionnisme.

De la même manière, mais dans une moindre mesure, nous avons inventé avec nos Smartphones, de nouvelles façons, subjectives, de capturer un monde contemporain à notre image qui inspire déjà les penseurs et les artistes contemporains. Et puis, bien sûr, les publicitaires, toujours attentifs au changement.

Alors, avant de se quitter, une question : quelle image de Jennifer Lawrence sur le tapis rouge au festival du Film de Cannes vaut de l'or ? Celle de Vogue, Vanity Fair ou Elle Magazine ? Aucune, ce sont sensiblement les mêmes, officielles. La seule et unique image qui va vraiment vous coûter très cher désormais, c'est le *selfie* pris par la star elle-même, au même instant. Diffusée librement sur son compte Instagram, avant même d'avoir franchi la dernière marche, c'est l'image plus-value de l'événement pour la presse. Pour l'obtenir en Une, son agent vous la fera payer très cher… ainsi que ses avocats en cas d'exploitation non contractualisée.

Ainsi, pour éviter l'*uberisation* de l'image luxe, il faut raisonner simplement sur un nouveau paradigme qui veut que ce qui vaut compte plus que ce qui coûte. Et l'arbre de la dernière campagne Apple vaut peut-être plus qu'elle ne coûte, émotionnellement, là où l'énième pub Vuitton nous interpelle moins.

CHAPITRE 8

Art et Parcours client

Par Laurent Moisson (SPLENDENS FACTORY)

Laurent Moisson est entrepreneur et business angel dans le digital depuis plus de 15 ans. Son savoir-faire est la création, la reprise ou le retournement d'entreprises à caractère innovant. Auteur de plusieurs ouvrages dont *Napoléon, Hannibal... Ce qu'ils auraient fait du digital* (aux Belles Lettres), il dirige la Splendens Factory, une maison de production de contenus qui connecte les marques à des collectifs d'artistes nativement digitaux, afin d'apporter créativité et enchantement aux parcours client, dispositifs digitaux ou publicitaires de grandes enseignes.

L'art est un luxe et le luxe est un art

Louis XIV, qui savait comme personne comment créer une image de marque, confia, un beau jour, la direction de la Manufacture des Gobelins et du Mobilier Royal à son peintre préféré, Charles le Brun. Depuis lors, la frontière entre l'art et l'artisanat de luxe n'a jamais été très étanche. Une créativité sans cesse renouvelée, une même quête de l'esthétisme, de la beauté absolue, un souci du détail, de la perfection rapprochent ces deux mondes. Leurs motivations ne sont certes pas les mêmes : l'un produit pour vendre, et donc répondre aux besoins et goûts des clients, alors que l'autre est avant tout l'expression d'un talent qui rencontre une vision du monde. Mais, à force de côtoyer l'art, de l'embrasser, de l'intégrer, les grandes marques ont fini par hériter de lui une crédibilité incontestable dans la désignation des tendances et l'incarnation du bon goût.

Mais pourquoi diable les gens achètent-ils des montres à 15 000 €, alors qu'il en existe à 50 € ? Parce qu'elles donnent mieux l'heure ? De même, qu'est-ce qui pousse certains collectionneurs à acheter des toiles de maîtres à plusieurs dizaines de millions de dollars, alors que leur coût de revient n'est guère plus élevé que celui des croûtes couchées sur le mur de votre voisin ?

Dans l'art comme dans le luxe, on n'achète pas un objet, on achète l'incarnation du talent et de la créativité. On achète une source d'émotion qui, quand on la contemple, ouvre un univers fort et profond, vaste et riche. Le luxe vend, parce qu'il fascine, parce qu'il entretient sa légende, son mythe. Là, est sa seule raison d'être.

C'est pour cela que son prix n'est pas fixé par des critères rationnels, par le multiple d'un coût de production... Alors, heureux les enfants du luxe, ce secteur touché par la grâce. On aurait pu croire, il y a encore quelques années, que cette fascination était un don des dieux, une sorte de sang bleu dont on peut hériter sans jamais pouvoir l'acquérir. Il est vrai que tant de marques premium s'efforcent depuis des années de franchir l'ultime marche qui les séparent de leur but, s'appropriant un à un, avec obstination, les codes du luxe, sans jamais pouvoir pénétrer leur cercle. S'agirait-il du même pouvoir qui permet à un artiste coté de vendre à peu près n'importe quoi portant sa signature, alors que d'autres ne vendront jamais rien ? Oui, mais voilà, sous l'action de courants convergents, les choses changent, et le luxe tout comme l'art, ne sont plus réservés à un club privé.

Du club privé à la communauté ouverte

Il y a quelques décennies, le luxe était un club privé exclusif, faisant clairement la différence entre ceux qui en étaient, et les autres. Mais quelques brillants patrons ont réussi à faire de ces belles Maisons, de grandes Maisons, transformant ce marché de niche, en une industrie majeure. Pour en faire exploser les profits, ils s'emparèrent des techniques marketing et des médias, jusque-là réservés au grand public, et prirent le risque de rendre ce marché accessible. Spots de pub de 30 secondes, presse people, augmentation du nombre de points de vente etc. Le club privé fit place à une communauté ouverte.

Les autres marques se sont alors trouvées à côté de ces élégantes. Conscientes de l'intérêt d'un positionnement haut de gamme, plusieurs d'entre elles ont décidé d'en adopter les codes : de grands musiciens pour chanter leurs hymnes, de jeunes créateurs pour signer leurs collections, des artistes pour aménager leurs magasins...

Cette convergence entre un luxe qui se massifie et des produits grand public qui veulent se *prémiumiser*, a gommé bien des écarts.

L'art lui-même a fait son entrée dans leurs stratégies de communication. Comme pour les autres supports, il a été essentiellement utilisé comme un média, une association d'images pour mettre en avant les valeurs de leur marque. Alors, certains pourront toujours prétendre que le goût plus fin des Maisons de luxe leur permet une association plus heureuse avec l'art, en faisant des précurseurs, des créateurs de tendances, quand les autres marques seraient des suiveurs. Mais, malheureusement, il n'en est rien. Le street art, par exemple, n'a reçu aucun support pendant sa genèse (1970's à New York, 1980's à Paris). Il a fallu qu'il rencontre un engouement populaire d'une ampleur exceptionnelle à partir des années 2005 à 2007, pour que les premières marques s'y positionnent : Agnès b, Hermès et d'autres griffes prestigieuses, certes, mais aussi Monoprix ou Perrier. Et, si les initiatives de Monoprix ou du Pont des Arts ont été des échecs retentissants, des marques, comme Perrier, ont fait un excellent travail et mis des moyens, leur donnant sur cette discipline, une légitimité encore plus forte que celle de grands couturiers.

L'art n'est donc plus le monopole de l'élite. D'autant qu'il est temps de remettre nos stéréotypes à l'heure... Estimer que les clients du luxe, qui sont de plus en plus de riches, parvenus à la limite de l'inculture, savent faire la différence entre un authentique artiste et un illustre imposteur, c'est faire preuve d'une candeur propre à émouvoir tous les publicitaires du monde. Alors les voici, les artistes-imposteurs d'une saison, d'une décennie ou d'une génération, qui vendent aussi cher qu'un véritable génie. Les voilà, les marques de prêt-à-porter, de café, de shampoing, qui scandent des valeurs que d'anciennes et discrètes Maisons incarnent en silence depuis des générations. À l'époque où faire passer du cuivre pour de l'or est aisé, à l'époque où les codes des uns et les tendances dénichées par les autres, sont copiés par tous en quelques instants, on peut craindre que l'art ne puisse bientôt plus grand-chose pour les nouveaux Louis XIV, ces marques qui ne doivent leur place qu'au maintien de leur immense prestige.

Non ?

L'art porte en lui les codes de son époque, et notre époque est digitale

L'art comme média… Le parrainage, le sponsoring où des identités et des univers distincts ne font que collaborer, ne collent plus à notre époque. La méthode est trop simple, trop réplicable, trop peu engageante. Elle a eu le temps d'être intégrée par tous. Il va donc falloir trouver autre chose pour entretenir la fascination, le mythe et sa conséquence : le *pricing power*. Méthode trop peu engageante… Alors que notre époque demande justement de l'engagement. Jadis exclusif, ne s'exposant que dans les musées, les fondations ou les salons prétentieux des marques ou des grands de ce monde, l'art descend aujourd'hui dans la rue et squatte les murs des centres urbains et des médias sociaux. On peut donc se poser légitimement la question suivante : l'art reste-t-il le meilleur allié pour créer une distance, une relation exclusive (dans le sens premier du terme) justifiant une différence de prix ? Assurément oui ! Mais à condition d'en respecter les codes du moment : sincérité et engagement.

Alors que leurs prédécesseurs sont restés étrangers au numérique, les nouvelles tendances de l'art intègrent les médias sociaux en leur cœur : les street artistes postent les photos de leur art sur les médias sociaux dès leur œuvre produite. Quant à l'art digital… il l'est nativement, comme son nom l'indique. Ces disciplines partagent donc les valeurs de la culture du web : sincérité (plus de posture ! Ou alors, gare aux tweets destructeurs et aux vidéos qui traînent sur Internet), partage, accessibilité, gratuité (en tout cas pour une partie de leur art, car la cote des travaux d'atelier des street artistes devient parfaitement hors de prix).

Une relation sincère et engageante entre l'art et les marques

Comme on le sait : il n'y a pas d'amour, il n'y a que des preuves d'amour. Pour la sincérité, c'est pareil. Deux domaines sont à explorer pour parvenir à une relation sincère entre une marque et un art. Le premier est la place de l'art dans la communication des marques. Le second est la place de l'art dans le « système » des marques de luxe, dans leur fonctionnement, leurs actions, leurs relations avec le monde et leurs clients.

Vers une communication sans récupération

On a vu plus haut que le street art s'était développé sans les marques. Et c'est exactement en cela que notre époque va tout changer. Sincérité ! On ne pourra bientôt plus faire quoi que ce soit qui ressemble à de la récupération.

Les marques, ces créatrices de valeurs qui savent générer de la richesse et de la performance, savent aujourd'hui qu'elles doivent se trouver un rôle sociétal, une utilité, pour continuer à séduire. Alors qu'elles commencent par le faire dans leurs opérations de communication.

Quel mérite un grand couturier a-t-il à associer son image à Rihanna ou Beyoncé ? Aucun. Il n'a rien fait pour développer ces artistes, leur art, et son statut de marque reconnue n'apporte rien à leur crédibilité. Il ne s'agit ici que d'une relation d'audience, de visibilité et d'argent. On se demande même qui adoube qui…

À l'opposé, des marques qui participent à l'émergence de jeunes artistes pourront, à la face du monde, se targuer d'être des précurseurs, de véritables nez capables de déceler le talent avant qu'il soit indiscutable. C'est ce que veut voir notre époque. C'est ce que veulent sentir les consommateurs. C'est ce que des agences de production publicitaire et événementielle, comme la Splendens Factory, proposent au jour le jour.

Faire se rencontrer les producteurs d'émotion (les artistes) et les producteurs de valeurs (les entreprises), permet aux uns de vivre de leur art, de s'exprimer à plein temps, et de donner du sens et de la beauté à l'activité des autres. Cela embellit le monde, et en plus, ça fait vendre…

Alors, bien entendu, la démarche est moins aisée que de récupérer un talent déjà révélé. Mais c'est cela l'engagement, la sincérité : c'est s'impliquer réellement dans une cause et, par ses efforts et ses moyens, au-delà des joies et des peines, faire le don au monde d'une découverte artistique absolue. Le lien existant entre l'artiste et la marque ne sera alors plus une question de contrats et de cachets. Il sera profond, marqué par le respect. Le respect d'un artiste, lui-même admiré de tous, aura une valeur immense pour les marques qui l'ont fait grandir. Car, si les amis de mes amis sont mes amis, le respect et l'admiration sont contagieux.

Garder l'art au cœur du système luxe, et donc de son parcours client.

Au cœur du système luxe : le parcours client omnicanal, un nouveau barbarisme à enchanter

Alors que le luxe avait fait la différence sur tous les actifs composant son parcours client, voici qu'un nouveau champ d'expérimentation apparaît : le digital.

Initialement froid et limité, le web n'est, au début, clairement pas pris d'assaut par le secteur. Son aspect rationnel à l'extrême, mêlant la vulgarité des foules à celle des comparateurs de prix, a pu laisser songeurs ceux pour qui la marque ne supporte aucune égratignure.

Mais l'arrivée du mobile, la digitalisation des points de vente et la multiplication des écrans dans la ville, offrent aujourd'hui un potentiel incroyable à ceux qui veulent réenchanter leur parcours client. Le processus de vente, ce cheminement autrefois douloureux, cette succession de phases qui transforment une intention, un désir, en achat, comptent pour beaucoup dans la sensation qu'ont les clients d'être traités de façon unique, de vivre une expérience particulière.

Impacté par de nombreuses ruptures technologiques, le parcours client devient un champ de préoccupation et d'expérimentation pour toutes les marques qui veulent créer de nouvelles expériences. Et il y a fort à parier que les grandes Maisons finiront par l'aborder comme elles l'ont fait pour les autres points de contacts avec leurs clients : de façon originale, inattendue et finalement gagnante.

À l'époque où le digital est assoiffé d'art pour enrichir ses contenus, il n'est pas insensé de faire du parcours digital un art à part entière. La technologie, l'art et l'éphémère seront les ingrédients de cette recette inédite.

Comment ?

La technologie et l'éphémère

Le désir s'accommode mal de la routine. C'est pour cela qu'il faut sans cesse le réveiller et surprendre, étonner, transformer. En la matière, si les enseignes, aussi prestigieuses soient-elles, pensent s'en tirer en rendant leurs points de vente pratiques, jolis et agréables, elles se trompent lourdement. Le parcours client qui se met en place sous nos yeux n'a plus du tout la même finalité que le précédent. Les technologies digitales sont aujourd'hui utilisées pour faire évoluer profondément le processus d'achat. Mais une évolution n'est pas une révolution.

Le précédent parcours client, l'ancien régime, en somme, cherchait à amener le plus rapidement possible un client en face d'un produit pour que la rencontre s'opère et que la vente se fasse. Il était séquencé : à la publicité, et donc à l'écran de télévision, de créer le désir, l'intention d'achat ; au point de vente ensuite, de transformer cette intention en achat. Les étapes, allant de l'un à l'autre, devaient être les plus rapides possibles afin que le désir du client ne s'émousse pas au contact des contraintes logistiques inhérentes à la vente en magasin : offres non pertinentes (des vendeurs généralistes parlant à des clients dont ils ne connaissent pas le profil), manque d'information produit, files d'attente, horaires de fermeture, éloignement, mauvaise signalétique du point de vente, rupture de stock…

Et c'est dans cette lignée que, depuis plusieurs années, les enseignes utilisent les technologies pour éliminer ces contraintes : les boutiques en ligne pour acheter à toute heure et sans se déplacer ; le *click & collect* (ou le *drive*) pour commander sans stress tout en profitant immédiatement de son produit ; le *showrooming* et les comparateurs pour toucher le produit en vrai avant de l'acheter moins cher en ligne ; des vendeurs et des magasins équipés d'écrans pour reconnaître un client en quelques secondes et mieux répondre à ses demandes ; et les moteurs de recommandations pour ne recevoir que des offres pertinentes. Voilà qui remédie à l'archaïsme de notre bon vieux parcours client post fordiste. Le voici, franchement plus confortable et intelligent !

Bonne nouvelle, la pertinence s'installe dans toutes les grandes enseignes… Et elle précède de peu la lassitude et l'ennui.

Eh oui… D'ici peu, quand notre émerveillement pour ces nouvelles technologies aura fait place à l'habitude, quand la surprise de recevoir des offres adaptées à chacune de nos humeurs et de nos attitudes aura fait place à l'agacement, quand les sollicitations si pertinentes seront perçues comme du harcèlement, les consommateurs verseront dans l'état d'esprit le plus craint par les marketeurs du monde entier : l'indifférence. Et là, la course aux armements technologiques en cours n'y pourra plus rien changer.

Ne me faites tout de même pas dire ce que je n'ai pas écrit… Il est parfaitement indispensable d'investir dans toutes ces technologies et de rendre l'enchaînement des étapes de la vente plus fluide. Mais aucune révolution ne se fait en se contentant de prolonger et moderniser l'ancien régime. Pour bâtir un nouveau parcours client, il faut une autre vision des choses. Une rupture. Réenchanter un chemin ne demande pas qu'une débauche de technologies froides. En fait, cela demande… de l'enchantement. La pertinence est intelligente, mais elle est trop directe, trop mercantile, elle manque d'éducation. Elle doit donc se mettre au service de l'enchantement : à elle de dire de quoi les clients veulent rêver, mais certainement pas d'écrire le rêve toute seule.

D'ailleurs, attardons-nous un instant sur les mots.

Quand nous parlons de parcours client, les Anglais parlent de *customer journey* : Un voyage… Voilà qui est plus adapté. Un voyage dont les produits sont les souvenirs qu'on en ramène.

Et qu'apprécie-t-on dans un voyage ? La destination, le confort, bien entendu, mais surtout le dépaysement, la nouveauté, le fait qu'il soit une expérience rare qui ne se renouvellera pas, ou pas sous cette forme et de cette façon. On aime un voyage parce qu'il est éphémère.

Éphémère. Tout est là. C'est cette matière impalpable que les artistes vont pouvoir manipuler pour façonner un nouveau cheminement. Partant de l'âme des marques qu'ils mettent en scène, ils vont devoir raconter des histoires. Des histoires qui font sens à certains moments, qui font rêver à d'autres, qui provoquent de l'émotion, toujours, et qui vendent à tous les coups. Il faudra partir des produits, les intégrer nativement dans les cinématiques, et en faire les personnages des histoires que l'on raconte. Les lieux physiques reprendront tous leurs droits, sans revenir pour autant au système précédent : ils seront connectés et drapés par les technologies.

Il faudra, eux aussi, qu'ils surprennent… Pour intégrer les actifs pérennes que sont les boutiques, qu'elles soient en ligne, mobiles ou bel et bien réelles, la discipline reine sera l'événement. Événementialiser le parcours client sera la clé : des points de vente où il se passera toujours quelque chose, des endroits physiques que les jeux de lumières, les écrans, les contenus, l'organisation spatiale, le fond musical et, pourquoi pas, les gammes olfactives, pourront habiller de mille façons.

Grâce aux technologies – tout comme l'art est sorti des musées ennuyeux pour gagner les rues et les médias sociaux – les magasins sortiront des magasins. La logistique et le paiement (grâce au mobile) n'étant bientôt plus un problème, on pourra vivre une expérience shopping à ciel ouvert, dans une rue, dans un monument, un musée, un restaurant, un hôtel ou chez un particulier. Quelques écrans, une histoire, une connexion, de la créativité et du talent, et le consommateur pourra se laisser porter vers un achat mis en scène comme un conte.

Un lieu palpable, des technologies digitales, des produits et une mise en scène seront les ingrédients manipulés par ces nouveaux créateurs d'achat, ces alchimistes de l'expérience Luxe. Leur imagination, combinée à leur savoir-faire, entraînera les marques vers de nouveaux horizons. Voilà qui semble bien nébuleux, n'est-ce pas ? Pas tant que cela, rassurez-vous. Il existe déjà des benchmarks. Devinez... Apple ? NON ! Disneyland. Incroyable ! ? !

Je conçois qu'il soit assez cavalier d'évoquer le temple de Mickey, ses files d'attente interminables, ses crises de nerfs dans les boutiques quand on finit par dire non à la troisième robe de princesse ou à l'épée de pirate en plastique made in China, mais je vous rappelle que c'est la révolution ! Alors sortons des sentiers battus, et penchons-nous sur ce cas intéressant.

Pour commencer, ôtons-nous tout de suite de l'idée qu'il s'agit d'un parc d'attraction. Universal Studio, Disneyland, The Wizarding World of Harry Potter, ou Jurassic World, sont avant tout d'immenses centres commerciaux à ciel ouvert. Les marchandises vendues y sont très chères, au regard de leur prix de revient et de leur qualité. Le *pricing power* de l'émotion, de l'instant particulier, y est donc indéniable.

Quant au confort de leur parcours client, il est clairement épouvantable : ces parcs sont généralement loin, la foule est partout, on y fait la queue...

Résumons-nous : on fait des kilomètres pour s'entasser dans des magasins bruyants afin d'acheter des marchandises de faible qualité à des prix complètement exagérés... Les esprits pragmatiques qui pensent que l'achat luxe n'est pas raisonnable devraient également se pencher sur cette bizarrerie. Qu'est-ce qui pousse tous ces gens à braver tant d'épreuves pour en revenir avec si peu ?

Le rêve. Un univers de super-héros, de personnages enfantins, de sensations fortes et d'effets spéciaux... Voilà ce que les enfants, et beaucoup de leurs parents, viennent y trouver. Et, effectivement, quand on rêve, on n'est pas très pragmatique...

Eux sont partis d'univers fantaisistes pour aller vers le produit et le retail. Les marques devront faire le chemin inverse, et aller vers l'*entertainment*. Eux ont su rendre vivantes leurs expériences fictives, donner vie à leurs personnages, amuser, capitaliser sur leur pouvoir d'émotion afin de vendre des produits pour lesquels ils n'ont pas de savoir-faire.

Les marques de luxe disposent déjà du savoir-faire produit et du mythe, de l'univers imaginaire d'où elles peuvent tirer les parcours. L'étape en cours consiste à partir de leur Histoire pour en faire des histoires. Elles disposent d'une matière inépuisable pour cela, ce qui est d'ailleurs un avantage concurrentiel important.

Verdi.

Car l'éphémère a ceci d'exigeant qu'il faut sans cesse le réinventer. Ses créateurs doivent donc se renouveler sans cesse. Alors, quand on est en charge d'organiser ce flux créatif, comment faire pour ne pas se répéter ? Comment éviter de lasser ? Voilà un défi que bien des marques auront du mal à relever : leur univers, trop étroit ou mal défini, se déclinera moins aisément, ce qui pourra les pousser à la faute ou à la répétition. Elles auront à réaliser le difficile exercice d'achever la construction de leur mythe tout en le déclinant. Mais les marques iconiques ont tant à dire que leur matière ne manquera jamais. À condition qu'elles sachent s'entourer.

Il faut donc faire appel à de nouveaux types d'artistes. Eux raconteront les histoires et les mettront en scène pour que le processus d'achat soit un spectacle, un voyage, un moment enchanté, plutôt qu'un parcours semé de contraintes et d'embûches.

Qui sont-ils ?

À la découverte des nouveaux maîtres de l'hybridation

Ces pourvoyeurs de fraîcheur sont des *faiseurs*. Ils sont artistes, artisans, geeks. Ils savent créer de l'émotion et manipuler les nouvelles technologies. Ce dernier point est capital car, plus que jamais dans notre monde digital, c'est de la technologie que viennent les ruptures. Ceux qui ne la maîtrisent pas, qui ne la manipulent pas tous les jours, qui n'ont pas cette capacité à faire, à tester, qui sont trop loin de l'opérationnel, ne voient plus l'innovation. On la leur raconte, mais ils ne la comprennent plus tant elle est polymorphe, tant elle va vite, tant elle est puissante. Et les ruptures qu'elle produit, qu'elles soient technologiques ou artistiques, ouvrent de tels potentiels qu'elles mettent hors-jeu ceux qui les ignorent.

Les nouvelles générations d'artistes ou d'artisans sont donc des digitales natives. Ils savent produire l'émotion indispensable au storytelling des marques, et maîtrisent les technologies qui diffusent et propulsent cette émotion. Par ailleurs, ils savent travailler en réseau et solliciter les compétences là où elles se trouvent. Les collectifs et le travail collaboratif, alliés aux technologies digitales, créent une puissance de création, une efficacité, jusqu'alors inconnue. C'est cette émotion, cette énergie, que les marques doivent exploiter en l'utilisant comme matière première de leurs rêves, de leurs désirs.

Malheureusement, le secteur de la communication et du marketing n'est pas encore organisé pour tirer parti de ces richesses. Trop rigide, il est composé d'une succession d'intermédiaires qui éliment, à chaque étape, la densité des idées, la charge émotionnelle des talents. Le process existant fonctionne comme une machine à broyer les aspérités qui en font l'originalité.

Il faut donc ouvrir le jeu, *désintermédier*, creuser la roche pour accéder aux filons de matière brute avant d'appliquer la seule vraie méthode qui fonctionne pour trouver de nouvelles solutions : se donner la peine d'observer et prendre quelques risques.

Parce qu'en observant, on finit par voir. En essayant, on finit par réussir. Et ce qu'on voit est aussi surprenant que rassurant : les créateurs d'émotion, dont on parlait plus haut, ne sont plus des artistes maudits ingérables… Ils sont de plus en plus orientés business. Ils ne se contentent pas de pratiquer un art *fondamental*. Ils expérimentent, ils mettent en application. Et beaucoup disposent de solutions prêtes à l'emploi.

Pluridisciplinarité et désintermédiation pour habiller l'éphémère avec talent

Pour mettre en scène leurs lieux, leurs canaux et leurs parcours, les marques ont besoin d'un large panel de compétences et de talents, et les capacités à les coordonner : des architectes, artistes végétaux, designers sonores, habilleurs de lumières, devront travailler avec des virtuoses des nouvelles technologies manipulant écrans, oculus ou hologrammes. Ces collectifs sont encore rares, mais ils sont en voie d'apparition. Leur professionnalisation s'accélère de façon surprenante. La Splendens Factory en est un exemple vivant.

La création, l'entretien et l'animation permanente d'un vivier hypercréatif basé sur des collectifs d'artistes pluridisciplinaires, fondent sa démarche professionnelle et donnent une touche artistique à toutes ses productions (films, événements, digital). À l'heure où beaucoup d'acteurs intègrent de nouvelles techniques à des disciplines artistiques traditionnelles, la Splendens Factory pense que l'innovation vient du croisement de ces disciplines entre elles, de leur hybridation. La collision des savoir-faire, des méthodes, des points de vues et des nouvelles technologies, crée des rencontres insolites d'où peuvent jaillir la nouveauté.

Cette démarche est originale. Elle n'est cependant pas très éloignée des bases qui ont fait le succès des politiques de communication des grandes marques de luxe.

Contenu digital : un premier virage particulièrement bien négocié par le luxe

Comme on l'a vu, à l'ère pré-digitale, les acteurs du luxe étaient déjà imbattables pour créer une intention d'achat chez les consommateurs. Et ils n'ont pas tardé à installer leur hégémonie sur les supports digitaux. En utilisant toujours la même approche : identifier de vrais artistes du genre, des talents à la vision longue, et les laisser travailler.

Des films, comme *L'Odyssée* de Cartier, ont fondé les normes et les standards d'un nouveau format : des films plus longs qui donnent de la profondeur aux messages de la marque, une qualité maximale pour que le bouche-à-oreille fonctionne. Ils ont alors démontré que l'on pouvait créer de l'émotion, installer une lenteur propice à la contemplation, sur des médias régis par la technologie froide et l'immédiateté. En cela, leur démarche a été réellement innovante. Avant eux, seules les majors du jeu vidéo, du cinéma et de l'*entertainment* avaient autant investi dans des contenus digitaux. Ces vielles Maisons ont donc été parmi les premières à découvrir le potentiel des nouveaux médias.

Aujourd'hui, on ne compte plus les splendeurs déposées sur la toile dans le but de ravir les âmes des amateurs de belles images et d'élégantes histoires. Pour les produire, là aussi, les marques de luxe ont su faire des choix avant-gardistes. Quand certaines enseignes préfèrent encore confier leurs opérations de communication à des acteurs installés, aux références solides, ces dernières n'hésitent pas à s'appuyer sur des hyper-spécialistes ou de nouveaux venus à fort potentiel. Les formats et les techniques de production sont différents, alors pourquoi ne pas confier leur fabrication à des sociétés d'un nouveau genre ?

Historiquement dotées de compétences créatives internes, elles les ont étoffées pour conserver la maîtrise de leur communication. Intégrer très tôt des experts des contenus digitaux leur a permis d'éviter les travers si communs de la gestion à 360° proposée par des prestataires pas si experts que cela. C'est l'existence de ces compétences internes qui leur donne l'assurance nécessaire à la prise de risque : la compétence sait reconnaître le talent là où il se trouve. Ils peuvent ainsi choisir, piloter et coordonner des partenaires n'ayant pas encore la notoriété et les références nécessaires pour rassurer des marques plus timides, et privilégier la patte artistique ainsi que la capacité d'innovation de jeunes maisons de production, au dépend de choix plus conformistes.

Nous avons tous en mémoire des exemples de jeunes réalisateurs issus du clip, du cinéma d'auteur ou de projets d'études et de recherche, propulsés sur le devant de la scène par des marques pourtant anciennes et pétries de traditions.

C'est d'ailleurs un des paradoxes qui définit le mieux le secteur : des valeurs héritées de l'histoire, rehaussées d'une vraie culture de l'innovation, rendant ces acteurs souvent bien plus audacieux que des marques plus jeunes et grand public. Cela n'est pas très étonnant quand on y réfléchit : travailler avec de petites structures fait partie de l'ADN des véritables artisans.

Reste que cette recherche permanente de fraîcheur est aujourd'hui cloisonnée au contenu digital, au brand content, qui ne représente que l'entrée dans le parcours client. Il reste aux acteurs du luxe à la déployer dans son ensemble, et notamment en boutique, en y apportant cette même capacité à capter les tendances et les innovations du moment.

Nous verrons dans les mois et les années qui viennent, si le basculement dans un univers de technologie n'a pas émoussé le jugement du luxe, et de leur indéniable bon goût.

CHAPITRE 9

E-Publicité

Par Sylvain Paley (M Publicité)

> Sylvain Paley est planneur stratégique chez M Publicité-Régie OBS : la régie publicitaire du Groupe Le Monde. Cette régie commercialise publicitairement les marques du Groupe sur tous les supports média et hors média, et explore également les problématiques nouvelles du paysage médiatique et publicitaire. Attention, contenu, native, programmatique, mobile, sont – entre autres – les sujets qui réorganisent l'économie médiatique et sur lesquels M Publicité-Régie OBS conseille et accompagne ses clients.

Dans l'intimité du luxe et de la publicité

La relation entre l'industrie du luxe et celle des médias est une longue, très longue, histoire.

Comme dans toutes les relations, chacun des partenaires exerce sur l'autre une influence. Cela a pour conséquences, des mouvements, des compromis et des évolutions subtiles sur plus ou moins long terme.

La presse et les médias ont influencé la manière dont les Maisons de luxe communiquent. Le traitement éditorial, la *bonne* ou *mauvaise* presse, l'écho de l'opinion publique, les annonces publicitaires : tout cela se cristallise dans un titre de presse – notamment dans la presse magazine – et change imperceptiblement la façon dont la Maison de luxe se voit à travers les yeux du lecteur, et, par conséquent, la manière dont elle est perçue et se perçoit... Et surtout, comment elle s'adresse aux publics. Il s'agit, finalement, du principe fondateur de la publicité que d'observer et comprendre la société et ceux qui la composent. Et qui mieux que les médias possède le pouvoir de contribuer à la société, ou du moins, d'en être le miroir ?

L'inverse est également vrai : les Maisons de luxe ont fait évoluer la manière dont l'industrie médiatique s'envisage. Nulle question ici de conflits d'intérêts ou d'interroger l'indépendance des rédactions, mais simplement de la manière dont les choses ont évolué inexorablement dans un système qui cherche son équilibre en permanence, penchant d'un côté, puis de l'autre, sans jamais être vraiment immobile. Car cette relation entre la publicité et les médias est bel et bien un système en mouvement.

Un écrin.

Voici ce qu'a toujours recherché le secteur luxe pour communiquer. C'est tout à fait légitime, pour les raisons d'image que l'on sait : les marques du luxe ont des standards à respecter afin de ne pas rompre l'horizon d'attente de leurs consommateurs. Nous n'imaginons pas trouver un produit de luxe dans les rayons d'un supermarché hard-discount. Un tel bien a besoin d'un environnement qui le mette en valeur, d'une direction artistique qui crée une certaine esthétique, ou même d'un contenu qui en raconte l'histoire. Le produit de luxe est, certes, constitué par le bien en lui-même, mais son environnement, son contexte, son expérience, participent également de sa valorisation.

Cet écrin, la presse s'en est naturellement approprié le rôle et a progressivement fait évoluer ses propositions éditoriales. Création d'une nouvelle marque de presse, nouvelle formule, réinvention, repositionnement : d'une manière ou d'une autre, de stratagèmes en stratégies, tous les groupes médias ont fait en sorte d'apporter une réponse *papier* à ce besoin d'écrin de la part des marques de luxe.

Les magazines du week-end, les grands quotidiens, les féminins haut de gamme, ou certaines rubriques des hebdomadaires d'actualité, sont autant d'exemples de ces mouvements du paysage médiatique.

La transformation numérique

À partir des années 2000, les marques de presse et les médias ont commencé à sérieusement envisager leurs stratégies éditoriales à l'aune du numérique. *La transformation digitale* de leur marque devenait une priorité, un investissement sur l'avenir. L'innovation technologique a toujours semblé être un train lancé à pleine vitesse dans lequel il vaut mieux monter le plus tôt possible avant qu'il n'ait trop accéléré. Être le premier à avoir un site Internet,

le premier à lancer son application sur Smartphone, ou le premier à proposer des alertes sur smartwatch, apparaît être d'une importance stratégique, comme l'histoire nous l'a prouvé. Le Monde.fr par exemple, est la première application de presse francophone à être disponible sur *iPhone*, et la première à exploiter le principe d'alerte qui a fait son succès.
La primauté a toujours été récompensée sur le territoire de l'innovation, mais dans la précipitation, nous avons tendance à oublier les anciennes relations nouées sur le papier.

Ainsi, les annonceurs du luxe sont restés à l'arrière-garde de la révolution numérique. Pour deux grandes raisons.

Bien sûr, l'argument de la cohérence des valeurs était de taille : après tout, « le medium est le message », comme nous l'a répété Marshall McLuhan, et le message véhiculé par le média Internet était particulier. Avec des valeurs utopiques héritées des contre-cultures de la côte Ouest des États-Unis (hippie, beats, new age), Internet et les réseaux informatisés apparaissaient comme l'incarnation d'une société du partage équitable, de la gratuité de l'information, de la décentralisation et du collectif, plutôt que de l'individuel. Et comme le rappelle le chercheur Nicolas Liucci-Goutnikov dans *Le luxe, la part maudite et la plus-value*[1] : « Le luxe est la confiscation, par une minorité, de l'excédent produit par la collectivité. » Difficile, alors, de faire cohabiter deux régimes de valeurs aussi éloignés l'un de l'autre.

Le second argument en défaveur de l'investissement des marques de luxe sur les territoires numériques nous est très familier, car il fait écho à leur relation avec la presse magazine. Encore une fois, il s'agit pour ces marques très haut de gamme, du besoin de communiquer dans un écrin capable de soutenir et de mettre en valeur leur image. Les balbutiements des langages de développement sur le web, la lenteur des connexions, et la faible puissance des ordinateurs de l'époque, offraient au consommateur une expérience Internet très pauvre. Ainsi, les premières bannières à voir le jour – premiers produits publicitaires de l'histoire du web – étaient de telle facture qu'elles n'ont pas forcément convaincu les annonceurs du luxe.

Et il suffit de jeter un coup d'œil à la toute première bannière publicitaire mise en ligne sur le web pour aisément entendre leurs arguments.

C'est également parce que le régime publicitaire des marques de luxe est essentiellement pictural qu'il a été très difficile pour ces annonceurs de voir

1. Publié par l'Institut Français de la Mode dans la revue *Mode de Recherche*.

dans le web, le futur de leurs investissements publicitaires. La place à l'image et à la photographie est telle, pour ces marques, que le saut du papier au numérique de l'époque revenait à sauter à l'élastique depuis un pont... sans élastique.

Mais imaginons quelques instants que l'histoire se soit déroulée autrement. Imaginons que les médias (et leurs régies publicitaires) investissant ces nouveaux territoires, aient eu à cœur de servir de guide aux annonceurs du luxe. Qu'en tant que pionnières de ce nouveau monde, les marques de presse aient tenu à faire découvrir et à partager les fruits de leurs explorations afin de nourrir cette relation. Imaginons que – comme la presse magazine agit sur la manière dont les marques de luxe communiquent – la presse numérique ait pu ouvrir à ces marques de nouvelles voies de communication, de nouvelles formes et de nouveaux écrins ?

Le numérique a trop longtemps fait en petit ce que le papier fait en grand

Ce scénario uchronique, s'il n'a pas eu lieu il y a dix ans pour les raisons évoquées plus haut, se déroule aujourd'hui.

Les marques de luxe investissent enfin le numérique, après des années de vigilance et de défiance. Les deux freins se sont transformés, à la faveur du changement de paradigme vécu par Internet au cours de la dernière décennie. En effet, le web s'est fortement institutionnalisé, et nous sommes loin du rêve libertaire et égalitaire que ses fondateurs appelaient de leurs souhaits. Aujourd'hui, une poignée de géants de la Silicon Valley contrôlent les données de tous les internautes, et la publicité est devenue le modèle économique majoritaire, laissant loin derrière eux, les rêves fous de l'utopie numérique. Les progrès de la technologie (l'ADSL, puis la fibre optique ; Flash, puis le HTML5) ont également fait un bond, donnant les moyens aux marques de luxe de créer leurs propres écrins sans prendre le risque de s'inscrire dans un régime de valeurs contre-productives. Sites institutionnels, films, expériences interactives, applications et – non sans mal – sites e-commerce, l'industrie du luxe s'est enfin lancée dans le grand bain, après être restée longtemps à observer si elle aurait pied.

Et la publicité dans tout ça ? Les marques de presse ont-elles échoué à créer les réceptacles susceptibles d'accueillir les messages des annonceurs du luxe ?

La communication des marques de luxe, les professionnels l'ont compris depuis un certain temps, se fonde sur le storytelling et les expériences singulières. Pour raconter une histoire ou faire vivre une expérience à un individu, les marques ont besoin d'investir les territoires dans lesquels ce futur consommateur se déplace. C'est pourquoi la cohérence, la logique et le bon sens, amènent l'industrie du luxe à investir dans la publicité numérique. Digital Luxury et RadiumOne affirment, d'ailleurs, que 74 % des annonceurs luxes ont pour intention de se concentrer sur le suivi du parcours d'achat utilisateur, du début à la fin. Et ce chemin passe par une multitude de points de contact, dont les marques de presse font largement partie, sur le print comme sur le digital.

Selon Digital Luxury et RadiumOne toujours, l'investissement des marques de luxe sur le numérique augmente chaque année. L'achat de mots-clés sur les moteurs de recherche en est le poste de dépenses principal, suivi de près par l'achat d'espace publicitaire. Par extension, nous pouvons affirmer sans prendre de risque, que les marques de presse font généralement partie de ces plans média.

Pour autant, en matière de communication par la belle photographie et l'image élégante, affirmer qu'une bannière de 300 × 600 pixels transmet autant d'émotions qu'une pleine page sur papier glacé serait faire preuve de mauvaise foi.

Un coup d'œil aux budgets publicitaires investis dans la presse papier suffit à convaincre que les quotidiens et les magazines ont encore largement la préférence et la priorité des annonceurs du luxe par rapport à la publicité display. Quelles conclusions en tirer ? Que le numérique n'a pas encore réussi à créer un écrin aussi flatteur et valorisant que la presse papier ?

Pourtant, les efforts faits dans ce sens sont considérables et remarquables. Plusieurs stratégies se distinguent, mais celle que l'on observe le plus fréquemment consiste à... emprunter les codes du magazine papier. Blancs tournants pour donner de l'espace, grandes images pleine largeur pour rendre sa liberté à la photographie, jeux de typographies inspirées de l'imprimerie, lettrines et titrailles grand format... Une réponse logique et pleine de bon sens à la question qu'ont dû se poser ces rédactions : « Cela ressemble à quoi, de prendre un magazine et de le mettre sur Internet ? »

D'autres stratégies plus décalées sont mises en place, généralement par des pure players. Cette fois, la question est : « Comment créer un magazine avec les codes et la culture Internet, sans copier le papier ? » On trouve alors des *designs* inspirés de Tumblr, avec des illustrations remplacées par des gifs animés, une large place réservée aux réseaux sociaux, des contenus spéciaux prévus pour le partage et structurés en *cards*, comme sur Pinterest par exemple.

De biens beaux écrins finalement, qui mettent en valeur les contenus, tout aussi bien qu'un magazine papier. Mais cette réflexion autour du design, de l'expérience utilisateur et de la présentation des contenus, se met en place au sein d'un marché de la publicité numérique qui s'est déjà structuré de telle façon que le display n'est pas valorisé de la même manière que la publicité sur le papier. La sincère volonté de faire des médias en ligne, de beaux cadres, est rattrapée par la réalité économique du marché.

Et si cet écrin si convoité ne se trouvait pas dans la recherche absolue de la mise en valeur des contenus, mais sur un autre territoires ? Si, finalement, il fallait arrêter de comparer les médias numériques aux médias traditionnels en essayant, tant bien que mal, de les adapter, voire tout bonnement, de les copier ? Car finalement, investir le numérique est infiniment plus complexe qu'investir le papier. Créer un site pour le lancement d'un produit, réaliser une campagne d'achat de mots-clés, sponsoriser des tweets, et mettre en place une stratégie social media pour créer du trafic, tout cela – et bien plus – c'est aussi de l'investissement publicitaire sur le numérique.

Pour penser cette notion d'écrin sur les territoires du numérique, essayons un moment de réfléchir d'une autre manière, en imaginant, par exemple, que le web est apparu avant le papier, ou même, que le papier n'existe pas : comment aurions-nous appréhendé cet espace ? Qu'aurions-nous produit comme écrin ?

Les nouveaux conseillers du numérique

Penser le numérique hors du cadre imposé par le papier : voilà un exercice bien difficile tant nos pensées sont formatées par ce qui nous précède, et tant nos réflexions sont calibrées pour toujours comparer les concepts nouveaux et inconnus à ce que l'on connaît mieux.

La publicité numérique est bien plus qu'une version miniature d'une page de publicité dans un magazine, et les marques de luxe commencent à réellement comprendre son véritable bénéfice : un territoire privilégié pour raconter leur histoire, et une arme puissante dans la bataille de l'attention. Mais pour gagner cette bataille contre des concurrents aussi divers et variés que Facebook, Candy Crush et Netflix (tout acteur capable de voler des moments d'attention aux individus, finalement), les annonceurs doivent apprendre à maîtriser son carburant principal : le contenu.

Nous imaginions, il y a quelques instants, que les marques de presse, pionnières du numérique, auraient pu faire découvrir et partager les fruits de leurs explorations avec les annonceurs du luxe afin de nourrir leur relation. Mais si le contenu a toujours été *roi* sur le numérique, il n'a montré sa nécessité stratégique pour les marques que très récemment. Désormais, il faut compter avec le fait que la majorité de la planète est connectée, que les émetteurs sont toujours plus nombreux, et que l'univers concurrentiel classique a littéralement volé en éclat. La notion de contenu s'est vraiment révélée indispensable dans les stratégies, au moment où le modèle de l'économie de l'attention s'imposait comme le nouveau paradigme.

Aujourd'hui, les marques de presse et leurs régies embrassent enfin ces rôles de guides et de conseillères auprès des annonceurs. Pourquoi elles ? Pour comprendre ce glissement de modèle et les nouvelles responsabilités qui en découlent, développons une métaphore très simple :

Internet est un enchevêtrement complexe de tuyaux. Ils ne font pas tous la même taille, certains tournent en rond, d'autres débouchent à l'air libre, et d'autres sont enterrés si profondément dans le sol qu'on ne soupçonne même pas leur existence. À chaque extrémité de ces innombrables tubes, il y a un sourcier qui essaye tant bien que mal de faire jaillir un peu d'eau de son robinet. Seulement voilà : l'eau est en quantité finie, et lorsqu'elle jaillit chez l'un, elle ne jaillit pas chez l'autre. Les médias, les réseaux sociaux, les marques, la presse, les pure players, les plateformes de partage, les éditeurs de jeux, les agrégateurs de vidéos, et bien d'autres acteurs encore, sont tous autant de sourciers luttant pour irriguer leurs plateformes.

Au sein de cet enchevêtrement de conduits, certains spécialistes s'en sortent mieux que d'autres. Pourquoi ? Parce qu'ils connaissent les tuyaux, pour les avoir explorés très tôt. Ils savent ce qui attire le flux, car ils le connaissent bien. Ils savent à quoi il réagit, ils anticipent son comportement. Enfin, ils ont des outils et un savoir-faire qu'ils testent et améliorent en permanence. Ce sont des professionnels aguerris qui pratiquent cette expertise depuis longtemps, bien avant que cette tuyauterie ne devienne un labyrinthe.

Nous parlons, bien entendu, des marques de presse. Pionnières du numérique, elles ont vu se construire les réseaux, et elles les ont explorés. Elles connaissent leurs audiences, ce pourquoi celles-ci les visitent, et ce qu'elles partagent. Elles connaissent les codes, les discours, les chemins, les moments, les publics, et le nerf de la guerre de l'attention : le savoir-faire du contenu.

Au-delà de la publicité display, qui sera, nous l'avons vu, toujours indispensable pour apporter cohérence et consistance aux expériences des marques de luxe, de nouvelles formes d'écritures publicitaires émergent. Elles correspondent à ce qu'attend l'industrie du luxe depuis longtemps : uniques et singulières, elles racontent des histoires et apportent crédit et caution aux marques qui les exploitent. Ces nouvelles écritures sont directement héritées d'un savoir-faire qui prend ses sources au-delà d'un web qui imite le papier : la création, la production et la diffusion d'histoires.

La force du lien

Là où l'annonceur du luxe ne peut se risquer à une erreur de communication dans sa stratégie de contenu (56 % des annonceurs du secteur du luxe font valider tous leurs messages par leur département juridique avant de les poster sur les médias sociaux), les marques de presse ont appris, en essayant et en optimisant constamment. Cette culture du *test and learn* et de l'innovation leur a permis d'atteindre un savoir-faire très poussé dans la production du contenu, mais également dans sa diffusion et dans sa mise en forme (productions multimédia ou grands formats animés pour nourrir singularité, originalité et surprise). La connaissance des audiences et la proximité avec les lecteurs sont d'autres conséquences de cette culture. Ce qui existe entre une marque de presse et son audience sur le numérique, c'est un lien de confiance fort, une légitimation de l'émetteur. Ce bénéfice ne s'atteint pas du jour au lendemain, il nécessite une construction, un travail d'autant plus important que ce lien est précieux et vital. Enfin, la marque de presse a mis en place, avec le temps, des tuyaux extrêmement larges – pour filer la métaphore de la plomberie : elle est un pourvoyeur de trafic important, mais surtout captif et acquis. On parle d'audiences réceptives et, bien souvent, exclusives.

La question se pose, alors, de la mesure de ce lien, de son intensité et des émotions provoquées par la consommation de contenu, ou même, de la capacité des audiences à s'engager. Par ailleurs, considérer que cette question ne concerne que la presse en ligne est un biais cognitif. La problématique de la mesure concerne aussi bien les médias que les marques : elle concerne le système médiatico-publicitaire, et par conséquent, tous ses acteurs. Nous arrivons à un moment de maturité où les indicateurs de mesure classiques semblent s'essouffler. Ils n'apportent plus assez de pertinence dans l'évaluation des nouvelles formes de relation qui se déploient aujourd'hui entre une marque, un média, une audience et des consommateurs.

Comment mesurer l'émotion, l'engagement, le lien ? Comment évaluer la valeur d'échange du partage d'un lien ? Comment arbitrer l'influence ? Suivre la viralité ? Toutes ces questions doivent trouver une réponse aujourd'hui, si l'on veut construire de la pertinence pour demain.

La relation entre le luxe et la presse, comme nous l'avons décrite en préambule de cet essai, est donc aujourd'hui fortement transformée par la complexité – mais également par les opportunités – de ce nouveau territoire, ces nouveaux liens, et la maturité de la technologie.

La personnalisation, avenir du *display*

Au-delà de ses fonctions classiques de renforcement de la notoriété et du travail sur l'image de la marque, la publicité display peut agir en soutien à ces nouveaux dispositifs d'écriture publicitaire. La Maison de luxe, dans ses produits ou ses services, s'efforce d'apporter au consommateur l'expérience la plus personnalisée qui soit. Cela fait partie du contrat de base de ces marques : chaque client est unique, et l'offre qui lui est destinée se doit d'être sur-mesure.

Les récents développements technologiques en termes de connaissance utilisateur, grâce aux données qu'il publie sur les espaces numériques, permettent aux annonceurs du luxe de délivrer une publicité personnalisée, et donc de prolonger en ligne, l'expérience déjà offerte *via* d'autres canaux.

Selon la décidément très riche étude réalisée par Luxury Interactive et RadiumOne, les deux objectifs en tête des investissements sur la publicité numérique pour les marques de luxe en 2015, sont la personnalisation et la notoriété. Mieux encore, leurs priorités en termes de formats publicitaires concernent d'abord le *retargeting*, le *real-time targeting* et la *real-time optimization*. On trouve, ici, uniquement des projets nécessitant l'exploitation précise et pertinente des données des utilisateurs, fournies également par les marques de presse ayant fait le travail de la connaissance de leurs audiences.

Dans cette bataille de l'attention, les annonceurs du secteur du luxe affirment la nécessité de personnalisation de leurs messages grâce aux données des consommateurs. Ces innovations technologiques vont permettre de nourrir plus que jamais, les nouveaux territoires d'expression et les nouvelles formes d'écriture offerts par les médias numériques. La maîtrise de la technologie est, en effet, indissociable du savoir-faire du contenu.

D'un écrin purement esthétique et éditorial propre au papier, on passe alors à un écrin forgé par un savoir-faire complexe, alliant technologie et nouvelles écritures, et qui offre d'infinies opportunités pour créer les formes publicitaires de demain.

Qu'il s'agisse de *native advertising*, d'opérations spéciales, de *co-branding*, de sponsoring, d'*endorsement*, d'articles de marque ou de brand content : ces pratiques s'inscrivent, depuis quelques années, au sein d'un phénomène théorisé par les observateurs et chercheurs du monde des médias et des marques, la *dépublicitarisation*.

L'émergence des nouvelles formes d'écriture publicitaires

Soumis à bien trop de stimuli publicitaires, les individus deviennent chaque jour, un peu plus publiphobes. Le consommateur n'est pas dupe, et se méfie de plus en plus du discours mercantile des marques, il est capable de l'analyser et de le déconstruire. D'autre part, il voit dans les marques de presse, la figure légitime d'un émetteur de confiance. Nous avons, en effet, évoqué ce lien fort qui existe entre les audiences et la presse. Ce terreau est extrêmement favorable aux phénomènes de *dépublicitarisation*, concept théorisé par Caroline Marty de Montety, Karine Berthelot-Guiet et Valérie Patrin-Leclère, enseignantes-chercheuses au CELSA[1]. Il s'agit simplement de dépouiller le discours publicitaire de tous ses attributs marchands qui, d'ordinaire, ne provoquent que défiance et rejet de la part des consommateurs. Le message de la marque intègre alors un régime quasi éditorial en cela qu'il cherche à adopter la forme de l'information, de l'utilité, du divertissement, voire du service. Et c'est là que la notion d'écrin sur le numérique prend tout son sens : il sert à accueillir ce contenu tout en maintenant l'attention de l'internaute. Il vise à une expérience utilisateur ininterrompue.

Des différentes formes que peut prendre le contenu de marque (*native advertising*, opérations spéciales, *co-branding*, sponsoring, *endorsement*, articles de marque...), toutes ont en commun les attributs d'un discours

1. L'école des hautes études en sciences de l'information et de la communication.

dépublicitarisé. La pertinence d'abord. Le contenu doit valoir d'être consommé, il doit intéresser, toucher les centres d'intérêts des utilisateurs qui ne doivent pas avoir le sentiment de consulter un discours marchand qui revêt le costume d'une production éditoriale. Car le second prérequis est de ne pas rompre l'horizon d'attente du lecteur. Cela veut dire ne pas le tromper quant à la nature de l'émetteur, sans pour autant briser son expérience et sa navigation. Qu'il reste dans cet écrin et puisse passer d'un contenu à l'autre, en sachant toujours exactement ce qu'il est en train de consommer.

Ainsi, se dessinent les lignes du futur écosystème de la publicité en ligne et des marques de l'industrie du luxe. C'est la définition d'un nouveau type d'écrin, qui va au-delà de l'esthétisme pur, pour entretenir l'expérience utilisateur grâce au contenu.

Le voici, l'écrin du numérique. Il ne pouvait pas se contenter de rendre beau. Le territoire du numérique est infiniment plus complexe que le cadre du papier. Sur le numérique, se jouent des interdépendances et des interactions, des frontières s'abolissent et d'autres se forment ; la lutte pour cette denrée qu'est l'attention, se redessine à la lumière d'un univers concurrentiel éclaté. L'écrin ne peut plus seulement rendre beau, il doit aussi raconter, accompagner, soutenir, conseiller. En son sein, se jouent les nouvelles cartes de l'industrie publicitaire du luxe. Et c'est une nouvelle relation que doivent construire les marques de presse et celles du secteur du luxe, pour s'enrichir mutuellement des bonnes pratiques et éviter les écueils. C'est en collaborant à ces nouvelles formes d'écriture publicitaire, que les médias et les marques sortiront plus grands, et que la créativité et l'intelligence seront à nouveau fêtées dans la production publicitaire.

CHAPITRE 10

Chine

Par Fred Raillard (FRED & FARID)

Fred Raillard & Farid Mokart sont les Présidents fondateurs du premier groupe français indépendant de créativité digitale, qui s'est vu discerné 400 prix internationaux, incluant 200 distinctions digitales. Le groupe, qui compte 350 employés issus de 25 nationalités, basé à Paris, Shanghai, Beijing et New York, a produit près de 1000 campagnes pour plus de 100 marques. FF GROUP est composé de 2 réseaux créatifs digitaux internationaux (FF et Kids Love Jetlag), d'une société de production (KILLDEATH), d'un fonds d'investissement digital (FFDIF), et d'un média (BCKSTG).

La définition du luxe n'est pas figée, elle évolue avec le temps et les époques. La tautologie « luxe = rareté » avait déjà explosé avec le développement effréné des grands groupes de luxe. Et depuis, le luxe ostentatoire qui visait surtout à afficher son statut en société, les choses ont bien changé. En 2008, avec la crise des *subprimes* et la menace de l'effondrement de tout notre système bancaire, s'est développé en Occident, un luxe plus fondé sur la vraie valeur des produits : un luxe un peu moins *badge value*, un peu plus *understated*, plus éduqué, plus en lien avec l'excellence, l'artisanat, la provenance, les matériaux. Ce virage de 2008 a profité directement à quelques grandes marques, comme Hermès.

En Chine, une façon un peu ironique de mesurer l'éducation au luxe est d'observer l'incroyable progrès que le pays a réalisé dans la contrefaçon, aujourd'hui produite avec un tel savoir-faire qu'il est impossible pour des yeux non experts de déterminer le vrai du faux. La Chine donne le vertige, à plusieurs égards : la taille, la puissance, la vitesse, la volonté. À cela n'échappe le marché du luxe, qui a vu en quelques années son paysage se transformer drastiquement. Sa maturation en Chine s'est faite à une vitesse inouïe. La population chinoise s'est initiée à la consommation des marques de luxe, à ses codes et à ses rituels. Des marques de luxe locales y ont fait brillamment leur apparition sur la scène internationale, à l'image de Shang Xia, la marque d'artisanat de luxe qui réussit à traduire la beauté de la culture et de la philosophie chinoise dans des objets impeccables, presque spirituels, où matériaux et savoir-faire n'ont rien à envier aux marques occidentales.

Napoléon disait « la Chine est un Dragon qui sommeille ». Aujourd'hui, le dragon se réveille, mais il est amnésique. La Chine a oublié qui elle est. Elle a inventé le luxe, bien avant les Français et les Italiens. Il suffit d'aller visiter le musée de la soie de Suzhou ou admirer les porcelaines de Chine pour s'en convaincre. À la même époque, les Gaulois portaient des robes de bures ou de cuir grossier, et utilisaient une vaisselle en métal ou en bois. Et pourtant, il semble aujourd'hui que la Chine et les marques de luxe vivent dans deux mondes que tout oppose… La masse versus l'exclusivité, la vitesse versus le temps de faire, le digital incertain et bouillonnant versus le besoin de contrôle et de perfection.

Si les marques de luxe, des plus dominantes aux plus confidentielles, sont largement entrées dans la vie des Chinois, la notion même de luxe est déjà en train de se redéfinir. En Chine aujourd'hui, les choses les plus essentielles, comme l'air pur et l'eau potable, sont devenues des produits de luxe. Pour avoir de l'air pur, il faut investir dans des filtres à air extrêmement chers, et les dispatcher dans tous les lieux de vie. Pour boire de l'eau pure, il faut acheter de l'eau en bouteille car il n'y a plus d'eau potable. Les produits garantis non-toxiques sont des importations, donc très coûteux. À l'instar des mouvements occidentaux qui invitent à payer à des prix exorbitants pour des choses élémentaires, comme les lieux sans wifi (du mouvement *digital* detox) ou sans bruit, cette même tendance se ressent aujourd'hui en Chine. On peut parler d'une nouvelle définition du luxe, ou d'une définition additionnelle, et ainsi évoquer le *barefoot luxury*, ou le *naked luxury*. On comprend donc que la définition du luxe évolue toujours et devient polymorphe.

Outre ces notions fluctuantes, les marques de luxe en Chine sont confrontées à un contexte en mouvement déroutant : le digital et les réseaux sociaux, qui ont 5 ans d'avance en termes d'usage sur le reste du monde. Même si l'Amérique garde une avance, disons philosophique, en organisant des conférences sur le *droit à l'oubli* a SXSW Austin, et en donnant naissance à 100 start-ups dans la foulée sur ce thème... La Chine, quant à elle, est très en avance sur les usages digitaux. Le paysage chinois est d'une complexité, d'une vitesse et d'une richesse rare. D'abord, par la masse : entre 700 et 800 millions de netizens, selon les sources. Ensuite, par le choix drastique d'un seul fuseau horaire pour tout le pays, or les social medias ont un rapport au temps, et non à l'espace. Et enfin, grâce à l'impossibilité de protéger légalement les technologies, ce qui crée un effet *hip-hop* où tout le monde *sample* tout le monde dans une grande fuite en avant. On peut presque parler d'une inversion de la polarité. Quand le film *Matrix* est sorti, chacun avait dans l'idée que le monde réel était offline, et que le monde artificiel était online. Lorsqu'on habite en Chine, on constate l'inverse : le monde offline est la matrice, et le monde online est la réalité. La seule façon de comprendre la société chinoise est de comprendre son monde digital.

Ce qui est intéressant dans le digital, ce n'est pas la technologie, qui devient obsolète assez vite. Les cycles d'obsolescence en Chine sont d'environ 5 ans. Tous les 5 ans, naît non pas un nouveau réseau social, mais un nouveau genre de réseau social, qui devient le genre dominant. Le microblogging a détrôné le blogging... mais s'est déjà fait lui-même détrôner par la mobile social app. On verra ce qui arrive en Occident, mais en Chine « Twitter est mourant » (son équivalent chinois, Weibo). Aussi, plutôt que de rester sur le plan technique – du genre : faut-il abandonner Sina Weibo et concentrer nos efforts sur Tencent WeChat – il est plus intéressant de considérer ces deux notions d'un point de vue conceptuel et philosophique.

Le luxe, c'est de dire non

Or, les réseaux sociaux, c'est pire que l'inverse. Ce n'est même pas de dire « oui »... c'est de dire *follow me.*

Depuis toujours, le luxe a fondé sa valeur autour d'une posture, celle de la domination. Se mettre au centre, et faire de l'autre, la périphérie. L'essence même du marketing de l'offre. On crée une offre sans se soucier de la demande... Ou tout au moins, on le prétend. C'est à l'audience de s'adapter. Ce n'est pas au luxe de venir à nous, c'est à nous de venir au luxe. Dans les boutiques, les marques inversent adroitement la relation par un jeu évident de théâtralisation, d'intimidation... jusqu'à l'orchestration parfois grotesque du mépris des vendeurs. Le consommateur espère avoir le droit d'acheter, ou l'autorisation de dépenser son argent. Il espère qu'il le vaut bien... Mais rien n'est moins sûr.

La création de valeurs est surtout psychologique. C'est une manipulation, une posture, qui exige maîtrise et contrôle. Oui, on peut absolument créer de la valeur à partir de rien ou de choses très simples. Il faut reconnaître le génie marketing de L'Oréal. Chez L'Oréal, l'eau du robinet des parfums, les graisses des cosmétiques et la soude caustique des shampoings valent cher. Certes, il y a un génie scientifique de la formule, mais pas uniquement. Il y a de toute évidence aussi, du génie dans la création de valeur.

Sans domination, pas de valeur

Le monde du luxe avance masqué avec des discours sur l'excellence, la beauté, la perfection ou l'artisanat... Mais les mécaniques cérébrales sont plus ambiguës. Il y a d'abord une posture, comme chez les chiens en meute. Le chef de bande se place toujours au centre symbolique, déplaçant les autres chiens en périphérie, les forçant à graviter autour de lui. La première règle de la domination est l'attention, ou plutôt la non-attention. Le leader maîtrise les espaces et les temps d'attention. Le chef de meute, en n'accordant pas son attention, dégrade, de fait, son entourage dans la chaîne de valeur de la meute. Les comportements dans le monde du luxe sont proches des comportements canins. La marque de luxe soumet son audience, dans un formidable effort, souvent talentueux, de création de valeur. Le choix des images dans le luxe est très parlant, et trahit la posture de cette industrie. La froideur des modèles et leur dédain sont une loi du genre. Il faut se prendre au sérieux pour être pris au sérieux... Dès qu'on sourit, on brise la glace, la distance et, de fait, la valeur. Dans le luxe, il y a un rapport au sérieux. Il y a peu de place pour l'humour. Difficile de dominer l'autre en souriant.

On peut parler d'un art de la domination. Par la distance, la perfection, l'inaccessible, la marque affirme son ascendant, son autorité. Les marques de luxe, pour prospérer, doivent créer ce besoin vital *d'en faire partie*. En Chine, le luxe n'est plus un désir, c'est un besoin vital. Une jeune chinoise ira jusqu'à dépenser 3 mois de salaire pour s'acheter son sac. Elle économisera sur tout, jusque dans ses besoins les plus élémentaires, comme la nourriture. Ce sac représentera son « permis de vivre en société ». La plupart des produits de consommation courante rentrent aujourd'hui dans la sphère du désir... et beaucoup de produits de luxe, dans celle du besoin. Un besoin viscéral de survivre dans cette jungle de singes en costume. Dans cet environnement hostile, le sac de marque est à la fois le bouclier et l'épée, l'armure magique ou la cape d'invisibilité, suivant les situations. Et les moins fortunés peuvent toujours s'acheter l'odeur de ce monde. Le parfum ne vend pas de la séduction, il vend de la force, de la confiance en soi. On s'achète l'odeur du statut dont on rêve. L'odeur d'appartenir à ce monde irrésistible qui fait tout pour brillamment attirer notre attention, sur sa distance justement. L'odeur du parfum est le média qui transporte un instant nos sens dans ce monde exclusif.

Exclure pour soumettre une majorité à des produits de luxe qui deviennent des besoins primaires, dans une soif violente dont dépend le respect de soi. Dans ce monde d'hyperconsommation, et jusqu'en Chine, les besoins en produits de luxe atteignent souvent cette question fondamentale de l'estime de soi. Cette fille qui va tout faire pour s'acheter son sac de luxe, a besoin d'envoyer un signal à la société. L'Oréal a parfaitement synthétisé ce rapport au luxe dans sa signature : « Parce que je le vaux bien. » Voilà bien là, la mécanique psychologique du monde du luxe, son business model presque cristallisé dans un slogan génial. Ce qui est en jeu, c'est bien la valeur de chacun dans la société. On comprend que le luxe ait un rapport direct avec la survie en société. Dans un monde sans compétition, un monde où tout le monde aurait sa place, le luxe aurait plus de mal à survivre.

Du storytelling au *realtelling*

On constate en Chine que certaines marques de luxe s'essoufflent. Il va falloir trouver un second souffle. Cela repose uniquement sur l'ADN de la marque. L'histoire et l'ADN ne créeront pas assez de valeur. Les Chinois ne s'intéressent pas à notre passé, mais à leur futur. Et le marketing est globalement démasqué par les milleniums. Il va falloir recharger la marque en histoires, et en histoires vraies. Si vous allez à Paris visiter un petit studio miteux, avec une vue sur les toits, et que, soudain, on vous dit que dans ce studio est mort l'écrivain anglais Oscar Wilde... vous imaginerez qu'il a passé toutes ces soirées alcoolisées dans le studio, et vous serez sans doute prêts à le payer plus cher. Vous achèterez ensuite les livres d'Oscar Wilde, et lorsque vous revendrez ce studio, l'histoire aura grandi en vous… et vous utiliserez cette histoire pour ajouter de la valeur. Où est passé le sofa de la Factory d'Andy Warhol sur lequel Joe Dallesandro et Edie Sedgwick se donnaient en spectacle ? Ce vieux sofa pourrissant aurait une valeur inestimable aujourd'hui. Le *realtelling* ajoute une valeur indiscutable. Une histoire vraie n'a pas de prix.

Le life-commerce

Aujourd'hui en Chine, l'idée du e-commerce est morte… pas le business. Le business du e-commerce (tout comme notre très vieux moteur à explosion) restera florissant très longtemps, et le 11/11 (11 novembre), la grand-messe du e-commerce chinois, continuera de nous surprendre chaque année, avec des chiffres défiant notre imagination.

Mais l'idée est déjà dépassée. L'idée d'aller quelque part online ou offline pour acheter quelque chose est déjà une vieille idée. Pour les Millennials chinois, « aller quelque part pour acheter », c'est vieux. C'est à la consommation de se déplacer, et non au consommateur. Le succès de Meilishuo (Mei = beauté ; Shuo = parler) en est une illustration. Meilishuo est une plateforme de *sharing* classique sur laquelle les femmes *pinnent* des looks, mais où les internautes peuvent acheter les vêtements. Un croisement de Pinterest et Amazon, ou en termes chinois, Huaban et TaoBao. Bref, elles mènent un comportement de sharing social classique, au sein duquel s'immisce l'acte d'achat. Le singe en costume entre doucement mais sûrement dans le L-commerce : le *life-commerce.* C'est-à-dire que notre vie tout entière sera *taguée* et achetable. Peu importe le device : mobile, lunettes, montre, tatouage électronique, ou autre… Peu importe la technologie : Shazam puissance 10, tag 4.0, QR code 2050, ou autre… Ce qui est sûr, c'est que lorsque l'on croisera quelqu'un dans l'ascenseur, on pourra savoir immédiatement quelle cravate il porte. Et le singe en costume recevra cette jolie cravate par drone chez lui, 30 minutes plus tard.

Le matin, le singe en costume consomme *via* l'écran du taxi qui l'emmène au *centre-commercial-aéroport* pour prendre un *avion-centre-commercial,* et atterrir dans un autre *centre-commercial-aéroport,* pour y prendre un autre *taxi-centre-commercial,* en téléphonant à son ami singe *via* son *mobile-centre-commercial* pour lui demander où il a acheté sa *montre-centre-commercial*, puis enfin, arriver dans sa maison, souffler un peu jusqu'au *frigo-connecté-centre-commercial*, allumer sa *TV-centre-commercial* pour regarder un bon *match-centre-commercial*, puis un bon *film-centre-commercial*, et enfin se coucher en consultant ses *réseaux-sociaux-centre-commercial*.

Guy Debord était optimiste. Nous sommes, en fait, entrés dans le Supermarché du Spectacle. Tout est spectacle certes, mais tout est supermarché aussi. Tout est *tainment* : enter*tainment*, edu*tainment*, retail*tainment*… Mais tout est commerce aussi. Tout est commerce-*tainment*.

Le mobile, ce *serial killer*

Dernière certaines technologies, en apparence anodines, on découvre parfois de véritable *game changers,* de petites révolutions qui tuent absolument tout ce qui existait auparavant. Certaines technologies changent radicalement notre rapport au sujet. Une bonne idée détruit toujours quelque chose ou quelqu'un. C'est même un critère primordial de l'évaluation d'une idée. Le train électrique a tué le train à vapeur, et Tesla tuera Porsche. Le smartphone a tué le *dump-phone*. On peut même dire aujourd'hui, que le smartphone est un serial-killer : il a tué le magnétosscope, le caméscope, l'appareil photo, le téléphone, la machine à écrire, le fax, le bloc-notes, le réveil, le calendrier, la poste, le jeu de société, le walkman, le thermomètre, la carte routière, l'album photos, la montre, les lieux de rencontre, la live-TV, le journal, le desktop… Il a même détruit nos vertèbres cérébrales, nos yeux et notre temps avec nos enfants. Là, on sait qu'on est face à une innovation majeure. Et on comprend mieux pourquoi Steve Jobs avait choqué tout le monde en annonçant, un beau matin, « we are a mobile company ».

On ne peut pas être efficace en luxe aujourd'hui, sans comprendre le mobile. Tout est mobile. Notre rapport au monde est mobile. Notre vie tout entière est mobile. Notre travail, nos divertissements, notre famille, nos amis, nos rencontres, nos découvertes… Tout, absolument tout, passe par ce petit rectangle lumineux. Le luxe n'échappe pas à la règle. Il doit trouver sa place entre l'écran et le doigt, au cœur de la main. C'est ça, le digital : l'obéissance au doigt et à l'œil. Dior, Chanel, Saint Laurent, Louis Vuitton, Hermès, Guerlain, Prada, Gucci, Givenchy… toutes doivent trouver leur place dans ce petit rectangle. De toute évidence, cela ne facilite pas les mécaniques de domination.

Les fautes de goût du luxe

Les marques de luxe doivent faire acte d'humilité et réapprendre le bon goût, mais le bon goût digital. Aujourd'hui, elles sont vulgaires, mal élevées, embarrassantes mêmes, parfois. Elles enchaînent les fautes de goût, comme un site en flash, un header non brandé, ou un hashtag mal maîtrisé. Elles refusent de comprendre qu'en digital aussi, il y a des codes, un savoir-vivre, un bon goût. Une bourgeoisie du digital s'était installée au pouvoir. Ce qui définit la bourgeoisie, c'est un ensemble de codes maîtrisés par certains, et non maîtrisés par d'autres. La maîtrise de ces codes permet à une élite éduquée d'affirmer une autorité sur une majorité inculte. Tout est dans la maîtrise des codes et des signes. Sans citer de nom, il est assez ironique de constater tous les jours sur la toile, ces vieux experts du bon goût faire toutes ces fautes de goût.

La fin du monologue

L'hyper-domination du luxe fonctionne mieux dans un monde de monologue, lorsque la marque peut développer un long monologue, et que le public doit juste écouter et se taire. Le monde du luxe a bénéficié pendant des années du genre dominant du monologue en communication. Mais l'avènement du dialogue et de la soumission des marques à leur audience, à leur communauté, bouscule l'essence même de toutes les mécaniques de domination qui ont été utilisées pendant des années dans le monde du luxe. Comment le luxe peut-il survivre au dialogue ? Comment engager la conversation tout en préservant son ascendant ? Les marques de luxe ont compris le traquenard de la conversation. Engager une conversation, c'est détruire sa valeur. La marque nous hisse un instant sur son piédestal. D'où les réticences très légitimes de ce milieu, et des blocages psychologiques puissants. Le monde du luxe a bien compris qu'il ne pourrait pas préserver son autorité et son ascendant en engageant la conversation. Mais il a compris récemment que ne pas engager la conversation était aussi dangereux. Un choix cornélien… Engager la conversation et se dégrader, ou refuser la conversation, s'isoler et se déconnecter des nouvelles générations ? Il y a, dans ces groupes, un stress total à simplement aborder le sujet, d'où les maladresses commises et les fautes de goût. La bourgeoisie du digital a commencé son règne, et elle se réjouit de faire trembler l'aristocratie du luxe.

Le digital est normal

En fait, le digital a simplement normalisé le rapport aux marques. Depuis les Madmen, la relation aux marques était restée très injuste. Les marques dictaient leurs codes, leurs modèles, leur vision, leurs icônes à des consommateurs soumis. Aujourd'hui, elles dialoguent avec leur communauté, et leur communauté fait partie intégrante de l'entreprise. Elle a un rôle actif, et ne sera plus passive. Le digital impose une normalisation des relations... Tous au même niveau, avec le même nombre de caractère, la même taille de photo, les mêmes droits, que l'on soit CEO de Louis Vuitton, Président américain, stagiaire, MTV, star ou chômeur. Le monde des social medias a égalisé les émetteurs, et l'égalisation des émetteurs est une destruction de valeur. Les médias sociaux créent cette illusion d'égalité dans les rapports. Et la foule peut abîmer, voire descendre, n'importe quelle icône. Tout le monde est exposé à une potentielle lapidation digitale. C'est un choc pour les marques qui étaient habituées à dominer totalement. Le monde digital force à normaliser le comportement des marques avec leur audience. Le mot *normal* s'inscrit dans la destruction de valeur.

Bipolaires, schizophrènes

Certaines personnes arrivent à être proches et distantes à la fois. C'est là-dessus qu'il faut travailler, le secret de Marion Cotillard. L'une des plus grandes actrices françaises, ou tout au moins l'une des plus hautes dans la chaîne de valeur du monde des acteurs – tellement rare qu'une actrice française réussisse à Hollywood. Elle sait travailler la proximité et la distance en même temps. Il y a toujours, chez elle, ce mouvement paradoxal, schizophrène, presque. C'est la fille d'à côté, mais à Hollywood. C'est ma copine, mais elle est au Panthéon des stars. Elle traîne dans les soirées hollywoodiennes, mais fait aussi partie d'une série déglinguée en vidéo sur Canal+. Elle peut faire les deux : passer d'un clip de Dior arty, à des gags en vidéo. L'intrigue, la séduction de Marion Cotillard, repose sur ce sentiment trouble, cette lointaine proximité ou cette proche distance. Elle se rapproche en s'éloignant. C'est très subtil, ambigu. Elle échappe à tous les classements.

Les philosophies occidentales font la synthèse, mais les philosophies orientales regorgent de paradoxes. Il n'y a pas besoin de faire une synthèse. On peut être les deux. Aussi, le monde du luxe doit assumer et développer cette bipolarité. Mais comment résoudre cette équation improbable : il va falloir dire oui et non. Les marques de luxe ne s'en sortiront pas en disant *peut-être*. Dire oui et non en même temps, être proche tout en étant distant. On est au cœur du débat *luxe et digital*.

Plonger sans se mouiller

Par tous les pores de sa peau, les marques de luxe sentent que le digital est la voie sans issue. Pourtant, la voie sans issue est la déconnexion totale avec ses futurs consommateurs. Le choix cornélien du monde du luxe, entre la peste et le choléra. Le génie va être dans une forme de schizophrénie. Cette fragilité est intéressante. C'est sans doute l'un des sujets de communication les plus intéressants aujourd'hui. Sur Shang Xia, (du groupe Hermès), nous pensons avoir réussi à *plonger sans se mouiller ;* en promenant un homme masqué en tenue traditionnelle chinoise dans les rues de Shanghai et Beijing ; en laissant aller les conversations autour de ce mystérieux personnage semant des grains de riz sur son chemin ; puis en révélant son arrivée à la nouvelle Maison Shang Xia à Paris. Nous sommes allés au-devant de notre communauté sans tomber dans la proximité, à la rencontre de notre audience, parée de mystère pour protéger notre valeur. Nous avons ainsi développé une forme de poésie digitale pour embrasser cette nécessaire schizophrénie. Le maintien de la valeur est aussi le maintien d'une certaine distance. Peut-être que le salut est dans la *dénombrilisation* des marques de luxe qui devront, à cause de ce dialogue, parler moins d'elles-mêmes, et offrir à leur communauté des expériences uniques, rares, à forte valeur.

Oui, il va falloir plonger sans se mouiller.

Chapitre 11

Commerce digitalisé

Par Géraldine Cohen (THE BEAUTYST)

> Diplômée d'HEC, Géraldine Cohen est co-fondatrice et Présidente de The Beautyst, le premier site de social shopping dédié à la beauté. Rassemblant plus de 500 000 femmes, dont 800 bloggeuses, The Beautyst crée une expérience d'achat unique pour les 120 marques de sa place de marché, grâce à une technologie propriétaire de personnalisation du catalogue et à l'intégration de contenu utilisateur.

Dans un monde digitalisé, où l'information est omniprésente, immédiate, accessible partout et tout le temps, le commerce du luxe est nécessairement bouleversé. Car, qu'est-ce qu'un achat luxe s'il ne se définit plus par la rareté et l'exclusivité ? Si je peux acheter un produit de luxe depuis mon canapé ou depuis les transports en commun, est-ce que ça s'appelle encore du luxe ? Si je peux avoir mon chauffeur privé en deux minutes et pour moins de dix euros, est-ce encore un luxe ? Où est passée cette relation au produit, au savoir-faire, à l'humain qui caractérise l'achat luxe ?

Le e-commerce est, par essence, l'antithèse de l'achat luxe, et la digitalisation vient bousculer les fondements mêmes du métier du luxe, remettant en cause sa définition. Comment, donc, redéfinir l'achat luxe dans un monde digital ? La technologie enrichie-t-elle l'achat luxe grâce à ses multiples fonctionnalités, ou agit-elle, au contraire, comme une force destructrice qui casse un cycle de vente rodé depuis des siècles ?

La révolution digitale appliquée à des métiers aussi anciens que ceux du luxe peut être vue comme un risque majeur, et c'est cette crainte qui a d'ailleurs retardé le passage du luxe dans l'ère du commerce digitalisé. Mais pourtant, le luxe n'a jamais été aussi puissant et aussi fructueux qu'aujourd'hui. Puisque, grâce à cette révolution digitale, non seulement les marques ont acquis une puissance de communication exceptionnelle, mais le commerce du luxe est désormais devenu lui aussi global et instantané.

Par ailleurs, si l'exclusivité et la rareté ne définissent plus l'achat luxe en tant que tel, celui-ci est ramené à sa substance, à savoir l'expérience. Car c'est aujourd'hui l'expérience d'achat elle-même qui devient luxe. Sur un écran, on doit penser une toute nouvelle manière de vendre le luxe en créant une expérience exclusive. Pour cela, le luxe a poussé le e-commerce vers de nouveaux modèles, utilisant la technologie comme un nouveau moyen d'expression. La technologie a ainsi conféré au commerce digital une puissance nouvelle et immense qui en fait un luxe plus fort, plus riche, plus complet.

Le *social shopping* : l'e-commerce renforcé par le web social

En 2013, 45 % des achats luxe dans le monde ont été influencés par une interaction digitale (étude McKinsey, 2014). Près d'un achat de produits de luxe sur deux est donc le résultat d'une interaction digitale ! Pourtant, ce qui caractérise le commerce du luxe, n'est-ce pas bien l'expertise métier, la maîtrise du produit *fait main* que transmet la marque au travers d'un parcours initiatique construit dans des boutiques écrin ? Que vient faire le digital là-dedans ? Pourquoi va-t-on chercher à interagir avec le produit de luxe sur une plateforme immatérielle où l'on ne peut ni le sentir, ni le toucher ?

La puissance du digital tient avant tout dans le fait qu'il connecte instantanément des milliards de consommateurs entre eux. Internet s'est construit sur les forums qui se sont mus en réseaux sociaux. On est passé du texte au tweet, du visuel à la photo, à la vidéo courte, longue, éphémère, muette, montée, filtrée, sous-titrée ! Tous les moyens sont utilisés pour crier son avis à la planète. Une personne sur cinq dans le monde est inscrite sur Facebook, et c'est là, la réelle révolution.

Né de la rencontre entre le web social et le e-commerce, le social shopping regroupe différents modèles de ventes en ligne qui ont en commun une expérience personnalisée et communautaire. Que ce soit en faisant intervenir ses amis, *via* des avis ou du contenu, le social shopping rend le e-commerce plus riche en utilisant toute la puissance du web social au service de l'expérience d'achat. Naturellement, le social shopping trouve ses meilleures applications dans le e-commerce des produits de luxe.

Car avant d'acheter un produit de luxe, on réfléchit. On se renseigne. Certes, le vendeur en face de moi connaît son produit mieux que personne ; certes, la marque a un savoir-faire unique et j'ai confiance en la qualité de ses produits ; certes, j'achète avant tout la marque et je le sais. Mais quand même : pourquoi baserais-je mon jugement uniquement sur le discours de cette marque dont le but assumé est, de toute façon, de me vendre le produit ?

Alors, avant d'acheter un produit de luxe, je vais sur Internet pour avoir l'avis de gens qui me ressemblent. Qu'ont-ils fait, eux, à ma place ? Qu'ont-ils pensé du produit ? Que pensent-ils de la marque ? Est-ce que mon achat sera valorisé par mes pairs ?

En ce sens, l'exemple du secteur de la beauté est très fort. Le produit de beauté est celui qui, *a priori*, est le plus difficile à acheter sur Internet. C'était aussi, jusqu'à très récemment, celui que l'on trouvait le moins sur Internet, les marques refusant quasi systématiquement la vente de leurs produits *via* Internet. Et à raison ! Car comment peut-on acheter un produit de beauté sans l'avoir senti, touché, expérimenté ? Comment peut-on acheter un produit de beauté sans comprendre, grâce à des conseils d'experts, quel en est le principe actif ?

Les nouvelles générations de consommateurs, digital natives, ont une conception bien différente de l'apport du digital dans le commerce des produits de beauté. Le digital leur permet de communiquer, de comprendre, d'apprendre, et, par conséquent, de devenir expert à la place de l'expert. Avec les forums et les réseaux sociaux, on partage son expérience intime du produit. On partage son ressenti, ses émotions, quelque chose de beaucoup plus palpable qu'un principe actif, qu'un brevet, ou qu'un diagnostic de peau. Si Madame X, qui est comme moi, qui a mon âge, mon pouvoir d'achat, mon éducation, a ressenti telle émotion en ouvrant le packaging de ce produit, alors oui, je crois que moi aussi je vais ressentir cette même émotion. J'ai confiance en elle car elle est ma projection sur écran, je m'identifie à elle et non à ce mannequin du Elle à qui je ne ressemblerai jamais, ou à cette conseillère de vente qui en connaît beaucoup plus que moi sur la peau et la chimie. Peu importe que j'aie senti ou touché le produit, si Madame X l'aime, alors je vais l'aimer aussi.

C'est ainsi que l'on trouve sur le net des milliards de contenus qui parlent de beauté. Chaque mois sur YouTube, plus de 700 millions de vidéos parlant de produits de beauté sont vues ! Des centaines de milliers de *boards* Pinterest portent aussi sur le sujet. Le phénomène est relativement nouveau et extraordinairement massif. Les jeunes générations utilisent les réseaux sociaux comme de réels leviers d'inspiration. Exit la presse et la télévision, on est à l'heure du *on-demand peer-to-peer*. Je regarde, j'écoute, j'apprends, je m'émancipe en tant que consommateur.

Le digital crée donc, grâce à la mise en relation immédiate des consommateurs entre eux, une nouvelle expérience d'achat social. Cette expérience, beaucoup plus riche pour le consommateur, lui ouvre donc une nouvelle approche du produit. Fini, le rapport unilatéral entre la marque détentrice du savoir-faire et le client qui n'a qu'elle comme interlocuteur. Fini, l'achat non avisé « car le vendeur me l'a recommandé ». Le consommateur n'est plus jamais seul dans sa décision d'achat, puisque même en boutique, il lui suffit de sortir son smartphone pour trouver des milliers d'avis sur tel ou tel produit. Les nouveaux commerçants du luxe ont bien compris cette mécanique, et utilisent la technologie pour créer des expériences nouvelles autour des produits pour que le consommateur ait enfin un achat luxe qui corresponde à ses attentes de consommateur connecté. C'est le temps du social shopping.

Le *social shopping* : la nouvelle expérience d'achat luxe

Ce terme, qui apparaît dès la fin 2005 pour décrire de nouveaux outils comme les avis de consommateurs et les recommandations produits, reste un concept en pleine mutation car de nouveaux modèles de distribution qui en découlent apparaissent sans cesse. Le social shopping est, en réalité, une manière de vendre qui donne la parole au consommateur et le fait participer à la dynamique même de la vente. Et il y participe, en fait, de différentes façons.

Tout d'abord par sa navigation sur le site, qui va permettre à l'e-commerçant de récupérer des données sur son comportement, ses préférences et ses intérêts. Ce sont des géants du web comme Amazon et Netflix qui ont été les premiers à utiliser ces données pour nourrir l'expérience utilisateur. Grâce à ces données, en effet, ont émergé des systèmes de recommandation produits puissants, permettant de personnaliser l'ensemble d'un catalogue pour se rapprocher au mieux des attentes du consommateur. Ces technologies Big Data vont non seulement prendre en compte les habitudes d'achat de l'utilisateur, mais également faire du profilage pour pouvoir prédire ses futurs achats en comparant les utilisateurs entre eux. Amazon a même déposé un brevet fin 2012 sur une méthode prédictive qui permet d'envoyer une commande avant qu'elle ne soit effectivement passée. Certes, le principe de l'analyse prédictive fait encore débat. Mais c'est un des plus beaux exemples par lesquels on voit ce que le digital apporte au commerce : une expérience qui peut être encore plus riche et plus personnalisée que la vente luxe en boutique.

Ensuite, par l'utilisation des fonctionnalités spécifiques qui sont mises à sa disposition par des sites de social shopping, le consommateur va se créer une expérience customisée. Chez The Beautyst par exemple, l'utilisateur a la possibilité de personnaliser le catalogue produit selon son profil beauté. Il va alors remplir un questionnaire et indiquer ses spécificités physiques (couleur de peau, des yeux, type de cheveux, etc.), mais aussi ses goûts (textures préférées, exigences sur les ingrédients, styles de maquillage favoris, etc.). Ce profil beauté va ensuite déclencher un algorithme de personnalisation qui va filtrer le catalogue et proposer à l'utilisateur des produits qui lui correspondent au mieux. Par son action, l'utilisateur a donc créé une expérience nouvelle sur le site qu'il a pu customiser selon ses choix. Dans le secteur de la mode, cette customisation existe sous différentes formes : le site Lyst.com, par exemple, propose de créer des listes d'envie de produits et de suivre ses marques favorites afin d'avoir un flux d'actualité mode personnalisé. L'application mobile Spring, lancée en janvier 2015 à New York, offre également la possibilité de suivre ses marques favorites afin de se créer son centre commercial personnel et mobile.

Enfin, en partageant lui-même du contenu, l'utilisateur va contribuer à enrichir l'expérience des autres. C'est d'ailleurs tout de suite à cela que l'on pense quand on fait référence au social shopping, même si ce n'est en fait que le haut de l'iceberg. Car le contenu social, ou *user generated* a révolutionné le commerce de manière globale. Une étude, publiée par le fonds de capital-risque Kleiner Perkins Caufield & Byers en mai 2015, montre cette montée en puissance du contenu utilisateur sous toutes ses formes : 50 milliards de Pins sur Pinterest, 4 milliards de vidéos vues par jour sur Facebook, 14 millions d'avis publiés sur Airbnb, sur les douze derniers mois. 76 % des 15-25 ans utilisent en premier lieu l'appareil photo de leur mobile pour poster une photo ou une vidéo sur les réseaux sociaux ! Ce contenu bouleverse largement la manière dont on achète, car il est une source d'inspiration puissante et omniprésente, et est devenue la première influence active sur l'acheteur. C'est sur cette base que la plupart des sites de social shopping se sont créés, et les exemples sont multiples.

Après Facebook et Twitter, Pinterest et Instagram ont ainsi tous deux récemment annoncé le lancement de leurs boutons e-commerce. N'importe quel marchand pourra donc bientôt lier ses produits à leurs contenus sur ses réseaux, et générer des ventes directement depuis les réseaux sociaux. Mais, si les boutiques Facebook et le bouton Twitter ont été peu efficaces, car perçus comme intrusifs par la plupart des utilisateurs, les initiatives de Pinterest et Instagram sont d'une toute nouvelle nature. Réseaux inspirationnels par excellence, il est en effet déjà ancré dans les habitudes de leurs utilisateurs d'y trouver des idées de shopping. Sur Instagram par exemple, on suit ses bloggeurs et influenceurs favoris dans leur vie de tous les jours, on découvre leurs coups de cœur du moment, ou leurs objets favoris. Sur Pinterest, un des usages principaux est la création de listes d'idées shopping. Parce que ce sont des réseaux sociaux très visuels, le fait de pouvoir y acheter directement est une avancée majeure du social shopping. C'est comme si on avait rendu possible l'achat depuis les pages shopping de nos magazines favoris, avec des millions d'éditeurs en plus.

En marge des réseaux sociaux qui évoluent vers le e-commerce, nombre de sites e-commerce ont créé leur réseau social, comme le site Net-A-Porter qui a très récemment lancé son réseau de social shopping : The Net Set. Les utilisateurs peuvent y poster des photos de leurs looks ainsi que des photos du site Net-A-Porter ou d'autres sites, et pointer vers des produits de l'e-commerçant. Il s'agit donc, là aussi, d'un flux d'inspiration créé par les utilisateurs et pour les utilisateurs. Rien de très nouveau pour ce qui est du concept, sauf que cela montre une remise en question essentielle pour celui qui est devenu, en quinze ans à peine, un des plus gros vendeurs de produits de luxe au monde. L'approche de Net-A-Porter est ainsi révélatrice de la façon dont le web a fondamentalement bouleversé le commerce du luxe, car ce mouvement vers le contenu utilisateur va à l'encontre du concept initial du site, qui est fondé sur la mise en avant éditoriale. Net-A-Porter avait, en effet, jusque-là internalisé tous les codes du commerce du luxe physique : une boutique au style très épuré, la place belle à la marque et au créateur, la mise en avant du produit sur des supports innovants comme la vidéo, le service premium (qualité du packaging, services de retour, etc.), et surtout le marketing éditorial. La force de Net-A-Porter réside ainsi beaucoup dans son magazine en ligne The Edit, qui présente les produits à la manière d'un magazine féminin. La puissance de ce magazine a d'ailleurs poussé Net-A-Porter à le faire évoluer jusque dans les kiosques, avec une édition papier, le magazine Porter.

Or, en développant un réseau de social shopping, le site est en train de révolutionner ce modèle à sens unique qui va de la marque au consommateur. Il est en train de montrer, qu'aujourd'hui, le consommateur lui-même est au cœur du modèle de vente, c'est lui qui inspire, et c'est lui qui fait les tendances. L'équipe de Net-A-Porter l'a même dit clairement : The Net Set sera un lieu privilégié d'observation des tendances et une façon pour leurs acheteurs de repérer des marques à ajouter à leur offre e-commerce. On est sortis de l'ère des *happy few* qui décident quels codent doivent être adoptés par la masse, car la masse a pris la parole et a renversé le rapport de force.

C'est là, au fond, l'apport fondamental du commerce digital dans le luxe : il l'a rendu plus accessible. Plus accessible dans la forme, par un accès immédiat et mobile, mais aussi plus accessible dans le fond, car il l'a rendu plus personnalisé et plus social, plus proche du réel.

Les marques elles-mêmes en tirent des leçons et commencent à adapter leur manière de communiquer à ces nouveaux codes. On voit ainsi, peu à peu, des influenceurs du net jouer les mannequins dans des campagnes pour de grandes Maisons. De Chiara Ferragni pour Cartier, à Betty Autier pour Boucheron, en passant par Kenza Sadoun El Glaoui pour Piaget, les trends setters du net s'imposent désormais comme des incontournables relais de notoriété, permettant à ces grandes marques de toucher une génération radicalement moins sensibles aux médias traditionnels. Jusqu'aux podiums, les têtes d'affiches sont désormais jugées au nombre de *likes* sur Instagram. Car évidemment, la caution buzz d'une Cara Delevingne, ou le pédigrée télé-réalité d'une Kendall Jenner, n'ont rien d'étranger avec leur percée fulgurante sur les *catwalks* du monde entier. Et grâce à ces personnalités du web, c'est toute une génération qui découvre l'univers du luxe, hier réservé à leurs aînées.

Enfin, l'économie digitale a également rendu le luxe plus accessible *via* l'avènement de l'économie participative. Comme le constate Sophie Hersan, co-fondatrice de Vestiaire Collective, dans une interview pour *Les Echos*, les femmes ont désormais adopté un nouveau comportement vis-à-vis des produits de luxe, qu'elles achètent en pensant à la possibilité de location ou de revente. Et ce nouveau pan de l'économie digitale a pour conséquence d'accroître drastiquement le pouvoir d'achat des femmes, qui ne sont plus obligées d'envisager leurs achats comme des placements à long terme, mais plutôt comme des actifs circulants.

Le *social shopping* : quand le consommateur prend le pouvoir

Évidemment, à partir du moment où le luxe est plus accessible, ses fondamentaux sont bouleversés. L'économie participative est une bonne chose pour l'univers du luxe car, en augmentant le pouvoir d'achat des femmes, elle accroît mathématiquement son marché adressable. Mais elle représente en même temps un risque important en dénaturant le rapport au produit. Et c'est ce même phénomène qui se produit avec tous les nouveaux modes de consommation digitale du luxe.

Le luxe s'est longtemps refusé à utiliser Internet comme un canal de ventes, car il était synonyme de prix cassés et de bonnes affaires. Mais si aujourd'hui toutes les Maisons adaptent leurs codes à l'économie digitale, ne prennent-elles pas le risque de perdre en puissance ? Si Internet demeure le royaume du *peer-to-peer*, et si l'expérience d'achat est devenue sociale, quelle est la place de la marque ?

Entrer dans l'ère du social shopping veut nécessairement dire accepter que son message passe par des intermédiaires que l'on ne contrôle pas. Les influenceurs d'aujourd'hui sont des blogueurs, des Youtubeurs, des Instagrammers. Ils ne sont pas des professionnels, et ne sont soumis à aucun cahier des charges. Lorsque le discours de marque s'efface à leur profit, le risque est donc double : on perd non seulement l'expertise produit, mais on expose aussi la marque à la critique. Et c'est bien un comble de dépenser son budget marketing pour créer de la critique ! Jamais, on n'a vu un journaliste descendre en flèche un produit qu'on lui a offert. Cela va à l'encontre des principes éthiques de la presse. Mais la blogosphère, et *a fortiori* les réseaux sociaux, n'ont pas cette déontologie. Certaines bloggeuses beauté sont même connues pour ne jamais mâcher leurs mots, quel que soit le budget déboursé par la marque. Et ce sont d'ailleurs ce franc-parler et ce naturel qui font le succès de ces porte-parole qui, sans cela, finiraient rapidement par devenir des femmes-sandwich.

Mais le problème pour la marque n'en est que plus gros : en mettant à profit le contenu utilisateur au détriment du contenu de marque, elle prend le risque que son message ne passe pas du tout. Pire encore, qu'en est-il de l'image de la marque ? Comment transmettre ses valeurs ? L'ambiguïté du modèle de social shopping impose une grande vigilance de la part de la marque afin de garder son image sous contrôle. Du contenu utilisateur oui, mais pas n'importe lequel. La curation a, de ce fait, une importance fondamentale : on passe par les influenceurs qui ont une image affinitaire pour commencer un buzz qui sera vertueux s'il trouve les bons relais de communication. L'art du social shopping n'est pas moins habile que celui du commerce traditionnel, c'est un jeu nouveau dont il faut apprendre les règles et repérer les acteurs clés.

L'autre dérive qui vient de cette nouvelle manière de consommer, est le changement radical des comportements du consommateur lui-même. On a, en effet, désormais affaire à un consommateur avisé, expert, qui remet systématiquement en cause le discours commercial puisqu'il peut vérifier chaque information en quelques clics ; un consommateur qui se nourrit de tutoriels en tout genre et qui en connaît parfois plus que le personnel de la marque sur son propre produit ; un consommateur qui a également changé ses goûts et ses couleurs pour ressembler aux stars du net. En beauté, par exemple, on observe une uniformisation des tendances à échelle planétaire, ce qui n'existait pas, même il y a dix ans. Les plus jeunes consommatrices veulent des produits venus des États-Unis ou d'Asie, et le style épuré de la parisienne a vite été remplacé par le *contouring* et le *nail art*, venus de Californie. Cette mutation des comportements impose donc à tous les acteurs de la distribution, de nouveaux rythmes et tendances auxquels il faut s'adapter très vite, au risque d'abîmer sa marque.

Alors qu'hier, l'industrie faisait les tendances et les diffusait *via* des supports qu'elle maîtrisait, le web social, lui, impose aujourd'hui de se mettre à son rythme, et de coller à ce que les masses plébiscitent et répandent instantanément par le biais de leurs influenceurs.

Le digital : la nouvelle donne qui impose de se réinventer

Je trouve qu'on a encore trop tendance à voir une dichotomie, ou même un antagonisme, entre le digital et le physique. Comme si l'un allait contre l'autre. Comme si c'était deux choses entièrement séparées. Je suis issue d'une génération qui a grandi avec le digital : on a connu l'ADSL et les portables avant de rentrer au collège ! On vit dans les deux mondes en même temps, l'un n'existe pas sans l'autre et nos expériences s'y complètent.

J'ai eu l'honneur, l'année dernière, d'être invitée à tenir une conférence sur la beauté et le digital lors du salon professionnel de la beauté qui a lieu chaque année à Paris. En me demandant de participer, l'organisatrice m'a exprimé son soulagement : « Nous sommes contents d'avoir quelqu'un pour aborder le sujet, parce qu'il faut avouer que le digital, ça fait encore peur à beaucoup de monde. » Je suis restée bouche bée : 40 % de la population mondiale utilise Internet au quotidien, et on trouve encore des professionnels qui voient le digital comme une menace !

Je crois qu'on ne peut plus se permettre d'avoir peur du digital, de choisir la politique de l'autruche, ou de laisser sa stratégie digitale entre les mains d'un stagiaire. Je crois qu'on ne peut plus considérer le digital comme un point de vente additionnel, ni comme un nouveau support de communication. Je crois que le digital a révolutionné l'économie, de la même manière que l'électricité l'a fait en son temps. Je crois qu'il y a un avant et un après. Je crois que ma manière de consommer n'a rien à voir avec celle de ma mère… Et encore, ma mère est très active sur Facebook !

Pour moi, le digital n'est pas une fin, c'est un moyen. Ce n'est pas un secteur, mais un canal. Ce n'est pas une menace, mais une nouvelle donne. Et je pense qu'une fois que l'on a compris cela, on est en mesure de repenser son organisation pour un monde où 87 % des jeunes adultes américains gardent leur smartphone à portée de main 24 heures sur 24.

Le digital : un retour aux fondamentaux du Luxe

L'ère digitale est avant tout celle du data et de l'expérience. Comme le dit Seth Godin (auteur de plusieurs best-sellers sur le marketing) : « Les consommateurs n'achètent plus des biens et des services. Ils achètent des expériences, des histoires et de la magie. »

Je crois que le luxe est en pleine mutation, et que les marques de demain seront celles qui partageront les meilleures histoires et expériences dans une manière qui saura toucher les masses. Le luxe de demain n'est pas nécessairement très technologique. Je ne m'attends pas, dans dix ans, à avoir un hologramme sur mon tee-shirt de marque, ou un sac qui change de couleur en fonction de ma tenue. Mais le luxe de demain sera à la fois plus proche de moi, et plus authentique. L'accès à la data et l'accélération des cycles de production permettront aux Maisons de luxe d'adapter leur offre à la demande de manière quasi instantanée. Les masses seront la première source d'inspiration.

Demain, l'important ne sera plus le logo mais le produit lui-même. Le problème ne sera plus son prix, mais son mode de distribution. L'interaction que l'on aura avec le produit ne sera plus la même, car elle naîtra d'une expérience multi-supports dans laquelle le consommateur aura un rôle central. Retirez le facteur rareté et le prix, et demain, c'est le produit qui fera la différence : c'est un retour à la source qui s'impose dans un monde d'artefacts du marketing.

CHAPITRE 12

Retail

Par Pierre-François Le Louët et Alexandra Jubé (NELLY RODI)

Pierre-François Le Louët est Président de l'agence internationale de prospective NellyRodi, et Alexandra Jubé en est la Responsable Insight & Digital. NellyRodi se passionne pour l'avenir depuis 1985. Sa mission est d'inspirer les entreprises du luxe et de la distribution dans leur réflexion prospective. Elle les accompagne et les aide à mettre en place des stratégies marketing et créatives innovantes.

Il aura fallu plusieurs années pour que les marques de luxe comprennent enfin que le développement d'Internet, et de tous les outils digitaux, ne se résumait pas à développer une boutique en ligne. Pourquoi ? Pour la majeure partie des acteurs, jusqu'à une période très récente, l'outil principal du développement du luxe, c'est la boutique.

À partir de la fin des années 1990, les marques de luxe déploient un réseau physique de magasins à une vitesse effrénée. À titre d'exemple, la Maison Dior a multiplié par 10 le nombre de ses boutiques, entre 1996 et 2011[1].

C'est par une présence physique et décuplée que des régions entières s'ouvrent au luxe. Les marques reprennent le contrôle de leur distribution et se focalisent alors sur l'extension et la gestion de leur parc de magasins. Le recrutement et la formation des vendeurs deviennent des priorités, tandis

1. Article : « Dans le secret des ateliers Dior » par Nicole Vulser, *Le Monde Magazine*, 01/07/2011.

qu'une rivalité féroce pour les meilleurs emplacements, les meilleurs architectes et les meilleurs décorateurs, anime la bataille mondiale du luxe des années 2000. En reprenant en main leur distribution et en mettant fin au système de licences, les marques de luxe intègrent les marges, contrôlent mieux que quiconque leur image, et découvrent également un nouvel univers qui allait structurer leur organisation et modifier concrètement leurs bilans et comptes de résultat : l'immobilier, et la gestion de ceux qui animent ce réseau tentaculaire. Le boom chinois et celui du *travel retail* des années 2000 à 2010, ont bien évidemment, amplifié ce phénomène. Avec ou sans partenaire local, au même titre que le produit ou la communication, la boutique devient un enjeu crucial. Elle condense tout : la mise en scène starifiée des produits, bien sûr. Mais au-delà d'un simple lieu de vente, elle devient aussi un vecteur d'image sans équivalent : vitrine des produits, la boutique est aussi la vitrine de la marque qui témoigne de son caractère contemporain (renouvellement régulier des concepts de magasins, accélération du renouvellement produit, mise en scène d'œuvres d'art contemporain, etc.), autant que de son ancrage temporel (exposition de documents historiques, starification de produits iconiques, événements dédiés à des performances d'artisans, etc.). Mieux encore, c'est ici que se joue la relation client ; bref, l'endroit où le rêve s'incarne et où les caisses se remplissent.

Alors que les premiers sites marchands significatifs prennent leur envol dans la deuxième partie des années 1990, le monde du luxe se tient à l'écart de cet univers un peu trop moderne pour lui, un peu trop technologique aussi, et surtout, bien trop désincarné pour que l'on puisse s'y intéresser sérieusement.

C'était oublier qu'Internet avait ouvert une nouvelle dimension digitale qui n'était pas prête de se résorber… Les nouvelles propositions techniques proposées par Internet changent durablement les comportements des consommateurs, accélèrent les échanges, démultiplient les possibilités, ouvrent des voies jusqu'ici inexplorées aux professionnels du luxe. Obnubilés par la question de la boutique, la question du digital se réduit donc, dans un premier temps, à celle de la vente en ligne, vécue d'abord comme une concurrente de bas étage ou une petite boutique en plus. Les ornières étant mises, et bien mises, il faudra attendre le début des années 2010 et la pression croissante de leurs clients, pour que les acteurs principaux du luxe prennent enfin conscience que le digital n'affecte pas seulement la distribution en ligne, mais aussi le discours institutionnel, et plus largement, la communication de la marque (déploiement des contenus en ligne spécifiques, développement des réseaux sociaux, découverte et amplification de la cible *bloggeuses*, entre autres), la vente en boutique physique, la relation client, la structure de l'offre et l'offre elle-même, puisqu'elle peut être à présent facilement personnalisée…

Au-delà des techniques et des nouveaux outils proposés par ce monde digital, la prise en compte de celui-ci, par les marques de luxe, est l'occasion de démultiplier les expériences, et d'exposer sa marque et ses produits de manière totalement nouvelle, globale, immédiate, d'enrichir son discours et la perception de soi, d'atteindre une nouvelle dimension émotionnelle qui n'est plus exclusivement réservée à la rencontre physique avec le produit.

L'intégration par les marques de luxe de toutes les possibilités qu'offre le digital est semblable à la révolution de la géométrie dans l'espace. D'un monde en 2D, principalement structuré autour d'un réseau de boutiques physiques, le luxe passe à un monde en 3D où la relation client, y compris en magasin (mais pas exclusivement), marchande (mais pas exclusivement), est au cœur de toutes les attentions. Cette révolution du digital s'opère sous la pression d'une nouvelle génération de clients, nés avec Internet et culturellement plongés dans cet univers, habitués à flâner en ligne aussi bien qu'à faire du shopping dans les plus belles rues ou centres commerciaux du monde. Alors que le monde du luxe s'était structuré par une vision descendante (le développement du secteur a été porté dans les années 90 par des personnalités créatives – *dictateurs artistiques* omnipotents ou chefs d'entreprises pilotant une organisation très hiérarchisée), pour la première fois, le luxe fait face à la multitude, chère à Henri Verdier et Nicolas Colin, qui lui impose de changer de point de vue, d'organisation, de proposer de nouvelles expériences, y compris en boutiques, au risque de sortir du jeu de la modernité. Et c'est bien là l'enjeu : continuer à prouver à ses clients que le luxe comprend, qu'il est un acteur majeur presque indispensable de ce monde contemporain, qu'il n'est pas cantonné à une vision technique vieillotte, au rabâchage d'un passé glorieux confiné entre quatre murs d'un espace clos, fut-il merveilleusement soigné. De la même manière que l'accélération du développement produit, l'extension de l'offre vers des catégories plus *mode* (comme le vêtement), et la convocation d'artistes contemporains (pour développer de nouveaux produits, dessiner des vitrines ou imaginer le décor des boutiques) avaient fait rentrer les grands acteurs du luxe au début des années 2000 dans le jeu de la modernité, le digital est un gage de modernité pour les acteurs du luxe, c'est celui de leur ouverture sur le monde.

Et alors qu'Internet et les nouvelles technologies continuaient leur révolution, à laquelle les marques de luxe pensaient pouvoir prendre le parti, ou non, de participer, il s'est avéré qu'elles ont fait face à une disruption, un changement de paradigme, qui leur a imposé de proposer de nouveaux modèles – et business models.

Nous sommes entrés dans l'ère de l'*omni*.

- L'ère des marques omnipotentes, qui avec une puissance (notamment financière) qui dépasse parfois celle des États, ont décidé de changer le monde à leur compte, en commençant par révolutionner les sciences (Google), la communication (Facebook), le transport (Uber), ou encore l'hébergement (Airbnb).
- L'ère de l'omni-convenance du consommateur, où celui-ci souhaite s'engager dans une discussion avec la marque et participer à toutes les étapes du cycle de vie du produit : il se fait financier *via* les plateformes de crowdsourcing, évangéliste sur les réseaux sociaux, critique sur les forums d'avis, ou bien lui-même vendeur *via* les sites C to C.
- L'ère de l'offre omnisciente, car les données permettent, non seulement de cibler au mieux le bon produit au bon moment (qui a laissé la place à l'exact produit à l'exact instant), mais aussi d'anticiper les envies et les désirs non formulés.
- L'ère du prix omniforme, qui a perdu sa dimension objective face à des clients capables de comparer les offres (et les réductions) à l'international, de louer plutôt que posséder, ou de s'approvisionner sur les sites de seconde main.
- L'ère de la communication omniprésente, dans toutes les strates, à chaque instant du quotidien, *via* tous les réseaux, et alimentée elle-même par des consommateurs devenus des storytellers de leur propre vie.
- Et, bien entendu, l'ère de la distribution omnicanale, où les canaux ont cessé de se juxtaposer pour s'imbriquer.

Face à ces bouleversements en cours, les marques sont contraintes de s'adapter, de réévaluer leur relation à leurs clients, de redéfinir leur marketing-mix. Dans un équilibre hardi entre adaptation à l'époque et respect de ses propres valeurs.

Ainsi, alors qu'elles pensaient vivre une révolution technique et de l'écran, les marques, de luxe notamment, se sont retrouvées face à une nouvelle donne comportementale, avec laquelle il faut apprendre à composer. Repenser ses systèmes face à ce consommateur contemporain auquel la pratique d'Internet a donné de nouveaux standards. Plus informé, plus exigent, plus égocentrique, mais aussi plus impatient : quelles réponses les marques pourront-elles lui apporter demain sur le point de vente ?

Le consommateur-connaisseur

La première question qui se pose, c'est sur la manière dont il faut impliquer ce nouveau consommateur, qui ne s'inscrit plus dans un rapport d'ascendance à la marque. En effet, la culture participative et interactive du web l'a rendu proactif. La source intarissable d'informations qu'il propose, a fait de lui un individu très informé, capable de se renseigner sur tous les détails du produit, entre volonté d'apprentissage et quête de transparence.

Si cela semble évident dans la théorie – et cela ne l'est pas toujours dans la réalité – la marque doit rester la première garante de son histoire, l'incarnation de son patrimoine. C'est à elle d'être capable de mettre à disposition le plus d'informations sur ses produits, notamment sur ses points de vente. L'adjonction des technologies : puces RFID, tablettes ou écrans, *beacons*, applications de reconnaissance des objets... sont autant de moyens de connecter des contenus additionnels au produit seul pour mieux le raconter et l'expliquer. Mais ils ne sont pas les seuls. Le personnel de vente est un levier capital de transmission, un représentant du savoir de la marque, notamment dans le luxe, où l'incarnation et la dimension humaine sont fondamentales. Ainsi, pour ces équipes, les contraintes sont plus importantes que jamais. La multiplication des collections, des collaborations, des séries limitées et autres opérations spéciales relayées massivement sur Internet – et suivies de près par les afficionados – supposent une connaissance toujours renouvelée, et une communication en interne aussi fluide que réactive.

Elle suppose aussi l'invention de nouveaux modes de transfert de l'information entre le siège et les magasins, privilégiant une communication plus instantanée et rendant, sinon obsolètes, en tout cas insuffisants, les outils et grands-messes saisonnières.

Un phénomène amplifié par le décloisonnement de la communication des marques. Les points de contact avec le consommateur sont désormais multiples, encore souvent fragmentés dans les départements, notamment entre les cellules en charge de la communication institutionnelle, du e-commerce et du community management, qui peuvent parfois diffuser des messages complémentaires les uns aux autres. Avoir la véritable vision d'ensemble de ce que propose la marque devient une mission de plus en plus difficile. Et celle-ci se complexifie d'autant plus avec la popularisation de la prise de parole de ses ambassadeurs, directeurs artistiques pour la plupart, d'une manière plus ou moins spontanée et indépendante. La fuite d'images en avant-première s'est organisée : des instants *volés* de shootings, ou le partage de premières images de collections à venir, floutent d'autant plus le cadre de la communication produit.

S'ajoute à ces opérations plus ou moins contrôlées, la dimension internationale. Si la centralisation de la communication permet une diffusion d'une image de marque plutôt homogène à travers le monde, la question du prix et des variations monétaires entre les zones est loin d'être réglée. Pourtant, sur le terrain du virtuel, les frontières physiques n'existent pas, et c'est à cette vision que se réfèrent aujourd'hui, les consommateurs contemporains. Leurs repérages, leurs demandes, leurs comparaisons, ne s'appliquent pas à une approche locale, mais s'inscrivent bien dans une dimension internationale. Comment justifier auprès d'un consommateur, des écarts de prix sur le point de vente, quand il est capable en quelques clics, d'acheter moins cher, à l'autre bout du monde ?

Penser que le consommateur n'ira pas chercher l'information ailleurs, c'est se leurrer sur son compte. Il ne se contente plus de l'histoire officielle, mais croise les points de vue et les visions pour se forger sa propre opinion. Et dans son spectre d'études, la voix de ses semblables tient une place à part. Non seulement entendue, elle est souvent jugée plus objective que celle proposée par les marques. Aujourd'hui, selon une étude du CEA (Consumer Electronics Association), 58 % des acheteurs américains préfèrent utiliser leurs mobiles ou tablettes pour obtenir des informations sur le produit, plutôt que de s'adresser à un vendeur.

Et le phénomène semble encore plus puissant dans certains secteurs, comme la beauté, où ces opinions et conseils issus à la fois d'influentes Youtubeuses et d'autres utilisatrices, ont une portée qui dépasse de loin celle du personnel de vente. Ainsi, quelles sont les possibilités d'intégration de ces informations demain, sur le point de vente ? Quelles sont les opportunités à mettre en avant ces avis, sans en dénaturer l'authenticité ? Et quelles sont les conséquences à ne pas le faire, sachant que les consommateurs pourront les chercher d'eux-mêmes, et que, dans ce cadre, aucun filtre ne pourra être apposé ?

Prenant en compte l'opinion des autres, le consommateur se fie également de plus en plus à la sienne, échaudé par les critiques des forums de discussions entre consommateurs, accusés d'un manque d'objectivité ou de trop de négativité, et par les accointances possibles entre influenceurs et marques. Amener le consommateur à tester lui-même la marque sera sans doute un enjeu capital demain. Jusqu'à permettre de porter les vêtements avant de les acheter ? Certains, à l'instar du Japonais Gu (Fast Retailing), testent déjà la méthode.

Ainsi, uniquement portée par la voix de la marque, son histoire s'est fragmentée entre la *vraie* version, la narration qu'en fait la marque, les anecdotes et avis distillés par les consommateurs, et la propre opinion que se forge le client. C'est au prisme de cette pluralité, de cette vision globale du consommateur, que doit se considérer sa volonté d'apprentissage.

La considération de l'individu

La considération de l'individu dans sa globalité est, en effet, devenue une priorité. Comprendre ses attentes, ses envies, dans toute leur complexité et dans ce qu'elles forcent les marques à repenser leurs modèles, est une nécessité.

Un phénomène amplifié par le fait que, dans sa consommation digitale, cette individualisation de la relation est déjà prise en compte. Le traitement des data a permis aux utilisateurs, une navigation de plus en plus personnalisée : le fil des réseaux sociaux se filtre par pertinence, les mails se classent automatiquement par priorités, les applications et systèmes d'exploitation sont capables d'anticiper nos actions selon les moments et les lieux pour mettre en avant les contenus adaptés, les publicités se font en fonction de nos achats précédents… Aujourd'hui, le standard, c'est le personnalisé. Le *Business to Consumer* historique s'est transformé en un *Business to Individual*, une injonction à créer pour son client une expérience totalement différenciée. La data permet aux pure players d'affiner l'expérience au maximum – Netflix, par exemple, en a fait son axe de différenciation. Se pose désormais la question des possibilités de transposition de cette quête d'hyper individualisation quand elle est considérée à l'échelle très humaine et locale d'un point de vente, notamment de luxe.

Le produit pourrait être le premier levier, et ce n'est d'ailleurs pas un hasard si toutes les marques du secteur se sont positionnées sur le sujet : de la simple customisation (ajout d'un monogramme, d'une couleur, d'un détail…) à la création totalement *ad hoc*, il s'agit désormais d'un prérequis. Cependant, longtemps considéré comme un axe de différenciation réservé à une certaine catégorie de produit, la mass-customisation a rendu accessible le système à de nouveaux acteurs, notamment sur le moyen de gamme, et a renversé son monopole. Ce sur-mesure, qui était l'apanage du luxe, ne l'est plus.

La personnalisation ne se joue donc plus aujourd'hui uniquement sur le produit, mais bien par la qualité et l'intimité de la relation tissée entre la marque et son consommateur. L'accompagnement et le service, qui demandent du temps sur le point de vente, sont un luxe qu'aujourd'hui toutes les marques ne peuvent pas s'offrir. À l'aide des technologies, ils prennent également de nouvelles formes : application de personal shopper (The Operator) ; SMS envoyés directement entre le vendeur et son client (Nordstrom), où une simple réponse *Buy* suffit à valider l'achat ; la création de moodboards Pinterest pour mieux exprimer ses envies (Four Seasons)... les leviers sont pluriels, mais tous concourent à une expérience véritablement individualisée.

La relation qui se tisse est donc à la fois humaine, et portée par des évolutions technologiques qui permettent l'accès à de nouvelles possibilités. Ces dernières vont aller crescendo, offrir toujours plus. Demain, toutes les données – relevées dans le réel ou le virtuel – pourront être analysées : visites précédentes, navigations et parcours d'achat... Mais aussi au-delà des interactions avec la marque, les goûts et envies du consommateur. Croisées, elles viendront compléter les ressources à disposition des marques pour renforcer la pertinence de leurs propositions et offrir une expérience one to one qui prendra en compte toutes les facettes de la personnalité du client. Ce qui est déjà en place sur le digital pourra trouver sa place dans le magasin. Sur ce lieu, la dimension supérieure pourra même venir de la démocratisation à venir de la reconnaissance faciale. Aujourd'hui, Facebook travaille sur son projet expérimental *DeepFace* qui permet d'identifier avec 97 % de résultats positifs, les visages qu'on lui soumet. Quels usages de ces technologies demain, sur le point de vente ? Une capacité à identifier les goûts, envies et historiques d'achat d'un client, à peine aurait-il franchi la porte ? Et les possibilités d'une relation toujours personnalisée, même avec des clients inconnus ?

Restera à trouver, pour les marques, la manière d'inciter les clients à partager leurs données personnelles : de plus en plus conscients de leurs valeurs, ils poseront des conditions à leur partage. L'échange devra être gagnant-gagnant.

La gestion du *personal branding*

Cette question des données personnelles est intimement liée à ce que l'on accepte de partager aujourd'hui. Avec les réseaux sociaux, les frontières de l'intime ont bougé. L'hyper exposition qu'ils proposent a permis aux individus de construire leur propre mythe numérique, leur identité dans une réalité filtrée. D'acteurs, les individus sont devenus sur ces supports, des réalisateurs, des metteurs en scène de leur existence. Et chaque élément du cadre se doit d'être choisi avec une attention particulière. En effet, à l'heure où tous les éléments de notre consommation, notre allure, celle de nos enfants, notre décoration, ce que nous mangeons, buvons, lisons... sont soumis à des modes et des codes, la question des choix prend une ampleur décuplée par la visibilité dont ces derniers jouissent. Les erreurs de jugement, les fautes de goût, ne se cantonnent plus à la sphère de l'intime, ils deviennent publics, des prises de positions affirmées. Avec, comme Graal, le *Like*, cette métaphore parfaite de l'approbation des pairs.

Le shopping est devenu un exercice social : on partage ses envies, ses coups de cœur, on attend des autres qu'ils valident, ou non, nos partis pris. Bien au-delà de ce qu'il se passe dans la boutique, bien au-delà de la personne qui accompagne ou de la conseillère de vente, l'expérience shopping se vit à grande échelle.

Dans ces nouveaux paradigmes de la consommation, cette dimension du partage aux autres a pris une importance décuplée, notamment par le biais de l'image. La capacité à générer de l'engagement de la part des autres peut même motiver un achat, une action. Parfois même, dépasser la véritable envie de possession.

Le point de vente est devenu, aujourd'hui, une destination à part entière, une expérience nécessaire pour apporter une plus-value par rapport à l'hyper accessibilité des produits sur Internet. Les boutiques de luxe, au même titre que les restaurants ou hôtels, sont devenues des lieux de passage qu'on aime à marquer du sceau *J'y étais* – sceau qui passe désormais par la géolocalisation d'une photo ou d'un commentaire.

Peu de marques intègrent cette dimension aujourd'hui, dans la construction de leurs points de vente. Quelques-unes favorisent la prise de photographie sur place, en indiquant savamment le # à mentionner. Une manière de faire en sorte que la construction du mythe du client s'imbrique à la construction de celui de la marque. Les marques de luxe, celles qui ont la plus grande capacité à véhiculer un message pour l'utilisateur qui s'y photographiera, font face à un délicat équilibre, à des questionnements sur les pratiques à mettre en place. La question de la copie, souvent l'argument opposé par les marques pour interdire les photos, est un faux problème quand tout est accessible, en zoom et avec différents plans sur le e-commerce de la marque. La vraie question qui se pose est plutôt celle de l'accessibilité au luxe. L'un des axes d'attraction de ce secteur est également le snobisme qui l'entoure. La possibilité pour certains – notamment financière, mais pas uniquement, puisque la rareté est également prise en compte – de posséder quelque chose que les autres n'auront pas. Or, aujourd'hui, la question de la possession est bouleversée par les changements que nous avons évoqués plus haut, de ce consommateur pour qui finalement, jouir peut être aussi important qu'avoir ; et partager sur les réseaux sociaux, parfois aussi important que l'action en elle-même.

Pour celui qui considère le luxe comme un objet statutaire, un levier pour l'approbation des pairs, se prendre en photo demain pourra-t-il remplacer l'achat ? Et au-delà de ça, la diffusion massive d'images de produits supposés rares sur les réseaux pourrait-il contribuer à en dénaturer la valeur ?

Du produit, et des messages qu'il permet de faire passer sur soi-même, la quête de statut s'observe également dans l'attente de services. Sur Internet, le « quart d'heure de gloire » qu'on pouvait attendre toute une vie, est devenu un possible du quotidien, ne serait-ce qu'auprès d'un cercle réduit d'amis. Chacun devient le VIP d'un autre. Dans cette perspective, les consommateurs sont devenus plus égocentriques, plus sûrs d'eux face aux marques, et en attente d'une plus grande considération. Notamment dans le luxe, qui se doit d'être le garant d'un certain niveau d'accueil, de disponibilité et d'efficacité. La qualité du service doit se distinguer d'autant plus qu'elle est également devenue le prérequis de marques accessibles. En effet, les exigences sont hautes depuis que la voiture avec chauffeur et les services à domicile, autrefois réservés à une élite, sont à un clic.

Du parcours shopping à l'expérience utilisateur

Cette recherche de facilité transparait aujourd'hui dans toute l'expérience avec la marque, qui doit se faire sans encombre. Pour emprunter au web son champ sémantique, le parcours shopping s'est muté en une expérience utilisateur. Connue sous l'acronyme *UX* (User Experience), l'expérience utilisateur, c'est la qualité, la fluidité du parcours proposé à celui qui vit une expérience digitale, sa capacité à générer des émotions, et à s'adapter aux comportements et aux attitudes. Ce sont désormais les attentes des consommateurs dans le réel, également. Tout doit être fluide, tout le temps disponible, à portée de main. C'est un minimum.

Les zones de friction, les *ouch*, ne sont plus supportées, vécus comme des agressions. La facilité permise par Internet, l'hyper connexion, l'ergonomie du paysage digital, ont rendu les consommateurs très sensibles. Les standards sont de plus en plus élevés. L'effort conscient n'est pas toléré, tout doit être accessible, évident, se faire sans y penser. La *simplexité* est le maître mot de cette transition, où toute la complexité doit être cachée dans le *back* pour que devant – en *front*, pour filer la métaphore digitale – tout semble simple.

La plus évidente des incarnations de cette transition s'exprime dans le nouveau rapport au temps des consommateurs, conséquence de cette ère de l'instantanéité dans laquelle nous vivons. Le temps semble fragmenté et à plusieurs vitesses : d'une part, la volonté de ne pas en perdre inutilement alors que nous avons tant l'impression d'en manquer ; de l'autre, la possibilité d'en prendre, de ralentir, peut être vécu comme un luxe ultime.

Le magasin sera, demain, de moins en moins une zone d'immédiateté. L'amélioration des systèmes de livraison ou le réapprovisionnement automatique permettront de ne plus faire de lui une zone d'achats mécaniques – qui pourront être reportés sur le web. Il sera plus que jamais une zone d'expérience, de flânerie, de découverte. Dès lors, les clients pourront accepter de prendre le temps d'y rester. Aux marques, de créer des expériences différenciantes et attractives pour les inciter à le faire. En revanche, ils accepteront de moins en moins d'en perdre. Toutes les fonctions support (passage en caisse, recherches en stock...) devront être optimisées, décentralisées pour favoriser la fluidité, pour ne laisser qu'une sensation positive. La suppression des caisses, la possibilité de scanner et de payer directement avec son téléphone, le paiement sans contact, ou encore le scan automatique des sacs shopping, en sont déjà des incarnations bien tangibles. Le signe que les parties contraignantes s'effacent pour permettre une expérience utilisateur optimisée.

Dans ce rapport au temps, la simplicité est de mise. Le *one click* s'est popularisé sur Internet : en une touche, il est possible de reconnaître une musique, acheter un produit ou commander un taxi. Cette idée d'un bouton magique qui générerait un service est de plus en plus forte dans les esprits. Elle s'exprime déjà dans certains lieux, pour commander du champagne dans un restaurant, ou appeler une serveuse dans la cabine. Elle tendra à se populariser : plus l'achat sera simplifié sur Internet, plus la demande d'immédiateté en magasin sera haute.

Prendre en compte l'expérience utilisateur pour la transposer au magasin, c'est aussi considérer la nature même de la navigation web. Elle fonctionne en oscillation, en digression, en rebond d'une information à l'autre. Elle n'est pas statique. Cette idée, appliquée au point de vente où les consommateurs rebondissent déjà entre leurs smartphones et l'expérience en *dur*, complexifie les approches merchandising pensées en linéaire. Comment appliquer cette lecture des contenus à la proposition d'une offre ? Comment créer des ponts efficaces ? Faut-il envisager, demain, une présentation des produits en association et style de vie, plutôt que les segmentations classiques par catégories de produit ? Certains signaux faibles, comme le développement des concepts magasins conçus en appartement, ou des enseignes mono-marques proposant une sélection complémentaire pour construire un univers global, sont autant de réponses possibles. La création de ponts entre le digital et l'in-store en sont d'autres.

Autour de cette idée d'expérience utilisateur, la notion de fluidité est, à n'en pas douter, parmi les plus importantes. Aujourd'hui de nombreuses marques proposent des expériences digitales en magasin pour créer du lien entre leur dimension réelle et virtuelle : shopping sur le e-commerce depuis la vitrine, écran de connexion pour partager ses photos dans la cabine… Mais elles en oublient la notion de facilité : pourquoi se connecter sur une vitrine, ou sur une tablette en cabine, quand on a tout sur son smartphone, dans la poche, avec nos informations déjà pré-remplies ? Le point de vente a des perspectives d'évolution et de mutations passionnantes. Il n'est pas évident que de mettre à disposition sur le point de vente exactement ce qui est disponible sur le digital – accessible donc, depuis chez soi – soit véritablement le combat à mener. Les expériences doivent être différenciées.

L'intégration du digital au point de vente, de l'écran à la vision

Ainsi, bien au-delà de la technique, la mutation digitale à opérer pour les marques, et pour celles de luxe en particulier, est l'intégration d'une nouvelle vision, de nouveaux comportements d'achat et attentes de la part des consommateurs.

Cette transformation du point de vente au prisme du digital, semble se faire en plusieurs étapes :

Au premier stade, l'intégration des éléments technologiques dans le magasin. Moins dans l'idée d'un showroom d'écran – même si ces derniers peuvent être visibles s'ils apportent un service additionnel – mais plus globalement dans tout ce que la technologie permettra d'améliorer dans les usages : une meilleure connaissance des produits, de l'utilisateur, plus de fluidité dans les fonctions support… Les plus belles innovations sont souvent, dans ce cas, celles que nous ne voyons pas.

Le deuxième stade, c'est la capacité à faire vivre ensemble l'écosystème de la marque, avec une cohérence assurée entre la communication, digitale ou non, et la distribution, digitale ou non. De créer des ponts entre tous les canaux de manière totalement fluide pour s'adapter à un consommateur qui utilise l'un et l'autre indistinctement.

Le dernier stade, le plus prospectif, est l'intégration des ruptures comportementales qu'a introduite la disruption digitale, dans les attitudes comme dans les modes de consommation. Prendre en compte ce que ces transformations que nous avons évoquées partiellement ici, peuvent avoir comme conséquences sur le point de vente. Et s'apercevoir, qu'à ces mutations liées en grande partie à la technologie, la technique n'est pas la seule réponse. Elle doit aussi être humaine.

Chapitre 13

Développement durable

Par Barbara Coignet (PARIS 1.618)

Barbara Coignet est la fondatrice de Paris 1.618, une plateforme qui œuvre pour la promotion du nouveau luxe défini par la beauté, l'innovation, l'émotion, la créativité et le développement durable. Barbara a débuté sa carrière dans la communication il y a 20 ans, dans le monde de la mode, de l'art et de la culture, représentant de nombreux designers ou artistes dont Muji, la créatrice coréenne Lee Young Lee, ou encore Peter Lindbergh. En 2009, convaincue que le luxe empreint de beauté et engagé dans le développement durable n'était pas seulement possible, mais essentiel pour le futur, elle lance l'événement 1.618 Sustainable Luxury. Le salon, des plus innovants, permet de promouvoir les histoires d'une sélection de marques, produits et services Lifestyle, identifiés à l'international, et qui partagent les valeurs et la vision de ce nouveau luxe.

Le luxe a connu de nombreuses périodes : du symbole de stratification sociale avant 1980, suivi par le passage d'une activité artisanale à l'industrie, puis au Luxe d'influence entre 1995 et 2001, à un phénomène social total et transversal de 2001 à 2008, pour arriver, enfin, à « la fin d'un monde » en 2008-2009, date de la crise économique planétaire. Cette période représente une véritable rupture structurelle et stratégique dont le luxe peut tirer un bienfait de repositionnement.

Alors que l'on croyait ce monde d'excellence et de tradition à l'abri de toute révolution, le luxe est en proie à une mutation d'autant plus rapide qu'elle est éloignée de sa culture d'origine. De nouveaux modes de consommation issus de la crise, une nouvelle quête de sens de la part des individus et l'usage des nouvelles technologies imposent au marché du luxe de nouveaux rapports avec ses clients. Ainsi, on estime que les trois quarts des consommateurs de produits de luxe en Europe et aux États-Unis ont modifié leurs habitudes d'achats. Plus regardants sur la valeur délivrée, ils en veulent davantage pour leur argent. Et le luxe ne fait pas exception.

La définition du luxe du XXIe siècle dépend à la fois du consommateur et de l'époque. Mais une constante le caractérise : la rareté. Or, aujourd'hui, c'est bien la planète elle-même et ses éléments fondamentaux qui prennent le chemin de devenir luxe suprême. Une problématique que seul le développement durable peut éviter, puisqu'il relie la matière à l'homme, et que c'est aussi précisément la problématique du luxe.

Rappelons que le luxe est la concrétisation des désirs inconscients de l'homme. Les individus sont aujourd'hui désenchantés, désorientés, et ces sentiments génèrent de nouvelles préoccupations éthiques qui traduisent leur volonté personnelle de redonner un sens à leur existence.

La nouvelle stratégie adoptée par le secteur est de redéfinir le luxe, de réinterpréter les mythes qui le constituent, en s'attachant aux valeurs de l'éthique, de l'immatériel, de la rareté, et qui dépassent le seul cadre de la consommation.

Il est frappant de constater le parallélisme entre valeurs du luxe et celles du développement durable. Le luxe, à la croisée des chemins, doit donc impérativement anticiper les grandes tendances des dix prochaines années. « Sans développement durable, il n'y aura plus de luxe, car il n'y aura plus d'homme, de matières premières, ni même de planète vivable. » Véritable passage obligé, le développement durable joue donc le rôle d'un signal d'alarme, d'un réveil de la conscience, et restitue l'homme dans ses aspirations les plus nobles. Les industries du luxe doivent prendre conscience que les deux notions de luxe et de développement durable, aujourd'hui timidement juxtaposées, ne sauraient être dissociées dans les stratégies futures.

Le monde du luxe est fédérateur, il se doit d'être irréprochable et de montrer l'excellence, quand le développement durable demande de trouver des solutions, d'aborder de nouveaux modèles économiques, de tenter, d'essayer, de se tromper et d'être en ce sens, imparfait. Là, se trouve la *schizophrénie* de l'époque !

Le luxe continue de faire rêver et de fasciner. Le luxe est, avant tout, une histoire exceptionnelle qui perdure dans cette culture de la rupture. Pour justifier de leur valeur ajoutée, les entreprises du luxe doivent faire plus que les autres en matière d'engagement et de protection de l'environnement. Elles ont aujourd'hui le pouvoir d'influencer les choix de tous les consommateurs, quelle que soit l'importance de leur pouvoir d'achat. Elles ont également l'opportunité et la responsabilité de promouvoir la conception durable auprès de tous.

La pérennité du Luxe repose sur la réinvention du mythe, la préservation des savoir-faire, la recherche de perfection, la créativité, l'innovation et l'intégration de nouvelles valeurs éthiques.

À l'heure de la mondialisation, le luxe devrait être plus que jamais l'incarnation de la diversité inventive. Si le goût s'uniformise, le luxe court le risque de se banaliser. Si le luxe est le même à Paris, New York ou Tokyo, et si les analyses marketing conduisent aux mêmes conclusions et aux mêmes gammes, alors la *culture luxe* risque de s'appauvrir. Et les biens de luxe seront vite ravalés au rang de produits, bien loin de la sphère de beauté exclusive à laquelle ils aspirent pourtant.

Plus discrètes dans leur *branding*, les marques doivent désormais s'affirmer sur deux niveaux : d'un côté, faire adhérer les consommateurs à leur *philosophie* de marque et, de l'autre, les convaincre de la perfection de leurs produits. Autant d'opportunités pour les marques de luxe de choisir d'engager leurs cibles à travers leurs histoires, leurs engagements et une expérience d'achat extraordinaire. Une fois en résonance avec les valeurs de leur marque, les clients attendent de ces produits qu'ils entrent en harmonie parfaite avec leur propre histoire personnelle.

C'est justement parce que les marques de luxe exercent une influence sur leurs clients (elles utilisent la confiance faite à la marque pour leur suggérer ce qui est *beau*, ce qui est *luxe*), qu'elles peuvent profiter de cette position pour faire un travail de *pédagogie* vis-à-vis du consommateur pour le responsabiliser, tout comme elles peuvent utiliser leur capacité à faire rêver pour orienter le consommateur vers des produits éthiques.

Le premier Événement du luxe durable 1.618 Sustainable Luxury, témoigne d'un retournement en cours dans la définition de ce qui est luxe. En effet, notre époque est celle de la prise de conscience des ressources limitées de la planète, et la nature du luxe évolue selon ce nouveau paradigme.

Paris 1.618 est né en 2009, de la volonté de démontrer qu'un nouveau Luxe est en marche, plus éthique, plus en phase avec notre temps. Unie autour de passions communes, l'équipe 1.618 célèbre le futur du luxe, la beauté du monde qui nous entoure, et le pouvoir de l'innovation créative. À un moment où l'industrie du luxe subit une révolution, 1.618 ouvre la voie en trouvant de nouvelles façons pour les marques de luxe d'offrir beaucoup plus à leurs consommateurs. Il s'agit de créer un capital social autour de l'idée du durable. Tout au long de l'année, 1.618 identifie et sélectionne des entreprises françaises et internationales, tous secteurs confondus, qui interagissent pour construire un monde meilleur, et qui parviennent à concilier création, qualité, innovation, esthétisme, éthique et respect de l'environnement.

Notre définition du luxe du XXIe siècle est avant tout éthique, essentiel, esthétique et immatériel. Le luxe s'inscrit aujourd'hui dans la durabilité, et continue de créer le désir dans une optique responsable. Le nom 1.618, référence au nombre d'or, alimente l'imagination depuis la Renaissance. C'est une proportion utilisée dans l'art, en architecture, en musique ainsi qu'en économie, et présent au sein de la nature. C'est le symbole de l'harmonie universelle, qui nous rappelle tous les jours ce que nous tentons d'atteindre !

Paris 1.618 s'inscrit dans une démarche qui accompagne le Nouveau Luxe :

- La recherche et l'innovation, en vue de diminuer les inégalités
- La volonté de préserver et respecter les richesses naturelles
- Le travail des sens
- La découverte de soi au travers de l'objet
- L'appréciation de la rareté
- Le respect des droits de l'homme
- La préservation des savoir-faire
- L'imaginaire créatif
- Le temps
- La culture de l'éthique

Nous nous adressons particulièrement à l'hédoniste qui recherche une autre forme de luxe, plus discrète, tournée vers l'art de vivre, le bien-être, et une éco-conscience réelle. Il ne s'agit plus d'acheter des produits ou des services pour épater les autres, mais davantage pour offrir ou s'offrir une expérience, un moment unique, un voyage hors du temps, une émotion particulière, en accord avec ses convictions.

Les clients du luxe ont, comme les autres, une demande croissante pour la traçabilité des produits. La préoccupation des clients japonais d'abord, s'est généralisée à tous les marchés, de plus en plus avides de détails, de savoirs et de produits qui racontent une histoire. Aujourd'hui, lorsqu'on achète un objet, on achète davantage son univers et sa trajectoire que l'objet en tant que tel. C'est l'histoire qui porte la valeur de l'objet.

De nombreux clients peuvent acheter des milliers d'euros un sac à main de grande marque, mais depuis peu, certains de ces clients demandent « d'où vient la peau » et « dans quelles conditions le sac a été fabriqué », avant de conclure leur acte d'achat... ou pas !

Une ère nouvelle s'ouvre pour les marques de luxe ; celle du marketing conversationnel. L'intérêt pour le storytelling est grandissant. Le vrai luxe a compris qu'il devait réinvestir ses savoir-faire, son niveau d'excellence, ses sourcing de grande qualité, et le faire savoir par du brand content original. Comme par exemple, les Journées Particulières de LVMH, les ethnobotanistes de Dior, la filière de l'orchidée impériale de Guerlain... Raconter ce qu'il se passe derrière le produit, présenter l'artisan, la main de l'homme, les savoir-faire, la préservation des matières premières et des communautés, le respect des conditions de travail... tous ces champs ouvrent des voies de discussions fabuleuses entre la marque et le client, et créent une relation basée sur des valeurs partagées, tout en permettant aux marques de Luxe de renouer avec leur ADN premier.

Le nouveau luxe à l'ère du digital

De prime abord, le décalage entre luxe et digital semble évident – tout comme l'est, pour certains, le luxe et le développement durable : le luxe est une *expérience*, une invitation au voyage, exclusive, parfaite, réservée à une élite. Les nouvelles technologies, quant à elles, sont désormais communes, largement distribuées, grand public et bon marché. L'un et l'autre partagent pourtant une promesse commune : l'innovation.

Bien qu'arrivés tardivement, les principaux piliers du secteur sont désormais acquis au Web 2.0. « Quand une marque de luxe décide d'investir un territoire du web, tout le monde suit. Dior s'est positionné sur Twitter fin avril 2009. Le 15 mai, Vuitton, marque du même groupe, suivait, et en septembre, toutes les marques de luxe y étaient », se souvient Stéphane Galienni de Balistik #Art.

Mais comment continuer à cultiver le secret, l'exceptionnel, la rareté, face à la démocratisation du Net ? Là, est tout l'enjeu.

Le numérique a ouvert le champ des possibles dans le temps et dans l'espace, voire le cyberespace. Il a renforcé le sentiment de toute puissance des consommateurs. Le partage d'expériences et le *tweetting* imposent un chemin d'achat bien plus tortueux que celui auquel les marques de luxe étaient habituées.

La marque doit faire preuve d'audace et d'imagination pour établir de nouvelles règles. Assumant sa vocation de pionnière, elle doit reprendre le leadership sur ses consommateurs afin d'être à nouveau en mesure de les guider vers ce que ceux-ci sont susceptibles d'apprécier.

Un nouveau rôle pour les marques, qui doivent apprendre à apporter leur valeur ajoutée de la bonne façon au bon moment. À cet effet, les outils numériques représentent de formidables alliés pour que la marque s'exprime de manière plus transversale, inspirationnelle, et fasse passer des messages éthiques et universels. C'est la raison pour laquelle Paris 1.618 a créé, en complément de son événement physique, un Guide Online[1], dédié aux consommateurs exigeants en quête de sens et de transparence de la part des marques.

Pour paraître à la pointe, monter des opérations alliant mode et technologie est ce qu'il y a de mieux en ce moment ! Mais encore peu de marques utilisent les canaux digitaux pour exprimer leurs engagements en termes de développement durable…

Les groupes de luxe ont compris qu'il fallait dévoiler plus d'histoires, et tous ont produit de fabuleux films sur leurs ateliers ou sur le geste. C'est un premier pas. Pourtant, il semble évident que communiquer sur des actions qui participent au *mieux* collectif, est une dynamique extrêmement positive que les marques de luxe devraient très vite envisager. Les outils digitaux permettent justement de passer un message universel grâce à des canaux planétaires. Ces valeurs immatérielles liées à la préservation, au respect de l'homme et de notre planète, sont autant de sujets qui touchent toutes les franges de la population, même dans les pays en développement.

Pour que la marque de luxe garde son leadership, elle doit se positionner en pionnière sur ces questions. Il ne s'agit pas d'une tendance, mais, bien au

1. www.guide.1618-paris.com

contraire, d'un rôle et d'une responsabilité que cette industrie se doit d'endosser. C'est en prenant parole, en tentant de trouver des solutions nouvelles, en ouvrant des voies, et en innovant sur toute la chaîne de valeur, qu'elle peut garder son *aura* aujourd'hui. Si la marque reste muette sur ces questions, les conséquences peuvent être dramatiques, car on attend d'elle qu'elle soit, sinon exemplaire, un modèle.

L'un des leitmotivs de notre organisation pourrait se résumer en cette citation : « *In the end, we will conserve only what we love, we will love only what we understand and we will understand only what we are taught* », Baba Dioum, 1968.

Nous sommes convaincus que l'habilité à comprendre et à démontrer la durabilité, est la clé distinctive entre une marque de luxe du XXIe siècle, et celle restée au XXe siècle. Il faut alors pouvoir le faire savoir ! Si la marque cherche encore souvent comment prendre la parole sur ses engagements de développement durable, le consommateur, quant à lui, évolue déjà rapidement par lui-même. Il va chercher de l'information et tente de plus en plus souvent de vérifier si la marque qu'il aime est éthique. Les médias sociaux lui permettent de se renseigner et de demander conseil avant un achat, mais aussi de se tenir au courant des événements positifs ou négatifs au sujet des produits et marques qu'ils consomment.

Lorsque l'information est positive, le client démultiplie son « affection » pour la marque, et lui devient plus rapidement fidèle. À l'inverse, si la marque se sert d'arguments qui s'avèrent faux (le *greenwashing*) ou masque des conditions de fabrication difficilement acceptables, ce manque de sincérité ou de transparence peut créer des dommages extrêmement dévastateurs.

On se souvient, par exemple, du scandale des doudounes Moncler, connues pour leurs duvets intérieurs fabriqués à partir de plumes d'oies. À la suite d'un reportage en Italie, on y découvre des méthodes de fabrication cruelles, où les oies, entassées dans des cages sans lumière et mal nourries, sont plumées vivantes ! Le malaise est palpable à travers l'écran et, si les animaux ne succombent pas à leur souffrance, ils retournent au hangar en attendant la repousse et le prochain plumage à vif… Accusée d'avoir délocalisé sa production en Europe de l'Est, et de travailler avec des fournisseurs qui opèrent de façon scandaleuse pour faire plus de profit, la marque dément instantanément, mais la toile s'empare du sujet et la polémique s'amplifie. Les internautes sont révoltés et appellent au boycott de la marque. Moncler voit son action boursière baisser instantanément et sensiblement.

Le consommateur met ainsi la pression sur la valeur ajoutée de la marque. Attirés par de plus en plus de marques, sollicités par des sources d'information toujours plus nombreuses, et des canaux de ventes chaque jour plus variés, les consommateurs zappent, rebondissent, et se sentent plus attirés par un discours qui les touche personnellement et leur parle avec sincérité. Ils ont un sentiment croissant de leurs pouvoirs, et attendent des marques qu'elles se plient davantage à leurs désirs.

Le luxe a vraiment tout à gagner en affirmant une certaine exemplarité grâce aux outils digitaux. « Si le produit est vraiment le meilleur, alors montrez-nous d'où il vient et dans quelle condition il est fait ! »

Si une communication et un marketing transparents augmentent les ventes, il ne s'agit pas de tout dire, mais de comprendre qu'échaudée par les mensonges et tentatives de manipulation à répétition, l'opinion ne tolère plus la moindre opacité, que ce soit dans les affaires publiques ou privées. Les acteurs qui s'obstinent à ne pas pratiquer, ou rechercher la transparence, paraissent d'emblée suspects...

Si les marques, y compris celles du Luxe, usent de tous les talents pour avoir plus *d'amis* sur leurs pages, l'internaute attend, pour le moins, que la marque qu'il *like* lui parle comme à un ami ! À un ami, on dit la vérité, ce que l'on fait de bien et ce dont on est fier, mais aussi ce que l'on aborde avec plus de difficultés, mais dont on est conscient ; à un ami, on souhaite et offre le meilleur.

Une conversation en toute sincérité, tout en conservant la part de rêve qui provoque le désir, est le meilleur moyen, pour les marques, d'obtenir une très forte adhésion. Il est tant d'oser, de déculpabiliser et de raconter.

Cette redistribution des cartes, loin de menacer l'univers des marques de prestige, bouleverse l'équilibre des forces du marché en créant des interactions inédites entre les marques et leurs clients.

L'expression de la marque n'est plus un discours ultra maîtrisé, diffusé en boucle à travers le monde, et relayé par chaque magazine et point de vente, identique partout. C'est un dialogue, un échange permanent, entre les valeurs *éternelles* du luxe portées par la marque et son identité, et les nouvelles aspirations collectives et individuelles des consommateurs. Il paraît évident qu'à terme, les réflexes des consommateurs intègreront le développement durable et la responsabilité sociale, et un produit de luxe ne pourra plus séduire s'il ne justifie pas du respect de certaines conditions.

Nous pensons que le chemin qui mène au succès dans le luxe durable est de ne pas communiquer sur la culpabilité, mais de communiquer sur le respect et la compréhension afin de susciter l'engagement du consommateur.

Dans tous les champs à explorer, le *storytelling expérientiel* est sans doute la piste la plus passionnante. Elle impose de revenir à la définition même du mot luxe. C'est sans doute à travers leur créativité et ce décalage, que les marques de luxe vont vraiment pouvoir exploiter l'essence même des nouvelles technologies : cet aspect disruptif et avant-gardiste. En s'inspirant des artistes numériques et en développant de nouvelles innovations, ils vont pouvoir donner un *sens* à ces dispositifs. C'est la créativité et le partage de valeurs éthiques qui apporteront ce supplément d'âme qui manquera toujours cruellement à un simple écran ou à une tablette.

À vous, les communicants ! Participez à l'écriture de cette nouvelle histoire avec la promesse d'un meilleur *vivre ensemble*, d'une société du partage, un peu plus exemplaire, où la créativité devient une valeur structurante, et réjouissons-nous tous qu'il faille à peu près tout réinventer. Nous vivons une époque formidable, de doutes… mais de tous les possibles !

Le luxe a les moyens d'esthétiser tout cela pour nous faire rêver de ce nouveau monde. Considérer et intégrer cette évolution, c'est, pour les marques, s'ouvrir de nouveaux horizons fascinants.

CHAPITRE 14

Transformation digitale

Par Emmanuel Vivier (HUB INSTITUTE)

Cofondateur du HUB Institute, Emmanuel Vivier est l'un des experts du numérique les plus reconnus au niveau international. Depuis 15 ans, il accompagne les grandes marques dans l'accélération de leur transformation digitale. Emmanuel Vivier a formé plus de 7 000 managers, et a été speaker à plus de 600 événements, conférences et séminaires à travers le monde. Think Tank digital, le HUB Institute organise plus de 10 conférences par an, et publie de nombreux rapports de veille sur l'innovation, le marketing et le digital.

Transformation digitale : une évolution vitale pour le luxe face à la disruption numérique

Transformation digitale… Le mot est lancé, et il est en train de devenir le slogan de l'année 2015 pour bon nombre de grandes entreprises, y compris dans le luxe. En effet, après avoir secoué le marketing et la communication, Internet est en train de bousculer toute la chaîne de valeur et tous les départements des entreprises du luxe. Derrière les licornes[1] médiatiques, telles qu'Uber ou Tesla Motors, se dressent une armée de start-ups, et les tenta-

1. Une licorne est une start-up valorisée à plus de 1 milliard de $.

cules des géants digitaux qui attaquent des pans entiers de l'économie avec une ambition et un appétit sans limite. Mais c'est surtout le consommateur qui, une fois connecté, ultra informé et super communicant, compare, s'exprime et challenge les approches traditionnelles avec de nouveaux comportements, de nouveaux usages et de nouvelles attentes. Bref, l'heure n'est plus à créer un site ou une application mobile, mais bel et bien à repenser le concept de luxe 2.0 dans un environnement virtuel, mondialisé, instantané, moderne et disruptif, aux antipodes de la tradition, de la rareté, de l'intemporalité des grandes Maisons. Ce défi n'est pas à prendre à la légère. Les acteurs qui rateront cette transition exigeante et complexe risquent de ne plus être là d'ici dix ans pour en parler.

Les acteurs du luxe vivent une époque de grande disruption liée au digital et à 3 facteurs majeurs

Depuis la naissance de l'Internet grand public, il y a plus de 18 ans, les consommateurs sont désormais super connectés. Depuis leurs ordinateurs de bureau, leurs smartphones, leurs tablettes ou leurs montres connectées, ils sont désormais plus de 3 milliards à pouvoir s'informer, acheter et se divertir 24 heures sur 24 et 7 jours sur 7. Grâce à une connexion quasi permanente et au *cloud*, ils ont accès à n'importe quoi, n'importe quand et n'importe où. Allez expliquer à vos enfants que vous êtes nés avant Internet, les e-mails et le mobile, qu'il y avait un seul livre pour 30 étudiants au CDI, et que Wikipédia et Google n'existaient pas… L'accès à l'information a explosé. Du prix au service, vos produits sont commentés, passés en revue en temps réel entre internautes, experts, etc. Grâce aux médias sociaux, nous sommes tous devenus des médias capables d'échanger n'importe quelle information ou opinion en texte, photo ou vidéo, instantanément et sans limite géographique. Avec cet accès aux conversations et à la connaissance, nos usages, envies et comportements sont en train de muter complètement. Nous exigeons plus de personnalisation, de réactivité, d'interactivité, de service, de transparence, d'authenticité… Les clients asiatiques du luxe découvrent la surprime tarifaire des articles de luxe locaux et n'hésitent plus à demander à des *complices* d'acheter les produits désirés moins chers en Europe ; d'autres les louent sur Renttherunway.com. Le consommateur n'aura jamais autant changé, et le niveau d'exigence augmente. Au-delà des conversations mêmes, les amateurs de luxe commencent à échanger et collaborer entre eux (onefinestay.com : le Airbnb version luxe ; Cojetage, pour partager les places de votre jet). Nous sommes de plus en plus nombreux à préférer l'accès et l'usage à la propriété (louez une BMW quelques heures avec ZipCar, un jet avec netjets.com ou wijet, un sac à main de grande marque sur Sacdeluxe.fr ou une toile de maître avec turningart.com). Les marques sous-estiment énormément l'impact de ces quinze dernières années sur le comportement de leurs clients et l'évolution de leurs attentes.

Un tsunami de start-ups innovantes et ultra dynamiques réinvente les industries

Si les grands groupes sont lents à s'emparer des nouvelles technologies ou à répondre aux nouvelles attentes des clients, les start-ups, elles, se sont lancées dans un sprint pour transformer chaque insatisfaction en une idée de nouveau business. Depuis 1998, et malgré les bulles liées à certains excès, de nouvelles PME, agiles, ambitieuses, lèvent des fonds de plus en plus importants en ayant l'envie de changer le monde, ou au moins, d'innover et de challenger les marchés existants. Grâce à Internet, le marché est désormais mondial, et les meilleures des jeunes pousses arrivent, en quelques années, à se lancer sur plusieurs continents et à toucher des dizaines, voire des centaines de millions d'utilisateurs. La Silicon Valley continue d'être leur terre de prédilection, mais New York, Berlin, Londres, Paris, ou même l'Asie, voient chaque année des centaines de nouveaux concepts se lancer. Avec des sources de financement de plus en plus importantes (Business Angels, VC, fonds d'investissements, crowdfunding), nous assistons à la 3e génération d'entrepreneurs digitaux conseillés, cette fois, par ceux qui ont fait fortune en 2000 ou 2010. Cette vague n'est pas prête de se tarir et devrait certainement venir titiller vos activités existantes. La majorité du secteur du luxe a, par exemple, souvent raté la révolution e-commerce en la snobant : le web était trop froid, trop limité pour offrir un service *luxe*. De nombreux pure players, en ont, eux, profité pour devenir des acteurs majeurs et incontournables aujourd'hui. En Asie, une multitude de sites web et mobile proposent d'acheter du luxe de manière très pragmatique et complètement décomplexée. Et Tesla Motors (dont la capitalisation dépasse celle du groupe PSA) rivalise, en à peine quelques années, grâce à ses voitures électriques de standing, avec les automobiles de luxe allemandes. Si n'importe quel étudiant peut commander un chauffeur privé en 2 clics sur une application mobile avec Uber (comme 8 millions d'utilisateurs dans 250 villes), ou louer un loft avec piscine à New York avec ses amis sur Airbnb, et donc si le luxe devient accessible à tous, est-ce encore du luxe ? Les marques de luxe vont devoir revoir leur proposition de valeur sous peine de devenir mainstream.

Les GAFA (Google, Apple, Amazon, Facebook), véritables géants du digital, sortent de leurs métiers initiaux pour attaquer les secteurs traditionnels. Google est bien plus qu'un moteur de recherche. Avec quasiment 10 milliards de $ en budget Recherche et Développement, Google s'attaque à l'automobile (voitures autonomes), à la santé, à la robotique, aux activités de fournisseurs d'accès, etc. Amazon devient hébergeur, éditeur, producteur de films. L'entreprise se lance dans la livraison de courses alimentaires, teste la livraison par drones, et est déjà leader de la vente de chaussures aux États-Unis avec Zappos. À quand la vente de produits de luxe ? (On peut déjà acheter des appareils photo Leica à plus de 10 000 € sur la plateforme). Facebook est devenu le leader de la publicité sur mobile, et une des plus grandes bases de données de clients au monde (1,44 milliard d'utilisateurs début 2015). Apple se lance dans le paiement avec Apple Pay, comme Alibaba avec Alipay en Chine, mais la marque à la pomme a désormais tout d'une marque de luxe : des lieux de ventes magnifiques, des produits avec un vrai premium en prix et en design sur la concurrence, et une vision de la création digne des designers des grandes Maisons. Si Bang & Olufsen pouvait déjà se sentir menacé, l'*Apple Watch* attaque de plein front l'horlogerie de luxe avec des tarifs allant jusqu'à 12 000 dollars. Bref, ces mastodontes digitaux qui savent rester encore assez agiles et ambitieux, analysent chaque chaîne de valeur, et débordent largement de leurs activités initiales pour aller attaquer les secteurs traditionnels sur leur terrain. Nous sommes tous en train de devenir des entreprises logicielles, et nos nouveaux concurrents s'appellent Google, Amazon, Facebook, Apple, Microsoft ou Samsung… Le luxe a-t-il les moyens de les affronter ?

Le changement : sources de risques ou d'opportunités pour le luxe ?

Comme dans toute période de changement, il y a de grands risques pour les acteurs existants. Le réseau de vidéoclubs Blockbuster, ou encore Virgin, a très mal anticipé le e-commerce et a fait faillite. Comme le Titanic qui, avec ses fastes et sa grandeur, paraissait insubmersible, il a suffi de quelques icebergs pour transformer un acteur leader comme Kodak, en catastrophe majeure, la même année (2012) où Instagram se revendait pour 1 milliard, avec 40 salariés à Facebook. Il suffit de regarder la presse ou l'industrie de la musique pour comprendre qu'il n'y a rien de pire que de subir les changements en étant aveugle ou en leur résistant. La taille n'est pas une garantie, et comme Darwin nous le rappelait, ce sont ceux qui s'adaptent le mieux aux changements qui survivront, ce qui est loin d'être une évidence pour les acteurs du luxe et leur attachement à la tradition et l'intemporalité.

Pourtant, cette disruption offre de grandes opportunités pour les acteurs qui sauront évoluer. Grâce au web, un créateur ou une Maison, même de taille modeste, peut communiquer, commercer et se développer au niveau international comme jamais auparavant. Bethany Mota, Youtubeuse de 19 ans, a généré 80 millions de revenus avec sa nouvelle ligne de vêtements. Les grands acteurs du luxe peuvent être dans la poche de chacun de leurs clients avec le mobile, sonder leur audience grâce à l'étude des conversations en ligne, et détecter de nouveaux insights pour leur Recherche & Développement ou leur marketing. Il est désormais possible de cibler et de servir de manière bien plus précise les bons prospects et clients sur les bons canaux, et de mieux mesurer et d'optimiser la performance de sa conversion.

Mais pour cela, il est indispensable pour les grands groupes d'accélérer leur Transformation Digitale. Axa, Accor, Ralph Lauren, Burberry, L'Oréal l'ont bien compris, et ont déjà tous annoncé des plans ambitieux atteignant parfois 200M d'euros. Les acteurs français du luxe suivent mais restent encore souvent à la traîne avec une motivation et des efforts en demi-teinte : un support des équipes et des moyens encore limités face aux enjeux ; une peur du risque assez maladive et peu compatible avec l'innovation et l'expérimentation ; une adoption lente et limitée du e-commerce ; une mise en place un peu poussive du CRM omnicanal ; une digitalisation hésitante des lieux de ventes ; une présence grandissante mais encore très défensive sur les réseaux sociaux ; des actions d'influence assez régulières avec les bloggeurs ; et des sites enfin (presque) tous adaptés au mobile.

Luxe et Transformation digitale : *Now or never* !

Big Data, Open Innovation, Social CRM, e-réputation, réseaux sociaux internes et entreprise 2.0... Le nombre de *buzzwords* liés au digital ne semble avoir de cesse de se multiplier. Pas étonnant que certaines entreprises et leur management soient parfois un peu perdus ou pétrifiés devant les nombreuses urgences à orchestrer et prioriser. Quand on connaît l'aversion du domaine du luxe pour la prise de risque, cette paralysie y est encore plus criante. Comment réinventer son organisation et son business quand on a passé des décennies à affiner l'excellence de ses produits et de son modèle existant ? Comment concevoir une stratégie et intégrer le digital, dont la direction a parfois une pratique et une connaissance pour le moins limitée ?

Quand on aborde le sujet de la Transformation Digitale, on pense souvent en premier à l'aspect technologique. Quel outil CRM à adopter, quelle technologie pour son e-commerce, ou quel logiciel pour son SAV ? Mais s'il s'agissait seulement d'acheter et d'intégrer quatre ou cinq solutions technologiques, cette mutation ne ferait pas autant de bruit. Non, quand on parle de transformation numérique, il ne s'agit pas seulement de recruter un(e) responsable digital, ou même un département, mais bel et bien d'avoir une vision claire de son business futur et d'intégrer le digital dans toute son organisation.

Après quinze ans à travailler avec les grandes entreprises sur des sujets digitaux, nous avons décidé, avec Vincent Ducrey mon associé au HUB Institute, de concevoir une matrice pour aider les COMEX à y voir plus clair :

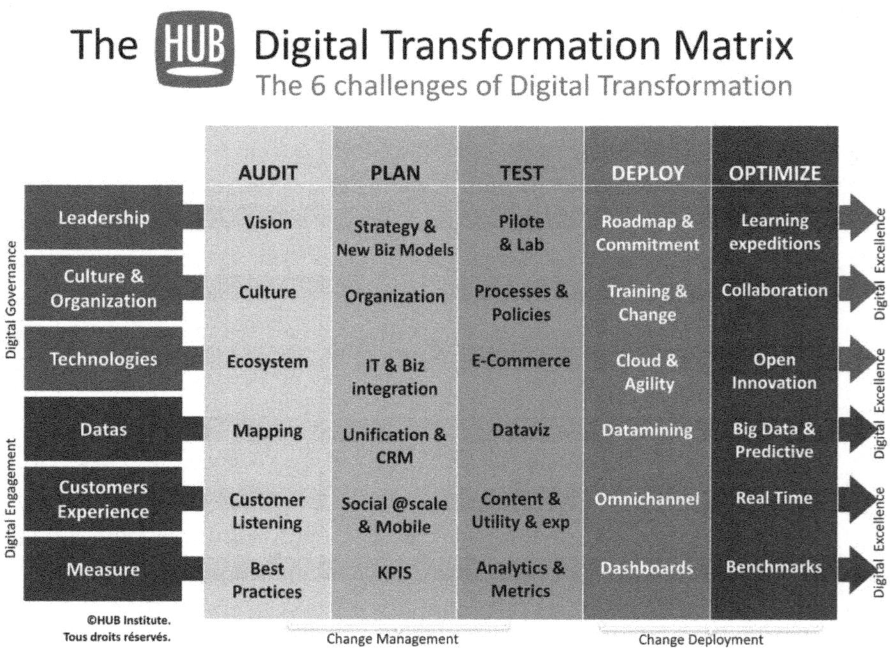

Si l'élément technologique est clé, il n'est en fait qu'un des six grands chantiers (sur la gauche) de la transformation numérique. Les marques, dans le luxe en particulier, doivent donc envisager dans la globalité, l'ampleur du changement à opérer.

Leadership et vision du management

La transformation d'une entreprise ne pourra passer que par sa tête. Sans vision claire sur la motivation et destination, et sans exemplarité dans l'adoption et la pratique du digital par les dirigeants, l'échec est assuré. Le management doit clairement communiquer et partager un projet, articuler une stratégie en acceptant de réexaminer toute la chaîne de valeur et imaginer de nouveaux leviers de croissance, ou même une évolution/diversification du business model de l'entreprise. La vision et l'impulsion d'Angela Ahrendts, l'ex PDG de Burberry, ont été déterminantes dans l'accélération de la transformation de l'entreprise.
Ces nouvelles approches devront être testées avant un déploiement à grande échelle. Lors de cette phase d'expérimentation, un soutien des équipes face aux obstacles, freins, erreurs ou échecs, devra être sans faille pour ne pas faire rimer innovation avec risque personnel pour les collaborateurs. Enfin, cette vision devra constamment être mise à jour selon les dernières tendances consommateurs, ou bien en comparant ses bonnes pratiques à celles de l'industrie, mais aussi à celles au-delà du luxe (vu le conservatisme dans ce secteur, les marques doivent vraiment regarder dans le domaine high-tech, de l'hôtellerie, etc.). Il est, ainsi, de plus en plus courant de voir les COMEX se rendre dans la Silicon Valley, au CES de Las Vegas ou à la conférence SXSW, pour sentir le pouls de l'innovation. Ces mêmes COMEX devraient aussi s'imposer des visites au Japon, en Chine ou en Corée : en plus d'être une nouvelle terre d'innovation, ce sont des marchés à la taille conséquente dans le luxe, et avec des cultures, des usages et des outils très différents. Innover, c'est aussi éviter d'avoir une seule vision trop occidentale des consommateurs…

Culture et organisation

Il va falloir accepter, et même apprécier, l'évolution régulière des compétences et des process de l'organisation. Se transformer, c'est accepter d'évoluer et, au passage, c'est aussi une garantie pour son employabilité future.

Rester pertinent dans un contexte de changement va nécessiter beaucoup de pédagogie, de réassurance et d'accompagnement. Il ne s'agit plus de nommer un *monsieur* ou une *madame* Internet pour gérer le problème, mais bel et bien d'emmener tous les managers et les collaborateurs en les faisant toutes et tous intégrer le digital dans leurs responsabilités actuelles. Les ressources devront être réallouées et les silos réduits, afin de gagner en réactivité, coordination, transversalité et agilité.

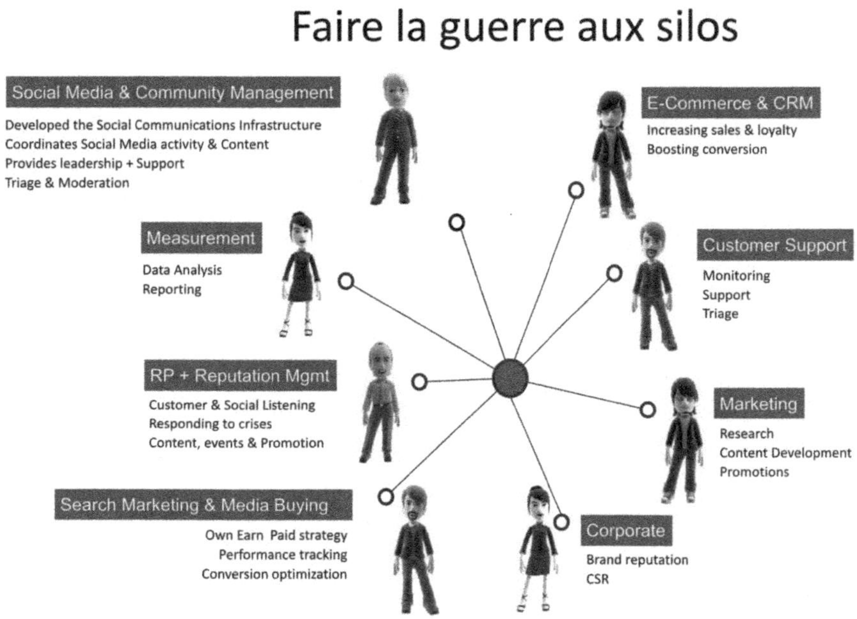

La majorité des grands groupes a lancé il y a entre 5 et 2 ans, de grands programmes de formations : *digital days*, MOOC, e-learning, *mobile learning*, *workshops*, *learning expeditions*, ou encore *reverse mentoring*, comme chez LVMH, L'Oréal, Danon, Axa, etc. Cet effort sera indispensable, et ce, sur tous les plans, pour mettre à niveau l'expertise de chacun, s'assurer de la bonne compréhension des enjeux, uniformiser les pratiques et créer un référentiel conversationnel ; bref, une culture partagée par toute l'organisation pour s'assurer de l'adhésion du plus grand nombre.

Sans cet effort, on ne fera pas avancer une entreprise contre ses salariés. Le succès ne pourra qu'être collectif et transversal dans les années à venir, car tout est lié, et on est aussi faible que le plus faible des maillons de la chaîne.

Il faudra aussi apprendre à identifier, attirer et retenir les nouveaux talents digitaux (mobile, Data, CRM, e-commerce) qui sont particulièrement recherchés, durs à séduire, mais aussi à retenir. Et là, le luxe a des efforts à faire. Son approche précautionneuse, l'environnement de travail parfois guindé, et les validations lourdes risquent de créer un certain rejet des talents digitaux qui veulent s'impliquer sur des projets agiles, rapides, avec peu de hiérarchie et peu de place pour le respect des règles ou du protocole. Ces nouvelles énergies attendent de leur employeur une posture *test and learn*, et non plus *wait and see*, où 95 % des idées sont assassinées à peine nées.

Les talents en mobile, CRM, e-commerce, programmation et data, mènent la danse, et, sous peine de recruter les meilleurs, le moteur du luxe risque d'être à court de carburant ou de ne pas pouvoir prétendre à l'excellence. Comme elle, l'industrie du luxe l'a fait avec des talents de la création, et il faudra aussi accepter de repenser certaines grilles de salaires sous peine de voir les meilleurs partir ailleurs. Apple a, par exemple, offert à l'ex-PDG de Burberry, un package de 82,6 M$ en 2014, contre moins d'1 million auparavant, et ce, *juste* pout être SVP du retail et des ventes en ligne ! Il en va de même avec les mécaniques d'intra-preneuriat. Comment *incentiver* un collaborateur interne pour lancer une innovation au sein de l'entreprise *via* un lab, un spin-off, au lieu de le laisser partir se mettre à son compte et perdre cette valeur.

La technologie

Si c'est le sujet auquel on pense en premier, c'est loin d'être le plus simple. Avec la mondialisation et Internet, la sphère logicielle est en émulsion permanente avec un paysage ultra dense, complexe, en évolution perpétuelle. Il est pourtant vital de bien comprendre l'écosystème des solutions à l'heure actuelle, mais aussi et surtout, dans les 12 à 36 mois pour faire les bons choix pour les quelques années à venir. La DSI doit passer d'une forteresse, souvent peu amène, à un partenaire indispensable qui teste, identifie et propose les meilleures solutions pour développer les activités de l'entreprise. Des processus back office aux solutions front au service des clients, la tâche est énorme et pas toujours simple quand on doit, en plus, gérer et

maintenir l'existant tout en développant de nouvelles activités : e-commerce, mobile, social...
Heureusement, l'arrivée du cloud et des logiciels en mode SAAS (Software As a Service) permettent de soulager les DSI en lissant les ressources et les coûts en parallèle des besoins réels. On consomme uniquement l'espace ou la puissance de calcul dont on a réellement besoin à un instant t. On peut aussi *outsourcer* toute une partie de la maintenance de serveurs ou du développement logiciels qu'on avait tendance à effectuer en interne, pour des budgets assez conséquents. L'adoption des technologies doit gagner en efficacité et en agilité. On croise trop souvent des managers de grandes entreprises avec des smartphones (combien de BlackBerry encore chez les managers des marques de luxe ?) ou des ordinateurs préhistoriques, complètement arriérés par rapport à ceux du grand public !

Enfin, il s'agit de s'ouvrir à l'extérieur *via* la création d'API ou l'open innovation, en favorisant la collaboration ou la prise de participation (comme le fonds lancé par LVMH), ou même le rachat de start-ups pour intégrer plus d'innovation, plus rapidement.

La Data

Quand tout le monde n'a à la bouche que les mots *Big Data* et *prédictif*, il serait temps, pour beaucoup de sociétés, de commencer par un vrai inventaire de toutes les données disponibles dans l'entreprise et une mise au propre de leurs formats, de leur qualité, et l'unification des informations et contacts clients dans une seule base partagée. L'arrivée de solutions en DMP (Data Marketing Plaform) chez Adobe, IBM, Microsoft, Salesforce, ou encore SAP, va permettre de simplifier ce travail de plomberie complexe et laborieux, et faciliter la visualisation, la manipulation, l'exploitation de ces données en information réellement utile et activable pour le business. Nous devenons tous des entreprises de logicielles, et la data est l'élément clé de leur fonctionnement. Un des grands chantiers actuels est celui du rapprochement entre achat média et CRM *via* une seule base de données (cette fameuse DMP) commune. Mieux comprendre, cibler et mesurer à 10 ans : les entreprises qui auront terminé ce chantier de la data, investiront mieux, moins et feront toute la différence en termes de performance.

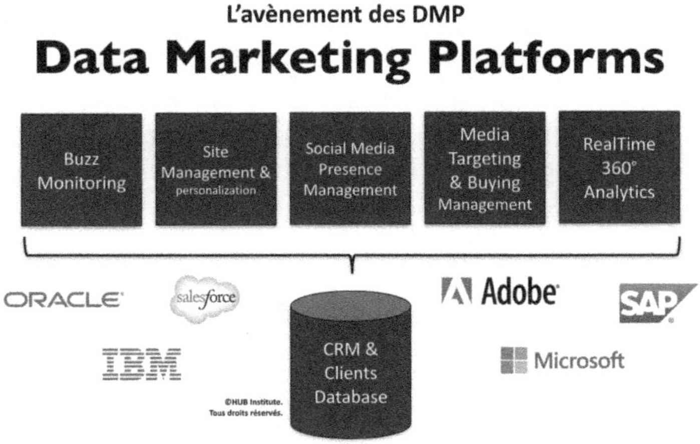

Et tout cela, en continuant d'assurer la qualité et la sécurité qui sont des enjeux vitaux en termes de confiance pour les clients. Les grandes entreprises auront un grand rôle et une opportunité à jouer sur la réassurance au niveau de l'éthique et de la sécurité des données.

Marketing et expérience client

À l'heure de l'ultra transparence, où chaque prospect hyper informé peut comparer les informations et les avis sur un service ou un produit, l'expérience client est à repenser entièrement. Des contenus au serviciel, en passant par l'expérience en point de vente, comment peut-on intégrer le digital de manière pertinente pour répondre aux nouvelles attentes des consommateurs ou mêmes les devancer ? De la création d'une *Social Room* adoptée par des sociétés, comme Orange ou Nestlé, pour monitorer les avis des internautes et améliorer ses offres et produits en temps réel, en passant par la définition de stratégies pour intégrer le mobile et le social, le chantier est conséquent. Il faut dépasser la diffusion de message marketing pour gérer l'engagement avec des audiences, et ce, 365 jours par an, sur les différents canaux et en temps quasi réel.

Un de grands challenges du luxe est vraiment de recréer un niveau d'expérience client sur le digital, ou même en omnicanal, au niveau de celui de leur retail, ou même au niveau de celui de la concurrence des start-ups. Comment expliquer que l'application Uber permet de commander un taxi partout dans le monde, ou même un hélicoptère à Cape Town, quand la plupart des bases CRM des boutiques de grandes Maison ne sont pas internationales, ou pas mutualisées entre boutiques et online (quand elles existent déjà). Le luxe a trop souvent confondu beau (de jolis sites en flash, de jolies applications avec de jolis visuels et de belles égéries) et expérience client, sur le digital. Si le luxe empile les Direction artistique, Direction de la création, de l'image, etc., combien de Direction de l'expérience client, combien d'*UX designer* ? Si l'expérience d'un site ou d'une application d'une marque de luxe devient moins performante et excellente que des sites grand public, tels que Spotify, Airbnb, etc., à quoi bon se prétendre luxueux ? Ce chantier est vraiment un des gros points faibles de l'industrie.

La mesure de la performance

On ne contrôle que ce que l'on peut mesurer. Dans un univers ultra concurrentiel, il faut adopter les meilleures bonnes pratiques en termes de mesure de la performance, identifier les bons indicateurs et mettre les outils de mesure nécessaire sans se noyer, et en s'assurant que cette mesure sert bien à optimiser les process de l'entreprise. Chaque échelon doit pouvoir accéder en temps réel et sans effort aux tableaux de bord qui feront sens pour lui. Il est aussi important de pouvoir comparer ses performances à celles de la concurrence, et de l'industrie en général.

Mesurer, c'est s'assurer de la pertinence de sa stratégie, communiquer sur les bons points de contact, et devenir plus concurrentiel en étant plus performant.

Ces 6 chantiers ont tous un lien avec la technologie, mais leur succès reposera d'abord sur chaque manager et employé, et leur capacité à anticiper, innover, assister ces différentes fonctions dans leurs évolutions.

Cette évolution n'est pas un challenge simple. Les grandes Maisons du luxe qui auront entrepris ces grandes évolutions sur les cinq prochaines années, se garantiront une place de choix dans les dix années à venir, en gagnant en agilité et en performance. Le management et la technologie seront les fers de lance de cette (r)évolution. Mais elle ne pourra se faire qu'avec le soutien de tous. On a toutes et tous un rôle à jouer en termes d'innovation. Personne n'a le monopole des bonnes idées, et tout le monde peut, et doit, contribuer en s'impliquant.

Et vous, êtes-vous prêts à effectuer votre transformation digitale ?

CHAPITRE 15

Formation

Par Pierre Kalaijian (ISG MODA DOMANI INSTITUTE)

> Créée en 2014, Moda Domani Institute est la nouvelle business school spécialisée dans les nouveaux mondes du luxe, de la mode et du design. École post-bac en 5 ans, elle s'adresse à tous les passionnés du luxe, de la mode et du design. Bâtie sur 3 valeurs fondamentales, la stratégie, la créativité et le numérique, l'école propose à ses étudiants une pédagogie très actuelle, une orientation très internationale et un véritable incubateur de passion.

Après quinze années dans le monde de l'enseignement supérieur, j'ai le plaisir de diriger Moda Domani Institute[1], nouvelle *business school* spécialisée dans les nouveaux mondes de la mode et du design.

Un carrefour professionnel par semaine depuis un an fut, pour Éric Briones et moi-même, une formidable occasion de *psychanalyser* des professionnels du secteur du luxe et de comprendre comment ce secteur vit sa mutation, pourquoi il doit muer rapidement et ce qu'une école spécialisée, qui construit l'intelligence de demain, doit mettre en œuvre pour accompagner ce changement. La constante d'un formateur étant d'observer les changements sociétaux, d'en évaluer les nouveaux besoins en compétences et d'adapter sa pédagogie.

1. Vingtième marque membre de IONIS Education Group, premier groupe d'enseignement privé en France, fondé en 1980 par Marc Sellam.

Plaidoyer pour un employé du luxe en formation permanente, un apprenti éternel

« La vie entière est une médiation, l'école à laquelle nous appartenons durera toute notre vie », Jaden Smith (fils de Will Smith).

Nous apprenons depuis la naissance et ce, tout au long de la vie, de manière consciente ou inconsciente. Nos premiers pas, nos premiers mètres à vélo, nos premières émotions, etc. Chaque instant, nos expériences nous font acquérir des données, des compétences et des savoirs nouveaux. L'école, l'université, la formation, au sens large, nous apprennent des choses qui vont bien au-delà des référentiels pédagogiques. Quelle que soit sa façon de se former, de l'école à l'entreprise, en passant par l'université, qu'elle soit choisie ou subie, l'homme est, par essence, un *apprenti éternel.*

Depuis l'origine des sociétés industrielles, l'entreprise a répandu son savoir circonscrit, sanctionné par l'université et détenu par un ou plusieurs responsables. Pour une scierie ou une fabrique de produits chimiques, ce savoir fixe se transmettait de génération en génération, enrichi progressivement par les découvertes de la Science et de la technologie. À l'ère du numérique, une transformation radicale s'est opérée : les savoirs directeurs se sont révélés de plus en plus transitoires. Leur durée se mesure désormais en mois, et non plus en décennies. Aucun domaine n'a plus accusé cette mutation que celui du luxe, d'une part, parce qu'il englobe un nombre de disciplines plus grand que tous les autres (sociologie, psychologie, économie, culture et technique) et d'autre part, parce qu'il porte en lui le gêne de l'excellence. Il n'existe aujourd'hui, aucun cursus directeur et l'on pourrait presque s'en féliciter ! Il serait constamment menacé d'obsolescence. Il en découle que chacun, particulièrement dans le secteur du luxe, doit faire cet apprentissage *sur le tas.* Sa discipline, plus exigeante qu'aucune autre ne le fut jamais, est d'être un *apprenti éternel. Apprenti* d'une part, pour les valeurs initiatiques sous-tendues portant en elles l'humilité, la curiosité, et l'ouverture ; et *éternel* d'autre part, parce que, comme l'explique Lipovetsky, *le luxe est éternel.*

Si, de prime abord, la notion *d'apprenti éternel* semble évidente, elle mérite toutefois qu'on y accorde un second niveau de lecture qui dépasserait sa compréhension conceptuelle. Cette démarche requiert un changement de paradigme fondamental qui consiste à s'affranchir des schémas classiques de l'enseignement ou de la transmission formelle de la connaissance, davantage ciblés sur l'acquisition de compétences spécifiques, au bénéficie de la notion d'*Apprentissage*, au sens large. Un apprentissage qui serait en perpétuelle évolution, plus horizontal, plus informel, et qui serait plus enclin à l'épanouissement personnel, à la découverte, à l'émancipation, mais aussi à laisser toute sa place à l'expression de la créativité. Cette seconde lecture est, selon moi, indispensable si l'on veut appréhender avec stratégie, intelligence et discernement, tout l'enjeu de la transformation qui guette les Maisons de luxe. Elles doivent faire face aux changements sociétaux et environnementaux que nous connaissons depuis l'entrée fracassante du digital dans tous ses business models, car, faut-il le préciser, la mutation dont nous parlons est avant tout celle d'hommes et de femmes. L'*apprentissage éternel* sera la clé de voûte de la survie dans le monde de demain.

L'entreprise sera à la fois Maître et Apprenti

Nous savons à quel point chaque phase de la conduite du changement est complexe et anxiogène, tant pour les pilotes que les passagers. Remise en question, précarité des certitudes, bouleversement des modes de fonctionnements, nouvelles interactions, nouveaux process métiers. Mais, il est une tension encore plus forte que la digitalisation est sur le point de révéler : celle d'un fossé générationnel qui s'avère inédit. À y regarder de plus près – mise à part, peut-être, l'École, et encore... – je ne connais pas un autre environnement qui fasse cohabiter quatre générations durant plus de 35 heures par semaine, sinon celui de l'entreprise. Cette diversité de profils et de comportements qui va des Boomers à la génération Z, en passant par la Y et la X, confronte l'entreprise à un paradoxe qui tend à la schizophrénie : être à la fois *challenger* et *challengée*, Maître et Apprenti.

L'entreprise *Maître*, car elle doit enseigner la révolution digitale aux Boomers (51 à 69 ans), plus conservateurs et déconnectés des réalités digitales, mais aussi pour aux *X* (36 à 51 ans), intergénérationnels, *sacrifiés*, qui ne cessent d'être poussés dans leurs retranchements et bousculés dans leurs certitudes. On pourrait voir ici un deuxième niveau de conflit face au digital, puisque ces deux profils détiennent souvent l'exécutif de l'entreprise. Ils sont donc supposés insuffler le changement.

L'entreprise *Apprentie*, car elle peut apprendre de ses jeunes salariés. Si les *Y* y ont introduit les premiers grands changements technologiques et une chaîne de valeur basée davantage sur la qualité de l'expérience, plutôt que sur le salaire, les Z, davantage tournés vers leur avenir, considèrent qu'ils sont déjà dans un monde *postdigital*. Le niveau de maturité digitale de ces deux générations, mais aussi leurs ambitions personnelles, leur volonté d'épanouissement, leur impatience, sans oublier leur qualité d'intrapreneurs et leurs capacités à innover, dynamisent l'entreprise. Plus que tout autre, le management dans le luxe devra faire preuve d'humilité en réinventant son modèle de management. Sa transparence, sa réactivité, comme son dynamisme, sa capacité à innover, à les challenger sans cesse, à les faire évoluer en compétences, et donc à maintenir leur motivation, seront particulièrement mises à l'épreuve. Si ce management échoue, le secteur du luxe, qui se nourrit traditionnellement des meilleurs, risque de perdre ces nouveaux talents au profit de GAFA, de pure players et de nouveaux entrants sur le marché. Éric Briones soulevait déjà dans son précédent livre[1], « que le défi n'est pas de les manager mais de leur proposer véritablement de nouveaux modèles d'entreprises ».

Ces paradigmes mouvants impliquent, pour le secteur, un insatiable besoin en nouvelles compétences et expertises, et un *upgrade* permanent des compétences liées aux métiers *historiques* à tous les niveaux de son organisation. Les spécialistes du luxe l'ont démontré tout au long de ce livre : pas de transition digitale sans une digitalisation des esprits. Si l'entreprise évolue, ses employés aussi. Ou devrais-je dire dans ce cas bien précis, si les employés évoluent, l'entreprise évolue.

Dans cette démarche complexe, du fait des attentes différentes, émanent des profils très opposés, un choc générationnel semble plus que jamais inévitable ! Pour le réduire, il est essentiel de segmenter la lecture de ces quatre cultures, aussi bien dans leur environnement professionnel qu'en dehors.

Une vision générationnelle de l'*apprenti éternel*

Génération baby-boom : le pas de côté

Souvent aux postes stratégiques de l'entreprise, le *Boomer* a développé des compétences de leadership telles que diriger, décider, motiver et persuader. Il est stratégique, ouvert d'esprit et innovant. Il est néanmoins réfractaire à

1. Éric Briones et Grégory Casper, *La génération Y et le luxe*, Dunod, 2014.

l'idée d'abandonner ses méthodes conventionnelles et a tardé à prendre le virage digital. Né entre 1946 et 1964, le sénior est naturellement déconnecté des temporalités du numérique.

J'entends par *pas de côté*, une approche décalée qui consiste à le décomplexer de ses lacunes en matière de nouvelles technologies et à l'émerveiller par les possibilités qu'elles offrent. Il doit se sentir renforcé, car il est, au même titre que les générations qui lui succèdent, un acteur du changement de l'entreprise. Le *Reverse Mentoring*, ou tutorat inversé, est un rapprochement improbable entre deux générations, promu et évangélisé par Jack Welch[1] dans les années 1990, et qui s'inscrit comme un levier de dynamisation managériale.

Génération X : à la source

Le *X* s'inscrit dans une logique intergénérationnelle, tant dans sa vie professionnelle que personnelle[2]. Il est le lien entre les autres générations. Tourné vers les autres, sensible au changement, il est confiant et doté d'une réelle ouverture culturelle. Ses enfants sont issus des générations Y, voire Z, ce qui explique le rapport à la fois affectif et conflictuel qu'il entretient avec elles. Dans l'univers professionnel, il est souvent challengé par les plus jeunes sur ses compétences techniques et stratégiques relatives au digital.

À la source est une approche qui consiste à mettre en place des situations d'échange et de dialogue avec lui. Il veut vivre des expériences, il est pour l'immersion et l'expérimentation. Des programmes, comme le *Learning expedition,* au cours desquels il pourra se confronter – à la source – à des start-ups, des pure players ou des incubateurs, renforceront ses compétences.

Génération Y : entrisme et acteur de sa formation

Moins tourné sur les compétences traditionnelles, maître de l'abstrait et de la pensée conceptuelle, le *Y* est très ambitieux et ouvert aux autres. Il place l'individu au centre de tout, et le premier individu, c'est Lui. Membre de la première génération mondiale, il s'inscrit dans des écosystèmes, s'entoure de personnes en qui il a confiance – d'autres *Y,* donc. C'est un entriste permanent. Il ne croit pas aux utopies et fait preuve d'un certain cynisme.

1. Ancien CEO de General Electric.
2. Étude : « La grande InvaZion », par BNP Paribas (2015).

Il veut rester l'acteur principal de sa formation, il est porté sur l'épanouissement personnel. C'est un véritable *intra-preneur*, à savoir, un salarié qui, au sein d'une société, prend la responsabilité directe de transformer une idée en un produit fini et rentable par l'innovation, mais surtout par la prise de risque. Enfant du *peer-to-peer*, il est un *hacker* de tout, y compris du luxe.

Génération Z : Entrepreneur de soi

Le *Z* s'inscrit clairement dans une logique transversale et se sent proche de ses pairs, même aux quatre coins d'un monde, qui n'a de limite que la panne momentanée de la batterie de son smartphone. Il ne sacrifierait jamais sa personnalité et ses convictions. Cross-canal, il ne fait pas de dichotomie entre sa vie analogique et virtuelle. L'une nourrit l'autre, et réciproquement. Communauté ne rime pas forcément avec collectif ou idéal commun. Il préférera laisser cette utopie à ses pères. Le *Z* est plutôt *3.0 compatible.* Davantage dans la collaboration, l'intelligence collective, voire la coopération, où le *tout* naît de la participation de chacun.

Entrepreneur de soi, parce que « ma première entreprise, c'est moi ». « Il se construit de manière autonome, sa propre bibliothèque du savoir[1] ». Il apprend de tous les canaux, partout, sur tout et de manière continue. Son rapport à l'erreur est totalement décomplexé : se tromper n'a rien de dramatique. Il ne supporte pas l'imposture ni l'incompétence. Confiance et transparence sont des valeurs non négociables à ses yeux. Sa vision de la réussite passe, dans l'ordre de priorité, par un bon réseau, un bon CV, un bon diplôme et un bon visa. Sa curiosité est à maintenir en éveil, il a un goût prononcé pour le challenge. Il faut donc une pédagogie ludique et dynamique qui le mette au cœur de l'action. Il préfèrera trouver la solution seul.

Apprenti éternel : le rôle de l'école

L'école (au sens large) doit quitter sa posture attentiste en passant de la phase d'observation à la phase d'action. Le temps de l'introspection, des grands discours, est terminé. La théorie n'a de valeur que si la pratique permet de

1. Étude : « La grande InvaZion », par BNP Paribas (2015).

l'appliquer. Elle doit revoir ses objectifs et ses méthodes, tout comme son rapport au temps, en se confrontant aux paradigmes mouvants d'une nouvelle ère post-digitale. « L'enseignement doit enfin passer de la phase des discours à la phase de mise en œuvre. Nous ne sommes plus dans la phase de "découvrons ce qu'il faut faire", mais plutôt de "appliquons ce qu'on doit faire" », explique Marc Drillech.

Ce ne sont pas plus les nouvelles technologies qui bouleversent les usages, que la génération qui les porte : la génération Z. Plus que les générations précédentes, celle-ci considère que le savoir est, par essence, condamné à l'obsolescence, que les métiers auxquels universités et écoles les forment n'existeront peut-être plus dans 5 ans, et qu'avoir un bon diplôme n'est plus perçu comme un gage de réussite. Ils sont des *apprentis éternels nés*, parce que le digital leur offre cette formidable possibilité.

L'école peut-elle encore transmettre un savoir formaté et vertical à l'ère où la quantité de connaissances est à son tour soumise à la loi de Moore en doublant tous les deux ans ? L'école doit vite évoluer en réinventant son écosystème d'apprentissage avant d'être totalement dépassée.

Développer le plaisir d'apprendre

Prenons comme acquis que cette génération saura s'auto-motiver. Albert Einstein le disait déjà en son temps : « Le rôle essentiel du professeur est d'éveiller la joie de travailler et de connaître. »

Comprendre que le cours magistral ne convienne qu'aux meilleurs et qu'il ostracise les plus fragiles.

Oui aux pédagogies inversées, mais à condition que l'enseignant accepte de devenir un animateur – au sens noble du terme – et non plus un simple transmetteur de connaissances, afin de « guider les esprits plutôt que les modeler ».

Apprendre à travailler ensemble

L'efficacité du travail collaboratif n'est plus à prouver. Qu'elle soit *Y* ou *Z*, ces deux générations s'inscrivent plus naturellement dans des processus de travail collaboratifs. Quoi de plus logique que d'adapter les pédagogies en conséquence.

Pédagogie augmentée ou hybridation des supports

MOOC, CLOM, e-learning, *gamification*, *serious games*, sont autant d'outils qui s'avèrent efficaces et adaptés aux usages d'une génération qui considère l'école comme un canal d'apprentissage parmi d'autres (Wikipédia, YouTube, DIY, tutoriaux). Toutefois, bien que ces outils encouragent l'auto-formation, ils doivent être considérés comme des supports de cours, des leviers au service d'une pédagogie augmentée. Leur efficacité dépend de la qualité du dispositif d'ingénierie pédagogique.

La culture projet

L'esprit d'équipe et le travail collaboratif, loin d'être de simples annonces, sont une réalité bien tangible. Cette philosophie doit inspirer l'école dans la mise en place d'une pédagogie ouverte et décloisonnée qui favorise les complémentarités. Les écoles ont pour rôle de transformer les étudiants en de véritables professionnels. C'est pourquoi il est nécessaire d'attacher une importance particulière à l'apprentissage et à la pédagogie par projet. Dès le début de leurs études, les étudiants doivent être en prise directe avec la réalité, en travaillant sur des projets concrets, qui soient progressivement en adéquation avec les besoins du terrain.

Osons former des professionnels qui soient à la fois généralistes et experts, en cultivant l'esprit d'ouverture ; osons le cours horizontal comme un espace d'échange ; osons *marketer* le cours de philo ou de culture générale comme un produit de consommation ; osons la relation étroite avec l'entreprise et les professionnels ; osons les pédagogies augmentées ; osons la gestion de l'inattendue ; osons aborder les concepts théoriques comme des jeux ; osons solliciter dès leur plus jeune âge, leurs capacités à innover et à entreprendre ; osons nous laisser porter par cette génération.

Conclusion : vers une *école éternelle*

Je sais combien il est difficile pour une école d'accepter son changement de statut et quitter le continuum dans lequel elle s'est inscrite au fil des décennies. Nous ne sommes plus des transmetteurs de connaissances mais de valeurs. Nous devenons progressivement des sortes de guides, des animateurs, des interfaces entre le monde analogique et le monde digital. Notre seul rôle est désormais de donner du sens à une société en perpétuelle mutation qui ne se connaît plus elle-même. Nous devons accepter cet état de fait pour mieux nous réinventer.

Souvenons-nous que nous côtoyons chaque instant l'intelligence de demain et que, par conséquent, nous devons être les meilleurs alliés du monde de l'entreprise. Comprendre les enjeux économiques, environnementaux et socio-culturels de notre société est plus que jamais primordial si l'on veut accompagner cette intelligence. Or, face à l'obsolescence programmée de la connaissance, face à la précarité des savoirs liés au marketing, au numérique et à l'innovation, cet accompagnement doit désormais aller au-delà de la remise des diplômes et de l'insertion professionnelle de nos étudiants.

Nous menons une réflexion sur la mise en place d'une formation annuelle *Upgrade* à destination de nos anciens. Nous devenons une *École éternelle.*

CHAPITRE 16

Product content

Par Samy Thuillier (CAVALIER BLEU) et David Klingbel (DYMANT)

> Samy Thuillier a 30 ans et a effectué ses études à Sciences Po et HEC. Après un début de carrière dans le conseil financier, il fonde par passion Cavalier Bleu, une marque française de prêt-à-porter qui propose un regard parisien de créateur contemporain sur les classiques du vestiaire masculin. Sa philosophie : une élégance française en toutes circonstances, grâce à un mélange des styles au sein d'une même silhouette.

Le product content de luxe : entre lisibilité rationnelle et transcendance par l'imaginaire

Il y a cinq ans, lorsque j'ai quitté mon poste dans une société de conseil financier, mon souhait était de créer une marque qui donne à celui qui la porte un supplément d'âme, une assurance et une confiance supplémentaires pour affronter le quotidien. Cette marque, c'est Cavalier Bleu.

Je souhaitais surtout que les articles que j'allais vendre soient à l'image des valeurs que ma famille m'avait transmises quant au vêtement : une belle matière, des détails soigneusement choisis et des finitions qui ne déçoivent pas la personne qui se sera offert cette pièce. La confiance et la qualité : ces deux éléments étaient pour moi la base de toute marque, sans quoi le développement d'un univers lié à ces pièces était superflu.

Comme nombre de mes amis et des gens que je rencontrais au hasard des sorties, je considérais qu'une campagne marketing pharaonique était une façon de dissimuler la réalité de la qualité des pièces. Une belle gueule, mais des boutons en plastique qui cassent. Un style rock, mais une doublure qui se déchire en quinze jours. C'était, pour ainsi dire, une façon d'espérer que chaque client soit suffisamment obtus pour se laisser bercer par l'image d'une marque, par le style qu'elle voulait à tout prix lui imposer à coups de budgets pub, pour le faire rentrer coûte que coûte dans des codes qui ne lui ressemblaient pas.

Au fur et à mesure des années, et malheureusement dans un contexte économique de plus en plus aléatoire, j'ai constaté avec bonheur que le client ne se laissait plus piéger, et que celui à qui je m'adressais attendait, avant tout, deux choses : un produit authentique et lisible dans un univers compréhensible, et qui le transcende sans l'inhiber.

Pourquoi il faut rendre son produit lisible pour le client

Au milieu du chaos qui l'entoure, un besoin d'être convaincu

L'homme de la génération Y que je connais, et avec qui je discute, évolue dans un monde où l'ensemble des repères traditionnels ont été perdus : la famille dans laquelle il a grandi se déchire dans plus d'un cas sur deux, une éducation de haut niveau ne garantit plus son avenir, et un emploi n'est plus synonyme de stabilité, même pour une chose aussi banale que de trouver un logement.

Il doit également composer avec une pression sociale constante, qu'elle soit liée à la réussite professionnelle ou personnelle. Son temps est de plus en plus limité, et tout autour de lui n'est que performance : il doit atteindre la perfection en tant qu'homme, fils, mari, amant, père et ce… sans jamais faiblir.

Les personnes à qui il peut se fier sont donc bien rares, et sans autre solution à l'horizon, il se construit une identité à travers de nouveaux repères : les marques. Pour autant, elles le sollicitent constamment par la publicité, notamment celle liée à la mode. Dans ce domaine, il a le sentiment de subir toujours les mêmes codes : réductions, offres promotionnelles multiples, et autres tendances éphémères qui changent d'une semaine à l'autre. Tout ce qui tend à le faire considérer un vêtement comme un objet jetable au prix toujours surévalué.

Le constat est d'autant plus valable qu'il est un être surinformé, qui compare les prix, se renseigne, demande conseil, et veut en savoir toujours plus sur le produit qu'il achète. Dans l'habillement, il connaît les termes techniques, les tissus, les techniques de finition. Il succombe quand il a un coup de cœur, mais pas sans avoir vérifié le nom du fabricant de tissu sur la doublure.

Dans ce contexte, l'homme de la génération Y est donc en recherche de différence : il souhaite être convaincu et guidé, pouvoir se fier à une marque qui adapte son discours à son mode de vie et ses connaissances, sans le tromper. Car là est bien l'enjeu : il veut se fier à quelque chose, il veut s'identifier. Reste à savoir à qui.

En créant Cavalier Bleu, l'idée était notamment de répondre à ce souhait de découvrir un produit lisible qui dispose d'une vraie personnalité, indépendamment de l'univers qui l'entoure. Trois éléments essentiels méritent donc d'être décrits précisément à notre client : la matière dans laquelle le vêtement est conçu, le lieu de fabrication, ainsi que les détails et finitions que l'atelier a réalisés pour la confection.

Nous travaillons uniquement avec des cotons japonais, filées à la main à Osaka, des laines tissées depuis quatre siècles de la région de Florence, et les gabardines de nos manteaux sont finies entre Blackpool et Blackburn. Nous connaissons le nombre de points de couture au centimètre de nos chemises, et l'intérêt d'une finition ascolite pour un bouton.

Par ces simples informations, vous venez probablement d'apprendre au moins une chose sur les articles que nous proposons. Ma mission est ainsi atteinte : le besoin de mon client de savoir ce qu'il y a *sous le capot* est satisfait, et quand bien même celui-ci choisirait de ne pas s'offrir l'un de nos vêtements, il dispose d'une nouvelle référence mentale lorsqu'il devra choisir sa prochaine veste. Car, « pour quatre cent euros, j'espère que c'est au moins du semi-entoilé ».

Le luxe n'a donc aucunement intérêt à demeurer caché pour entretenir le mystère. Ce mystère, l'homme de la génération Y, le refuse. Il est synonyme de tromperie, de méfiance, la même qu'il ressentirait vis-à-vis d'une femme qui se cache derrière trop de secrets. En revanche, ce que le luxe se doit de faire vis-à-vis de l'homme Y, c'est de ne pas le surestimer. Derrière cette phrase provocatrice, se cache l'objectif d'aller à l'essentiel, de distiller des informations claires et objectives qu'il a le temps et la capacité de comprendre. En pouvant la reprendre facilement, il se sent – pour une fois – valorisé et devient alors le meilleur ambassadeur de la marque. Le luxe de la génération Y, c'est donc celui de l'authenticité.

Pour autant, l'authenticité doit-elle être synonyme de transparence totale ? Devrait-on tout savoir d'un vêtement, comme on saurait tout d'un aliment ? La conception d'un vêtement, qu'il soit masculin ou féminin, est consubstantiel d'un processus créatif fort qui requiert d'un individu, qu'on l'appelle styliste ou créateur, qu'il s'inspire de son environnement, mais aussi qu'il rentre en lui-même pour faire place à son imagination, qu'il se serve du monde intérieur qui l'anime pour concevoir l'histoire d'un homme et de son vestiaire.

Cette dimension, le client la respecte de façon naturelle, car s'il considère qu'il dispose de certaines bases en matière de textile, il reconnaît bien volontiers qu'il n'a pas pour lui le savoir-faire technique et créatif pour développer un vêtement ou une collection à part entière.

Il est, de toute façon, trop occupé par sa vie personnelle et professionnelle pour avoir le temps de co-créer, pour observer chaque étape de la création du vêtement, ou pour en choisir les moindres détails. Une nouvelle fois, il veut être guidé, il veut s'identifier à la proposition vestimentaire que lui soumet le créateur, du moins aux valeurs qu'il exprime.

Certes, il donne volontiers son avis sur un vêtement fini et souhaite avoir son mot à dire sur ce qui lui est proposé, mais il est aussi prêt à se fier à l'orientation créative qui lui est offerte, si celle-ci est intelligible. Il ne lira pas la liste des « 300 mesures » qu'un tailleur demi-mesure souhaite lui proposer. En revanche, il se souviendra de l'intérêt d'une doublure de veste en cupro, plus qualitative qu'un classique polyester.

Nul besoin, de fait, de *tout dire*, comme on pourrait le faire dans le cas d'autres produits du quotidien. Ce que l'homme de la génération Y espère du luxe, c'est donc une lisibilité du produit, mais surtout une lisibilité rationnelle.

L'humour, un outil nécessaire dans le processus de conviction du client

Bien des hommes de la génération Y considèrent le luxe comme encore très sérieux, souvent trop sérieux. L'inaccessible, la perfection qui leur sont érigés en modèle ne font que les ramener à leur quotidien dans lequel ils luttent pour atteindre le meilleur dans un monde de performance. Les marques qui ont osé sortir de ce modèle si traditionnel, se comptent malheureusement sur les doigts d'une main.

Or, les enfants de la génération Y sont aussi ceux qui ont grandi avec l'ironie et le second degré comme valeur. Pour cette génération « ou pas », la réussite personnelle et la maturité se prouvent aussi par la faculté à faire preuve de recul sur soi-même. Dans un quotidien incertain pour tout un chacun, d'un bout à l'autre de l'échelle sociale, être au-dessus des autres serait avant tout d'avoir cette faculté à se mettre à leur niveau.

Lors de notre opération spéciale avec le site Merci Alfred, conformément à notre souhait de rendre notre produit lisible, nous avions décrit les étapes de la création de la chemise blanche que nous proposions à la vente pendant un temps limité. Nous ne manquions pas, néanmoins, de donner une touche décalée à l'ensemble : on apprenait ainsi que l'offre promotionnelle avait été rendue possible par des coûts publicitaires réduits, car « on avait bien demandé à Jean Dujardin, mais il avait refusé ».

L'humour permet alors de désacraliser la dimension luxueuse du produit, mais aussi de valoriser le client, qui se sent ainsi beaucoup plus concerné par une marque qui prend la peine de se mettre à sa hauteur, sans renier la qualité de ses articles. Mais l'humour peut-il suffire à convaincre le client qu'il fait le bon choix ? Le luxe ressemble, en cela, à la chose publique et l'humour doit être utilisé avec parcimonie : un décalage permanent laissera penser que la marque ne se focalise que sur cet aspect, quitte à délaisser la qualité de ses produits, comme si trop d'humour tuait l'humour.

Si l'homme de la génération Y espère du luxe un produit qualitatif, à la lisibilité rationnelle, il espère donc, également, que les frontières de cette rationalité seront suffisamment poreuses pour laisser place à une touche de décalage, mais suffisamment étanches pour que l'ADN du produit et ses qualités intrinsèques n'en soient pas menacés.

Authenticité, simplicité et décalage : l'homme Y ne recherche plus dans le luxe la supériorité, mais l'élégance sereine ; pas l'affirmation d'un statut, mais la compréhension de son état d'esprit. Par ces quelques méthodes simples, et probablement perfectibles, j'ai voulu répondre à la question suivante : quels sont les 3 arguments que mon client utilisera pour parler de mon produit lors d'un dîner entre amis ? Ceux qui feront simplement dire à l'un d'entre eux : « Ça a l'air cool, tu me donnes l'adresse de leur site ? »

Évoquer la seule qualité intrinsèque d'un produit de luxe semble néanmoins résumer la marque à un produit, sans prendre en compte le style de vie que reflète celle-ci. Le contenu d'un produit de luxe peut-il donc se résumer à sa lisibilité, ou l'univers qu'on lui accole est-il son indispensable complément ? Dans ce dernier cas, répond-il aux mêmes exigences, ou doit-il au contraire évoquer des éléments qui font oublier la rationalité du produit ?

Approfondir l'univers : la touche de l'artiste pour sublimer le produit

Cavalier Bleu : une vocation artistique

Le Cavalier Bleu est un mouvement artistique formé à Munich au début du XXe siècle, sous l'impulsion de l'artiste russe Vassily Kandinsky. Le but principal de ce mouvement était de faire connaître à un public non-initié, un art encore méconnu : l'art abstrait. Appeler cette Maison « Cavalier Bleu » tenait donc d'un hommage à ce courant artistique d'avant-garde, mais aussi d'une volonté de développer l'univers de la Maison en l'inscrivant dans une démarche plus large, dans laquelle le produit serait l'aboutissement d'une réflexion créative et le reflet d'un style de vie à part entière. Cela s'est manifesté par la réalisation de collaborations avec des street artistes, en série limitée, de façon très ponctuelle, en sus des collections régulières. Lorsque nous rencontrons un artiste, nous lui donnons carte blanche, afin que le tissu devienne le prolongement du mur sur lequel il a l'habitude de s'exprimer. Notre apport est alors d'aider l'artiste à créer la pièce la plus parfaite possible, avec un tissu de grande qualité et des finitions concordantes, pour mettre en valeur sa création artistique de la meilleure des façons.

Un art intelligent : savoir faire rêver l'homme Y

Suffit-il pour autant de travailler avec un artiste pour se proclamer marque artistique, et le faire croire au client ? Sûrement pas. L'homme de la génération Y, qu'est notre client, a aujourd'hui suffisamment d'expérience pour détecter les marques pour lesquelles les artistes agissent sur commande, et celles où un grand nom dissimule soit la faiblesse du message, soit la faible qualité des pièces créées. Il supporte de moins en moins bien l'artiste *perché* qui enflamme les salles de vente avec ses créations incompréhensibles… le même qui gagne son salaire annuel en une heure, avec cinq années d'études en moins.

Faire partager à notre client le monde intérieur d'un artiste, sa force et son engagement, voilà ce qu'était notre mission initiale à travers ces collaborations. Il fallait néanmoins prendre en compte le mode de vie de notre client : un homme cultivé et avec des moyens certes, mais aussi un homme pressé avec un agenda plein et des priorités variées. Il aime rêver, mais vite et bien. C'est avec l'idée de ce *rêve-minute* que nous avons ainsi commencé à promouvoir nos collaborations, ce que nous avons souhaité refléter dans nos visuels et nos vidéos, pour permettre à cet homme de saisir le monde de l'artiste très rapidement, tout en s'interrogeant positivement sur le sens concret de son engagement.

L'homme de la génération Y multiplie les expériences visuelles et culturelles éphémères : il s'imprègne d'une multitude d'univers pour façonner une connaissance culturelle variée, qui ne se résume plus à une spécialité, mais à un ensemble d'intérêts. Il a « vu ça sur Facebook » et « lu ça sur Slate », quand bien même il n'aurait pas pris le temps de tout voir ou de tout lire. Le luxe qui s'adresse à l'homme Y, doit donc s'adapter à cette nouvelle donne culturelle, d'un client qui aime passer d'un contenu à l'autre d'une seconde à l'autre, et veut saisir le rêve qui lui est proposé en quelques secondes à peine.

Un imaginaire nécessairement orienté

En outre, si l'homme Y aime rêver, il se détourne malheureusement rapidement de l'objet initial de sa recherche. En l'intéressant aux origines d'un produit, il est facile de concentrer son attention sur l'arrière-boutique plutôt que sur la vitrine. Le lien entre le contenu produit, et le produit lui-même, doit donc être permanent pour que celui-ci soit évident. En matière de e-commerce, il est désormais plus rare que les fiches produit fassent la part belle à ce qui entoure la création de la pièce, tout en plaçant cette dernière au cœur de la présentation.

Sur la page produit de la chemise réalisée entre Cavalier Bleu et le site Merci Alfred, une large part était ainsi réservée au portrait des créateurs, à des photos des ateliers et autres détails de fabrication. Chaque section était cependant entrecoupée de plusieurs visuels du produit proposé, comme un rappel de la vocation initiale de l'article, celle d'habiller de façon élégante et contemporaine un homme jeune et dynamique. L'homme Y construit ainsi son *rêve-minute* autour d'un seul et même fil conducteur : le produit lui-même. La transcendance de l'imaginaire que le luxe apporte au produit se retrouve ainsi, elle aussi, rationalisée pour atteindre le but originel recherché, l'achat.

L'homme Y se trouve donc hésitant, *tiraillé* dans sa recherche d'un luxe à part, entre la volonté d'obtenir un produit lisible mais qui fait rêver d'un côté, et le besoin d'un imaginaire fort mais compréhensible de l'autre. Son bénéfice rationnel – « qu'est-ce que le produit va m'apporter en tant qu'objet » – doit être fort, mais il ne peut se départir du bénéfice émotionnel – « qu'est-ce que ce produit va me procurer en termes d'émotions ».

Depuis quelques saisons maintenant, la rationalité de l'habillement masculin se fait de plus en plus forte, ce qui se reflète par des collections de plus en plus épurées chez des Maisons pourtant habituellement très créatives. La raison est claire : l'homme Y dépense pour être classe, mais de façon consciencieuse. Il observe chaque détail de la pièce, car il ne veut plus être trompé pour le budget qu'il y consacre. En parallèle, il veut une communication qui lui ressemble : il observe la pose du mannequin de grande marque, il ira la *liker*, mais il ne s'y identifiera pas. Il est, à l'inverse, séduit par une Maison qui met en scène un homme jeune mais imparfait, à l'attitude chic mais nonchalante, c'est-à-dire la même personne qu'il souhaite être au quotidien.

La lisibilité du produit apparaît donc, dans ce cas, comme une tendance plus forte que la transcendance de l'imaginaire, car si l'homme Y souhaite tirer un bénéfice émotionnel de son expérience luxe, il préfère encore l'émotion de la ressemblance à l'émotion de la différence.

Nous sommes sûrs, pour notre part, que cette tendance perdurera dans le luxe de demain : dans un monde à la concurrence économique toujours plus forte, il risque d'être d'autant plus difficile pour les entreprises d'observer une transparence totale sur leur produit. Pouvoir *tout dire* sur un produit devient ainsi le seul luxe réel. Le luxe de l'homme de la prochaine génération sera-t-il donc un luxe de la vérité ? Nous pouvons l'espérer, mais celui-ci ne sera rien sans un certain luxe de l'intelligence : celui de savoir comprendre les inspirations toujours plus évolutives d'un client de plus en plus sollicité, à satisfaire et surtout, comprendre pour le valoriser.

Samy Thuiller, fondateur du Cavalier Bleu

David Klingbeil a fondé Dymant.com, une start-up qui disrupte la conception, la fabrication et la vente de produits d'exception avec un réseau de 300 artisans français d'exception et qui a annoncé une levée de fonds d'1 million d'euros. Il a co-fondé WebandLuxe l'un des principaux blogs luxe et siège au board de l'association des anciens HEC dans le luxe. David est diplômé d'HEC Paris et de l'École polytechnique.

« L'ordinaire des gens extraordinaires… Et l'extraordinaire des gens ordinaires »

Le luxe est un besoin fondamental de l'homme. Il est né avec le premier homme qui décida d'enterrer ses défunts avec des bijoux en os et autres ornements. Il s'est ensuite développé dans toutes les cultures, du royaume babylonien d'Hammourabi – dont le Code est l'une des premières traces écrites du luxe – jusqu'à l'Égypte antique, en passant par les cours occidentales où le luxe tel qu'on le connaît aujourd'hui, a été codifié. À chaque époque, le luxe s'est enrichit des découvertes de son temps et a su s'appliquer aux onguents égyptiens aussi bien qu'aux voitures de courses italiennes.

Dès son origine, et avant même que le terme de *product content* ne soit inventé, le luxe a raconté des histoires. Celles de ses produits en premier lieu, mais également celles de son cérémonial de vente, des matériaux nobles employés ou encore des savoir-faire mis en œuvre. En fonction des supports offerts, ces histoires ont évolué et se sont adaptées aux possibilités de leur époque : transmission orale, écrits, photos ou films.

Le XXe siècle a vu l'avènement des technologies de l'information et d'Internet, phénomènes qui allaient disrupter (du latin dis rumpere, traduisant une innovation de rupture) un à un tous les secteurs de l'économie, et auxquels le luxe n'allait pouvoir être l'exception. D'abord réticents à accepter les règles de la transition digitale, les acteurs du luxe sont passés d'une défiance à l'égard de la chose digitale à la fin des années 1990, à une véritable frénésie au début de la décennie actuelle.

Face à cette évolution, et à l'image du virus qui incorpore son matériel génétique dans l'ADN du corps pénétré, la transition digitale des acteurs du luxe les a modifiés et a fait évoluer les attentes que leurs clients avaient envers eux. Le luxe se doit d'évoluer afin de satisfaire ses clients digital natives, et ne peut se contenter de reproduire en ligne l'expérience de ses points de vente physique. Le *product content* a ainsi dû se faire digital car les histoires racontées dans le monde des bits ne pouvaient être les mêmes que celles du monde des atomes.

Or, sur Internet on ne vend pas des produits – qu'on ne peut ni toucher ni sentir – mais des histoires que l'on regarde et que l'on lit. Ainsi, le digital a mis le *product content* sur le devant de la scène et lui a donné une influence encore plus forte qu'auparavant.

Pour comprendre l'importance du phénomène il faut retourner à la racine de la notion de luxe. De manière contre-intuitive, il ne faut pas considérer le luxe comme un concept B2C, mais comme un concept B2B. En effet, s'il est facile de comprendre ce qu'est un groupe de luxe, le marketing de luxe ou encore le marché du luxe, il est en revanche très rare d'entendre un client dire à une marque de la Place Vendôme qu'il recherche un collier de luxe. C'est la raison pour laquelle les véritables acteurs de ce marché ne prononcent jamais le mot luxe dans leur communication à destination des clients. Il est remplacé par les notions sous-jacentes qui sont agrégées dans le terme de luxe : savoir-faire, exclusivité, qualité, créativité, rareté, prix, etc.

Ce sont ces notions qui se retrouvent au cœur du *product content* digital à travers des vidéos, textes ou photos destinés à sublimer le produit en racontant l'histoire de sa création (explication), à transmettre des émotions au client (expérience) ou encore à le rassurer sur la légitimité et l'aspect extraordinaire de la création (expertise).

Aujourd'hui, si le luxe est l'ordinaire des gens extraordinaires et l'extraordinaire des gens ordinaires, c'est en particulier car les histoires de ses produits réenchantent la consommation et apportent un supplément d'âme si particulier aux créations d'exception. Ce supplément d'âme unique et précieux est enraciné dans la description méticuleuse des savoir-faire, gestes et matériaux composant les objets d'exception, et ancré dans une longue et belle tradition. Il est également l'objet d'initiatives, comme celle de Dymant, visant à sublimer toujours plus l'expérience luxe.

« *It's more fun to be a pirate than to join the navy.* » Steve Jobs

L'envie d'entreprendre dans le luxe m'habite depuis de nombreuses années déjà. Cette envie, qui m'a conduit à lancer Dymant.com en 2013, s'ancre avant tout dans la volonté d'évoluer dans l'univers du luxe, mais hors de celui des grandes marques, des monogrammes et des logos ostentatoires. Du luxe, j'ai voulu prendre le contenu tout en écartant le contenant, dans lequel je ne me reconnaissais plus. *Disrupter* le luxe, le pirater, le hacker n'était un but pour moi que dans la mesure où cela me permettait d'utiliser la technologie, non pas pour recréer en ligne l'expérience luxe, mais pour la sublimer.

Dymant s'adresse à un segment particulier du marché du luxe qui possède, certes, les moyens d'acheter des belles choses, mais qui n'a pas de besoin d'affirmer son statut à travers sa consommation. C'est un connaisseur, instruit et en recherche de découverte sur les secrets des créations qu'il acquiert. Ce *patricien* (nommé ainsi en référence aux premiers citoyens romains, dépositaires du pouvoir politique et qui se reconnaissaient entre eux par des signes discrets) ne recherche pas le luxe pour son ostentation et se tient loin des logos, monogrammes et autres signes trop fortement visibles. Pour lui, son pouvoir et sa réussite doivent être écrits dans des caractères que seul celui qui sait peut lire.

De ce fait, pour le patricien, qui n'est que peu sensible à la marque, le *product content* devient essentiel car c'est *via* celui-ci que le produit devient désirable – et ce, particulièrement en ligne, où la vue n'est pas complétée par le toucher comme en boutique. Une pièce de maroquinerie aura ainsi autant de force que l'histoire des cuirs qui la composent et de la technicité des savoir-faire mis en œuvre pour la réaliser sera belle.

Dymant est né pour répondre à une question patricienne simple : que peut-on offrir à quelqu'un qui a déjà tout ? Interrogation à la fois futile et existentielle, dans l'univers du luxe, elle a permis de donner naissance au plus grand réseau d'artisans d'exceptions, sélectionnés parmi les meilleurs ouvriers de France, les entreprises du patrimoine vivant et autres compagnons du devoir, dans tout le spectre du savoir-faire français : maroquinerie, joaillerie, ébénisterie, verrerie, etc.

Avec ces artisans, Dymant réalise des objets d'exception, fruits du mariage entre l'artisanat d'art traditionnel et le design contemporain. Nos créations vont d'un sablier rempli de poudre d'or et dont une clé permet d'arrêter le temps, à un jeton de décision serti de nacre pour sublimer le jeu du pile ou face, en passant par une coque *iPhone* en marbre blanc de carrare, une montre connectée à bracelet horloger, ou encore un écrin à pot de Nutella.

Ces objets exclusifs sont édités en série limitée et réservés aux membres du cercle Dymant, un club privé en ligne accessible sur invitation ou parrainage uniquement. Pour ses membres, Dymant imagine des pièces d'exception à la croisée du beau et de l'utile, de la tradition et de l'innovation, du savoir-faire et du design, du patrimoine et de l'avenir. Dans la pure tradition du *temps juste*, c'est-à-dire du temps nécessaire à la réalisation parfaite, chaque objet requiert de longues heures de travail, de passion et de patience, une immense technicité du geste et l'association de plusieurs talents.

Or, sur Internet on ne vend pas des produits mais des histoires, et en tant que pure player, Dymant se devait ainsi d'en raconter de très belles... Pour mettre au point notre stratégie de *product content*, nous disposions avec Dymant, d'éléments de choix : des racines et des ailes. Des racines d'une part, avec l'histoire des frères Dymant, qui au XIXe siècle, partaient déjà à la recherche des plus beaux savoir-faire d'Europe pour les mettre au service de leurs clients venus des quatre coins du monde. Des ailes d'autre part, avec un ADN résolument digital permettant de créer des ponts entre des univers jusque-là distincts.

En ouvrant à ses membres les portes des ateliers d'artisans d'exception, Dymant nourrit la curiosité que les patriciens ont à l'égard de l'âme de leurs produits. Véritable cas d'école de l'individu post-moderne, le patricien ne se cantonne pas à la raison pure, caractéristique de la modernité, mais s'explique plutôt dans une « raison sensible » qui mêle intellect et affect. Plus que n'être qu'un simple fan d'une marque ou d'une création, il veut être initié aux mystères et aux secrets de leur fabrication, et comprendre les fondements rationnels de l'émotion provoquée par les créations d'exception.

À titre d'exemple, Dymant réalise des films dans les ateliers de ses artisans qui retracent la fabrication d'un objet, du premier trait du designer jusqu'au dernier coup de maillet de l'artisan. Ces films mettent en lumière toute l'intelligence de la main nécessaire à la fabrication d'une création Dymant, et viennent exposer leur âme et expliquer leurs valeurs. De surcroît, chaque savoir-faire, chaque geste est ainsi précisément documenté et expliqué dans une enveloppe, cachetée à la main à la cire et marquée du sceau Dymant qui accompagne la création.

Si le *product content* devient ainsi un élément essentiel de l'expérience luxe – et à plus forte raison lorsque celle-ci est digitale – il n'en demeure pas moins que nous ne vivons que les prémices de ce mouvement. En 2012, une start-up américaine lançait l'Oculus Rift, un casque de réalité virtuelle qui, une fois porté, plonge son utilisateur dans un monde virtuel ultra réaliste avec lequel il peut interagir. La technologie développée était tellement puissante et prometteuse que moins de deux ans plus tard, la société était rachetée par Facebook pour 2 milliards de dollars.

Les initiatives d'acteurs du luxe utilisant cette technologie sont encore rares mais on peut facilement imaginer un futur où les expériences réelles et digitales seraient complétées par des expériences de réalité virtuelle dans lesquelles le client pourrait vivre des choses uniques. Quelle(s) histoire(s) raconteront ainsi les marques de luxe lorsque le client ne se contentera plus de la lire ou de la voir, mais véritablement de la vivre ?

Cette *disruption* du luxe, nous serons là pour l'observer de près, et j'espère surtout, pour la mener.

David Klingbeil, fondateur de Dymant

CHAPITRE 17

Entrepreneuriat

Par Céline Lippi (FASHION CAPITAL PARTNERS)

Céline Lippi a évolué pendant plus de quinze ans dans le secteur des hautes technologies, autant sur des marchés émergents qu'établis auprès d'entreprises classées Fortunes 500. Elle a notamment lancé et dirigé en France, Philips Business Communications, acquise par NEC Corp. Elle a co-fondé FASHION & TECH. LAB en 2011, premier Hub dédié aux Fashion-Tech. Elle organise des événements à l'intersection du luxe et des technologies sous la bannière Decoded Fashion et Luxury Forward Elle a co-fondé en 2013, FASHION CAPITAL PARTNERS, premier véhicule d'investissements dédié au financement en amorçage des start-ups Fashion-Tech.

Quel est l'état de l'art de l'entrepreneuriat dans l'univers du luxe et du digital ? L'environnement est-il propice à la création de start-ups et de projets créatifs sur le segment du luxe ? Comment les grands groupes de luxe interagissent dans cet écosystème ? Quelle place accordent-ils à l'innovation ? Autant de questions que nous adresserons dans ce chapitre.

Les Fashion-Tech, entrepreneurs de la mode et du luxe, une brève introduction

La révolution des Fashion-Tech

La complexification et la digitalisation de l'industrie se sont vues accompagnées d'une véritable explosion de nouveaux business models, de l'émergence de nouveaux services et, jusqu'à plus récemment, d'objets connectés.

L'entrepreneuriat, à l'intersection du triptyque Mode, Luxe & Beauté, et des Technologies, n'a jamais été aussi dynamique. Ces quinze dernières années ont été marquées par l'apparition de nouveaux entrants, les Fashion-Tech[1], qui ont fait de l'innovation, des technologies ou du digital, un des éléments fondateurs de leur proposition de valeur.

La plupart des innovations marquantes de ces quinze dernières années ont été liées à la distribution, principalement sous l'impulsion des distributeurs et des détaillants. Les grands magasins nord-américains lançaient les premiers sites de e-commerce lorsque les premiers pure players (Net-A-Porter, Gilt Group, ou encore Yoox) lançaient les nouveaux modèles de *e-retail*[2].

Le paysage des Fashion-Tech n'a vraiment évolué que ces cinq dernières années. Ces douze derniers mois auront été marqués par les succès de nouveaux acteurs du luxe, tant sur le plan des opérations financières que dans la mise en évidence de la possibilité de créer des groupes d'envergure intégrant dans leur ADN, à la fois des éléments fondamentaux de l'industrie du luxe, et une dimension digitale et technologique majeure.

Ces entreprises Fashion-Tech contribuent à améliorer, à optimiser ou à créer une rupture avec un ou des éléments de la chaîne de valeur (matériaux, conception, modélisation, procédé, fabrication, connaissance et reconnaissance clients grâce au Big Data, personnalisation, communication, digicalisation[3] et intégration du commerce des wearables...) pouvant se matérialiser sous forme de nouveaux produits, services, ou marchés, ou encore de nouveaux business models.

Les start-ups qui, par nature, cherchent à repousser toujours plus loin les frontières de l'industrie, bénéficient d'une opportunité unique pour accompagner ces mutations et être source de création de valeur.

1. Contraction de Fashion & Technology, terme générique qui englobe « Mode, Luxe, Beauté et Distribution ».
2. Distribution 100 % digitale.
3. Convergence entre le Digital et le Physique (Digital x Physical).

L'investissement, révélateur de la dynamique du secteur

Si le marché du luxe représentait 223 milliards de dollars en 2014[1] et devrait excéder les 307 milliards de dollars en 2015[2], le marché des Fashion-Tech est, quant à lui, estimé à 1,2 billion de dollars, et devrait atteindre les 2 billions d'ici 2018[3].

L'engouement des investisseurs pour les Fashion-Tech se précise dès 2012. Les investisseurs outre-Atlantique ont perçu très tôt le potentiel de ce marché de plusieurs milliards de dollars, faisant de New York une place forte de l'investissement dans les Fashion-Tech. Le niveau des investissements est bien plus modeste en Europe, il n'en demeure pas moins que l'on y trouve des projets de grande qualité, avec la Grande-Bretagne qui s'impose aujourd'hui comme meneur européen.

Les montants levés dans les Fashion-Tech commencent à s'emballer en 2012 avec 1,6 milliard de dollars investis. La moitié provient des États-Unis, dont 452 millions de dollars pour la seule ville de New York. La France ne représente alors qu'une infime part, avec 36 millions de dollars investis[4]. En 2013, 2,8 milliards de dollars seront investis, et en 2014, ce sera quasiment le double, dont 1,5 milliard de dollars aux États-Unis[5]. La tendance se poursuit en 2015, avec déjà plus de 800 millions de dollars investis sur les quatre premiers mois de l'année 2015.

Comme précédemment évoqué, les États-Unis, loin d'être une nation du luxe, se sont imposés comme les pionniers des Fashion-Tech en raison de la précocité des détaillants nord-américains, pour la plupart centenaires, précurseurs à la recherche de nouveaux relais de croissance. L'accélération de leur transition vers le e-commerce s'est accompagnée d'acquisitions de VIPstore.com par Macy's, de MyTheresa.com par Neiman Marcus, ou encore de Haute Look et Trunk Club par Nordstrom.

La taille du marché américain, combinée à une forte culture de l'innovation technologique, elle-même soutenue par une manne importante d'investisseurs, a eu fini de contribuer à la création d'un terreau favorable à la prolifération de start-ups Fashion-Tech.

1. Selon l'étude mondiale de Bain & Company (biens de consommations : mode, luxe, accessoires).
2. Source : Global Industry Analysts.
3. www.businessoffashion.com
4. Source : Helium Magazine's FashionTech 2012 industry report.
5. Source : FashInvest Ltc

La récente fusion entre Net-A-Porter et Yoox a permis de créer une société évaluée à 2,8 Mds$, comme l'IPO d'Etsy, considéré comme le plus important des IPO opérés au Nasdaq pour une start-up ; aussi, l'ampleur du développement de Farfetch (qui totalise 194,5 M$ d'investissements pour une valorisation de 1 Md$), ponctué par le rachat de Browns, ou encore les dernières augmentations de capital de Moda Operandi, de Rent the Runway, ou de Lyst, témoignent de la dynamique autour des Fashion-Tech et confirment l'appétit des investisseurs pour le secteur.

Le seul fonds de capital-risque Balderton Capital a déclaré avoir investi 690 M$ dans les Fashion-Tech ces dix dernières années, avec des participations notamment dans Yoox, Lyst et Vestiaire Collective.

Autre tendance qui a accompagné cette dynamique : les groupes de presse et les majors du luxe ont commencé à se montrer actifs, avec les prises de participations de Condé Nast dans Farfetch ; Moda Operandi et Vestiaire Collective ; LVMH dans The Business of Fashion et Moda Operandi ; et du Groupe Arnault dans Lyst, Spring, et plus récemment Styla.

Ces liens capitalistiques offrent l'opportunité d'observer de plus près de nouveaux business models en action et, dans certains cas, peuvent donner lieu à des synergies industrielles.

Les prises de participations par les grands groupes de luxe qui poursuivent depuis peu une stratégie de développement axée sur les jeunes marques, sont encore rares. Christopher Kane, Joseph Altuzarra, Thomas Maier du côté de Kering ; Nicholas Kirkwood et J.W. Anderson du côté de LVMH, font partie des *élus* !

Audace, créativité, innovation et persévérance…

Quels sont les qualités requises, les écueils à éviter, et les risques à prendre pour un entrepreneur ?

Nul besoin de rappeler le pourcentage de start-up qui échouent dans les trois premières années d'activité faute d'être parvenues à traverser la « vallée de la mort », fatale aux entrepreneurs.

Créer une marque relève du parcours du combattant, et, malheureusement, chaque année est ponctuée d'abandons. Cela ne dissuade pas pour autant de nouveaux créateurs de se lancer dans l'aventure. L'attrait pour l'industrie reste intact.

L'émergence des marques indépendantes incarnées par des stylistes ou des collectifs, contribue à dynamiser l'écosystème de la mode, le moderniser et diversifier la proposition.

Il n'y a pas de recette infaillible. Cependant, lorsque l'on s'engage dans un projet entrepreneurial « à l'intersection du luxe et du digital », un des critères essentiels, sinon le principal, est la nécessité absolue de comprendre l'Industrie : ses fondamentaux, ses codes, son fonctionnement, ses valeurs, sa singularité qui s'articulent autour de la créativité, de l'émotion, de l'image, de l'héritage, de la désirabilité, de l'attrait, de l'aspiration, de l'inspiration, de l'innovation, du client et de son expérience, et des valeurs d'excellence.

Si l'innovation technologique constitue le cœur de la proposition de valeur de la start-up, l'ADN mode/luxe doit être patent. Tous les entrepreneurs ayant survécus à la traversée du désert le confirment !

Aussi, d'une manière générale, quel que soit le secteur d'activité dans lequel opère la start-up, sa proposition de valeur doit être très claire dans ce qu'elle apporte à la chaîne de valeur de l'industrie et à l'écosystème, tout comme le problème qu'elle cherche à résoudre.

Vestiaire Collective a capitalisé, dès l'origine du projet, sur l'expertise de Sébastien Fabre en matière de maîtrise des mécaniques de tractions communautaire des pure players. Il nous explique que si Vestiaire Collective s'est attaqué à la problématique de traction et de création de masse critique, c'est aussi la complémentarité de l'équipe autour de la connaissance produit, de l'industrie, qui leur a permis de se positionner comme un des acteurs majeurs du secteur. Et ce, grâce, à « la curation des objets proposés sur la plateforme, la valorisation de l'histoire de ces objets, et la reprise des codes du luxe permettant de vivre l'expérience du luxe avec des produits de seconde main », résume Sébastien Fabre.

C'est, bien sûr, *a posteriori*, que l'on juge si une start-up a contribué à faire grandir l'environnement et son écosystème, ou encore à en faire évoluer les codes.

Alors, quels sont les principaux attendus des investisseurs lors de l'étude d'un dossier de start-up :

– savoir démontrer en quoi le projet est innovant et créé une rupture ;
– le produit doit être est viable ;
– le modèle économique doit avoir été éprouvé et validé, et le business plan doit être crédible ;
– le projet doit être évolutif et *duplicable* ;

- le projet doit intégrer une dimension globale et internationale ;
- enfin, l'équipe reste la clé de voûte ! L'équipe fondatrice doit être passionnée, pluridisciplinaire et pragmatique. Elle doit savoir se montrer agile, capable d'exécuter sa stratégie, s'adapter et pivoter si nécessaire.

Ces critères sont importants pour les investisseurs et permettent aux entrepreneurs de définir une feuille de route.

Pour les jeunes entrepreneurs désireux de se lancer dans un projet entrepreneurial créatif dans l'univers du luxe, l'approche multidimensionnelle prévaut et doit être idéalement portée par un binôme talent créatif, couplé à une vision business. Une expérience dans l'industrie est un atout, sinon un préalable. Si la création reste la pierre angulaire de tout projet entrepreneurial dans le luxe, la capacité à décliner sa créativité au travers d'un concept différenciant, d'un positionnement fort, et d'un ensemble de produits viables commercialement, sont des facteurs clés de réussite.

En tout état de cause, il faut être armé d'un fort esprit entrepreneurial et d'audace, et d'une vision très claire de son projet. En bref, il faut faire preuve de beaucoup de courage, de persévérance, d'agilité et d'abnégation, qualités nécessaires pour passer les épreuves de construction d'une marque ou de tout autre projet pérenne dans l'univers du luxe, car le parcours sera long et souvent ingrat. Quels sont les fondamentaux, les qualités requises, les écueils à éviter et les risques à prendre pour un entrepreneur.

Les fondamentaux de l'entrepreneuriat

Pour les start-up Fashion-Tech	Pour les entrepreneurs du luxe
Comprendre l'industrie et son écosystème	
Une équipe complémentaire, dont un profil luxe, fédérée autour d'une vision forte	Un duo créatif et managérial/commercial Avoir une approche entrepreneuriale de type start-up
Définir sa proposition de valeur et avoir une vision très claire	Avoir un positionnement, une vision forte de l'identité de marque
Approche Lean et frugale **Mettre en place des process**	
Identifier ses vrais combats Favoriser une organisation plate et collaborative	Commencer par une ligne de produits

Pour les start-up Fashion-Tech	Pour les entrepreneurs du luxe
Démontrer le ROI de sa solution et les synergies possibles avec les industriels du luxe	Produits ou services irréprochables, et d'une haute qualité surtout s'ils intègrent de la technologie
Identifier les *early adopters*, tester le produit ou la solution, tester les leviers d'acquisition client afin de définir les flux d'acquisition et de rétention	Créer une image de marque identitaire, cohérente et globale, perceptible par les acheteurs, la presse et sa communauté
Constituer son propre écosystème au sein duquel l'entreprise pourra croître et s'entourer de mentors	Se constituer un réseau de mentors, d'influenceurs et de partenaires
Dérouler le mode opératoire et la stratégie de manière irréprochable	Optimiser tous les processus depuis la création jusqu'à la distribution
Approche *Customer Centric* : un service client différentiant au cœur de la stratégie Personnaliser le service et rechercher l'excellence	
Persévérer sur la base de faits tangibles et pour de bonnes raisons Savoir *pivoter*	Etre prêt à accepter et supporter financièrement que les acheteurs ne s'engagent pas dès les premières collections
Procéder à des levées de fonds pour développer et faire croître son business auprès d'investisseurs pouvant vous accompagner grâce à leur expertise et leur réseau	Trouver les bons partenaires financiers appréhendant les cycles d'exploitation, le rythme de l'industrie et ses exigences

Quelle est la place accordée à l'innovation dans les groupes de luxe ?

Peut-on parler d'esprit entrepreneurial chez les géants du luxe ?

La diversité des métiers qui composent l'industrie du luxe en fait fondamentalement un secteur complexe à appréhender. Le terreau culturel et l'organisation pyramidale en silo des Maisons de luxe ne sont, *a priori*, pas favorables à l'adoption d'un esprit dit start-up.

Cela s'explique en partie par la nécessité de maintenir cette cohérence absolue entre image et produit. Cette cohérence n'est possible aujourd'hui que grâce à un hyper-contrôle à tous les niveaux de l'entreprise, et aux structures hiérarchiques associées.

La promesse d'une organisation plus agile, plus flexible, plus performante est perçue avant tout comme un facteur de complexification, alors que les modèles actuels d'organisation ont prouvé jusqu'à présent, leur efficacité.

Pour Pier Paolo Righi, c'est une période charnière et complexe pour l'industrie du luxe. « L'industrie fait face à de nouveaux challenges. C'est une industrie très traditionnelle qui repose sur d'anciennes fondations. Je pense qu'elle doit aborder une nouvelle attitude, évoluer plus rapidement, s'ouvrir davantage et prendre un peu plus de risques. En cela, créer une nouvelle marque nous a affranchis de cet héritage. Nous pouvons penser différemment et être plus agiles. Cela fait une énorme différence », analyse Pier Paolo Righi.

Peu de groupes ont pris le parti de l'innovation et de placer la culture connectée au cœur de leur organisation, comme l'a fait le pionnier Burberry, porté par son ancienne CEO Angela Ahrendts et par Christopher Bailey, ou encore JAB Holding, regroupant les marques Jimmy Choo, Bally et Belstaff, qui s'est engagé depuis deux ans, dans une restructuration globale. Ils témoignent que la première étape aura été de faire sauter les silos pour mettre en place une stratégie omnicanal intégrée au niveau du groupe avec, pour corollaire à cela, des changements organisationnels majeurs dans ces trois Maisons en simultané.

Si les leviers d'évolution ont déjà été activés sous la pression des changements de modes de consommation, pour se rapprocher au plus près du client et lui proposer de meilleures expériences, l'innovation technologique ne sera probablement jamais le centre de gravité des groupes de luxe. « Nous ne sommes pas dans l'industrie High Tech », précise Pier Paolo Righi. « Notre priorité est le produit, et surtout l'expérience du luxe, que nous voulons offrir à nos clients. Pour nous, l'innovation réside dans notre capacité à créer de l'engagement, à permettre à nos clients de vivre des moments inoubliables. Cette expérience peut, bien entendu, être soutenue par des innovations technologiques et le digital. Dans nos boutiques, le digital joue un rôle important pour interagir avec la marque, le designer, ses amis, et surtout, faire partie de l'univers de Karl Lagerfeld. Nous accordons beaucoup de temps et d'intérêt à améliorer de façon continue cette expérience », conclu Pier Paolo Righi.

Incontestablement, l'innovation ne peut plus être uniquement centrée sur le développement de nouveaux produits ou de services de différenciation. Tous les champs de l'organisation sont maintenant exposés pour intégrer les nouveaux usages clients, les nouveaux modèles de commercialisation et les nouvelles expériences.

Les industriels du luxe, qui ont toujours fait preuve de pragmatisme, embrasseront à très court terme, ces évolutions technologiques, surtout si celles-ci leur permettent d'accroître leur rentabilité.

D'ailleurs, cette transformation est engagée, sans pour autant être nommée. Nos interlocuteurs ont fait montre d'un agacement non dissimulé quant aux discours doxiques sur la transformation digitale qui leurs sont servis, et au procès d'intention que leur est infligé en matière d'adoption des technologies. Les plus grands groupes sont à l'œuvre. Leurs dirigeants sont conscients de la nécessité de créer un contexte favorable nécessaire à l'engagement d'une telle démarche qui s'accompagne de la refonte des processus, de la réorganisation des rôles, de nouvelles collaborations qui placent l'humain au cœur du dispositif pour redéfinir la culture d'entreprise, élément fédérateur, sinon essentiel, du changement.

Le luxe est-il donc menacé d'ubérisation ?

Le produit de luxe ne va pas se dématérialiser totalement demain, l'hologramme ne saurait remplacer l'objet physique souvent fait-main, empreint de tradition, d'une qualité extrême recherchée, une clientèle capable d'allouer quelques milliers d'euros à l'achat d'un sac à main, d'une pièce de haute-couture, ou d'un yacht de luxe.

Les groupes vont capitaliser sur leurs actifs, marques et réseau physique de magasins, et accentuer la *luxification* du service pour réenchanter l'expérience[1] du luxe en boutique en y intégrant subtilement la dimension digitale. Cohabiteront des pratiques traditionnelles de service à domicile, ou encore d'achat par téléphone de pièces de luxe pouvant excéder les centaines de milliers d'euros, avec de nouvelles expériences digitales.

Les collaborations entre industriels et start-up sont-elles possibles ?

Là encore, les leaders de la distribution ont ouvert la voie, à l'instar de Nordstrom, qui a lancé en 2011, son Innovation Lab[2] afin d'expérimenter

1. L'expérience client surpasse l'appréciation du prix du produit dans la décision d'achat. Les clients sont prêts à payer 30 % de plus pour une expérience supérieure.
2. https://www.nordlab.co/

de nouveaux projets et garder une agilité propre aux start-ups. Quant au groupe Galeries Lafayette, il a également sa cellule propre avec Lafayette Innovation, structure entrepreneuriale qui vise à développer de nouvelles entreprises et de nouveaux métiers.

À Londres, le groupe John Lewis mène de front un programme interne d'incubation et un programme d'accélération de start-up, JLAB. Le groupe accompagne dix start-ups par an. « Il est très important pour nous de faire partie de cette communauté entrepreneuriale pour deux raisons. La première, pour soutenir l'écosystème national, et la seconde, pour explorer et être au fait des innovations technologiques. Nous entretenons des rapports fréquents avec des start-ups, et j'assure le mentoring de certaines d'entre elles », explique John Vary, *Innovation Manager.*

Il n'y a pas encore l'équivalent de telle initiative dans les Maisons de luxe à proprement parler. Si lancement d'incubateur, de structure d'accélération, ou encore de Laboratoire d'Innovation ne figurent pas à l'agenda des groupes de Luxe cela n'exclut pas les initiatives internes et confidentielles.

Sont d'ailleurs à noter les initiatives passées de PPR Interactive, qui incubait une dizaine de start-ups, et l'Innovative Lab de Louis Vuitton, approches internes qui ne sont plus opérationnelles.

Il est indubitable que les collaborations entre les industriels du luxe et les start-ups sont encore anecdotiques. Si la Maison Karl Lagerfeld n'exclue pas de collaborer avec des start-ups, il n'y a pas de collaboration engagée à date. Pour Pier Paolo Righi : « Cela pourra se faire si les start-ups nous permettent de créer toujours plus d'engagement avec nos clients. La culture de Karl est d'être très ouvert, nous le sommes également. »

Alors, pour répondre à l'appel de l'innovation, certaines organisations sont dotées d'*éclaireurs* ou de départements pilotes, qui proposeront aux Maisons des initiatives, des idées qu'elles décideront ou non de diffuser et d'appliquer. Lorsque qu'une direction digitale ou de l'innovation existe, elle est souvent en charge d'évangéliser les Maisons à l'usage du digital de façon transverse. « La tendance de fond est à vouloir intégrer l'innovation au quotidien et de mettre en place des processus permanents d'innovation. »

Aussi, les récents transfuges de l'industrie High-Tech et des start-ups vers l'industrie du luxe, qui devraient en toute logique se généraliser, jouent un rôle majeur de passeur pour connecter ces deux mondes.

En effet, si ces deux secteurs partagent la même culture de la performance et de l'excellence opérationnelle, il était inconcevable, il n'y a pas si longtemps encore, de passer d'un secteur à l'autre. La tendance était plutôt à cloner les profils ou à recruter chez ses concurrents.

Par extrapolation, l'intégration de ces nouveaux profils de collaborateurs, parfois atypiques, qui participent à faire évoluer la culture, à enrichir l'organisation de nouvelles compétences et nouveaux points de vue, permettra aussi de créer des passerelles avec les technologies et l'écosystème des start-up.

Enfin, les prises de participations des majors du luxe dans quelques start-ups et entreprises Fashion-Tech, représentent également un début d'ouverture.

La vision commune était de considérer l'amorçage *comme un métier* qui n'était pas du ressort des grands groupes. Cependant, en pratique, leurs plus petites Maisons appartenant aux grands groupes, sont appréhendées comme des start-ups.

Face à ce nouveau paradigme, quels bénéfices à vouloir instiller un esprit entrepreneurial et collaborer avec des start-ups pour favoriser l'innovation ?

➤ Instiller de l'esprit start-up pour adopter une posture qui favorise la sérendipité et permet de créer un ancrage puissant de l'innovation dans la culture d'entreprise

Le groupe John Lewis, engagé depuis 2011 dans sa transformation digitale, encourage le développement d'un esprit entrepreneurial : « Nous sommes conscients que dans une entreprise de cette taille, l'ensemble des collaborateurs ne fonctionne pas de la même manière que dans une start-up, cependant, nous recherchons le juste équilibre, considérant l'innovation et le facteur temps comme clés. Je qualifierais notre culture d'hybride. Elle permet la pollinisation croisée des projets et des idées que l'on adresse de façon transversale », admet John Vary.

Le groupe Condé Nast a également initialisé cette démarche en investissant tôt dans les Fashion-Tech[1] et en amorçant sa transformation, qui s'accélère avec le lancement de sa place de marché Style.com. Pour Franck Zayan, Président Global e-Commerce de Condé Nast, et porteur de ce projet depuis son initialisation : « Style.com accélère la transformation digitale du groupe en introduisant une approche de commerce digital de

1. Moda Operandi, Farfetch, Vestiaire Collective.

customer centricity ; dans ce contexte, le contenu, la personnalisation et le commerce ne feront plus qu'un. »

➤ Se mettre en mouvement et se placer dans une position d'ouverture vis-à-vis des opportunités portées par la technologie pour faire émerger de multiples possibilités

Collaborer avec des start-ups est aussi une assurance d'être à la pointe des technologies et du digital. Les entreprises Fashion-Tech ont l'obligation de se maintenir à l'état de l'art, d'anticiper les grandes mutations. « Nous devons innover en continu, assurer aux marques de disposer des meilleures solutions, et leur permettre d'explorer de nouveaux territoires, comme l'a été l'avènement des stratégies omnicanal », explique Yann Rivoallan.

➤ Pouvoir pratiquer le « test and learn » pour accompagner l'évolution des attentes de clients

C'est ce que pratique John Lewis avec Room Y, laboratoire interne d'innovation. Pour John Vary : « C'est avant tout, un lieu d'expérimentation des idées les plus audacieuses en temps réel. L'objectif est de fournir continuellement des prototypes qui visent à résoudre des défis business et rechercher des opportunités uniques sur le marché. Notre approche est pluridisciplinaire, elle va du design en passant par le développement logiciel, l'architecture système ou encore l'ingénierie. Cependant, les projets s'articulent toujours autour du consommateur, ses attentes, l'histoire que nous souhaitons partager avec lui, de façon à déployer des technologies qui intègrent cette dimension émotionnelle et multi-sensorielle ».

« C'est très excitant d'être à la tête d'une start-up au sein d'un grand groupe comme LVMH. J'ai à la fois totale liberté pour mettre en place des idées innovantes tout en faisant partie d'une structure qui nous permet de développer l'activité avec une vision à long terme. L'esprit d'entreprise est une qualité essentielle dans mon travail. Que ce soit en matière de technologie ou de comportement des utilisateurs, les règles du jeu changent très vite dans le digital. Je dois donc rester attentif à tout ce qui se passe autour de nous, afin d'être le plus réactif possible pour garantir en permanence l'expérience la plus exceptionnelle à notre audience. Il ne faut pas avoir peur de faire des erreurs, cela arrive souvent. Le plus important est de rebondir vite et en tirer des leçons qui sont ensuite utilisés sur d'autres prises de décisions » explique Daniel Coutinho, Directeur Général de Nowness.

➤ Aller chercher des compétences extérieures, et collaborer avec des start-ups, permet de mener des projets en rupture avec l'existant, tout en faisant grandir la culture digitale et entrepreneuriale de l'entreprise

« C'est grâce à notre hyperspécialisation que les marques nous confient la gestion de leur e-commerce ; nous avons été un accélérateur pour la digitalisation de nos clients », explique Yann Rivoallan, CEO de The Other Store. « Déléguer un pan important de son activité commerciale pour les marques est souvent une obligation pour celles-ci, si elles ne disposent pas en interne, des ressources et des compétences capables d'adresser de concert l'ensemble de la mécanique de traction, d'engagement, de conversion, de logistique, de réassurance et de fidélisation. Ils profitent ainsi de notre partenariat pour parfaire leur culture digitale et leur expertise du métier du e-commerce », ajoute Yann Rivoallan.

Le New Black a aussi participé à la montée en charge de ses clients sur les aspects digitaux. « D'un point de vue organisationnel, l'utilisation de notre plateforme par les marques a eu pour conséquence, une redéfinition totale des processus commerciaux de la réception des collections, aux prises de commandes, jusqu'à l'analyse des ventes. L'impact sur l'adoption des outils digitaux par les équipes commerciales et marketing des marques a été notoire », analyse Vidya Narine, CEO de Le New Black.

➤ Fédérer l'ensemble des collaborateurs autour d'une même vision

« C'est cette mentalité dite de start-up qui a été cruciale pour nous au démarrage, elle l'est encore aujourd'hui, et le sera encore demain », explique Pier Paolo Righi. « Nous tentons de la maintenir, en nous assurant de garder un état d'esprit très ouvert, de rester vif et agile, de continuer à prendre des risques calculés tout en restant humble. C'est cet état esprit que nous essayons de transmettre à toutes nos jeunes recrues. Même si notre organisation a évolué depuis son lancement, j'essaye de la garder la plus horizontale possible », conclu Pier Paolo Righi.

Le projet Style.com est aussi abordé comme celui d'une une start-up. « La conception de ce projet a nécessité de constituer une nouvelle équipe, avec des profils métiers très différents de ceux communément rencontrés dans le groupe, combinant expertises techniques, digitales, e-commerce, retail, à celles d'experts de la mode », décrit Franck Zayan. Si Style.com est une structure indépendante, elle collabore étroitement avec l'ensemble des entités du groupe, consciente que l'adoption du projet par son ensemble, sera un des facteurs clés de succès du projet.

Les industriels du luxe disposent, en fait, d'atouts uniques pour aborder la transformation digitale, et intégrer les technologies et le digital dans leurs organisations. Car, selon le principe fondamental, ce n'est pas l'idée ni la technologie qui prévalent, mais uniquement la capacité à la mettre en œuvre, à la réaliser et à l'exécuter et ce, de façon irréprochable. Cette exigence de qualité et d'excellence fortement ancrée dans les gènes des marques de luxe, constitue un avantage manifeste.

Ces marques qui évoluent dans un monde ultra connecté et globalisé se préparent déjà à s'engager dans l'innovation, et à opérer les changements organisationnels et culturels nécessaires. Celles qui n'en feront pas un combat seront marginalisées et potentiellement plus exposées au risque.

Agilité, excellence opérationnelle, culture de l'innovation, engagement des collaborateurs, relations et interactions clients, nouveaux processus, prises de risques, idéation, investissements dé-risqués, incubation, esprit entrepreneurial, sont les ingrédients élémentaires à la définition d'un nouvel écosystème pour les entreprises du luxe dont le cœur est le capital humain.

Bernard Arnault s'exprimait ainsi en septembre dernier : « Le groupe LVMH devrait être géré comme une start-up malgré sa taille. Nous voulons nous éloigner de cette organisation basée sur le marketing et nous concentrer davantage sur une mentalité start-up. »[1]

Conclusion

« Le nouveau, c'est l'improbable.[2] »

Alors comment connecter ces deux mondes qui ne le sont pas encore ?

Ma conviction est que les collaborations entre le luxe et le digital vont se généraliser pour donner lieu à plus de synergies industrielles, et finalement, créer un écosystème puissant et connecté. Les marques n'ont pas d'autres alternatives que de devenir plus agiles et de s'inscrire dans ce nouveau paradigme.

La France, grande nation du luxe, et Paris, capitale de la mode, bénéficient d'un terreau unique et ultra favorable pour constituer les fondations

1. Fashionmag le 22/09/2015.
2. Edgar Morin

d'un futur rayonnement autour des Fashion-Tech, en lien direct avec l'industrie du luxe.

Il est urgent de créer un pôle d'excellence du luxe dans lequel l'innovation, les technologies et le digital constitueraient un des piliers fondateurs, au même titre que les savoir-faire, et autour duquel collaboreraient les Maisons de luxe, temples de la tradition, gardiennes d'un héritage et des valeurs d'excellence, avec les retailers, les designers, les artisans d'art, les centres de recherche, les institutions, les écoles, les groupes technologiques et les start-ups.

Seule une approche novatrice et entrepreneuriale permettra de fédérer l'ensemble des parties prenantes de l'écosystème autour d'une telle ambition, et de fertiliser l'innovation par le mélange des genres.

C'est une nouvelle grammaire qui s'impose à l'industrie du luxe où se conjugueront tradition et innovation, contenu et commerce, physique et virtuel, créativité et analytics, digital et émotionnel, croissance et durabilité, pour créer le luxe de tous les possibles.

Conclusion générale

En guise de final, nous vous proposons notre *credo pour le luxe Postdigital*. Au-delà d'une synthèse engagée, il a l'ambition d'être une grille de validation pour vos prochaines actions digitales, sans mettre en péril votre devoir de singularité et de sens.

Credo pour le luxe Postdigital

Nous croyons que le luxe doit se décomplexer sur la question digitale.

Nous croyons que luxe et digital partagent un grand nombre de valeurs (l'acuité, le sur-mesure).

Nous croyons que luxe a oublié ses liens historiques à l'innovation et aux disruptions.

Nous croyons que luxe s'est enfermé dans le confort de la tradition.

Nous croyons que le luxe fait rêver les maîtres du digital.

Nous croyons que le luxe peut transformer le digital en l'humanisant et en le rendant plus poétique.

Nous croyons que le luxe ne peut échapper à sa digitalisation, sans pour autant sacrifier à son unicité.

Nous croyons que le luxe doit adopter une sagesse digitale.

Nous croyons que l'expression digitale de luxe ne doit ressembler à aucune autre.

Nous croyons que le luxe ne doit pas se laisser tenter par le piège de l'ubiquité, il doit protéger sa rareté.

Nous croyons que le luxe doit conserver son pouvoir de dire non.

Nous croyons que le luxe ne doit pas déléguer son avenir technologique à des partenaires extérieurs.

Nous croyons que les maîtres mots de la digitalisation du luxe sont *Magie* et *Clairvoyance.*

Nous croyons aux nouveaux créateurs du luxe, alchimiste des conversations, artisan du *si loin, si proche.*

Nous croyons qu'il n'y a pas de luxe sans *Intelligence Client.*

Nous croyons que le luxe par son *Intelligence Client* doit savoir quand ne pas surestimer son client ou au contraire quand le transcender.

Nous croyons que le luxe est le plus désirable des lego identitaires.

Nous croyons que le luxe est le plus bel atout dans la représentation du lifestyle de l'individu contemporain.

Nous croyons que le luxe doit passer du modèle de club privé archaïque à celui de communauté engagée et engageante.

Nous croyons que le luxe doit privilégier la valorisation de ses initiés aux recrutements de fans.

Nous croyons que le luxe doit inventer l'expérience digitale de l'initiation.

Nous croyons qu'il n'y a pas de luxe sans expérience, ni fascination.

Nous croyons que le luxe doit proposer une expérience avec qualité de service identique, quel que soit le lieu géographique ou numérique.

Nous croyons que le luxe doit utiliser les *médias sociaux en gants blancs.*

Nous croyons que tout acheteur de luxe, quel que soit le canal utilisé, doit vivre une expérience VIP.

Nous croyons que le luxe doit inventer son cérémonial d'e-achat.

Nous croyons que l'achat luxe est compatible avec une expérience sociale.

Nous croyons que l'e-shop d'une marque de luxe ne doit ressembler à aucun autre.

Nous croyons que les magasins du luxe offriront des expériences augmentées du digital.

Nous croyons que le vendeur de luxe doit être renforcé par le digital en affinant ses fonctions conseils et en le consacrant initié.

Nous croyons que le luxe ne doit pas avoir peur du désir de transparence à condition qu'il n'ait rien à cacher.

Nous croyons que le luxe doit se confronter avec l'obsession des nouveaux clients du luxe *value for money*.

Nous croyons qu'il ne peut y avoir d'e-achat luxe sans un écrin de contenu.

Nous croyons que le luxe doit être à l'avant-garde du *content marketing*.

Nous croyons que le luxe ne doit plus penser campagne, mais contenu.

Nous croyons que le luxe doit fidéliser ses audiences par des contenus pérennes.

Nous croyons que le luxe doit avoir l'ambition d'être une plateforme culturelle, inspiration pour la curation personnelle de ses clients.

Nous croyons que le mobile est le plus fidèle des complices du luxe, à condition de le domestiquer.

Nous croyons que les parcours clients luxes doivent se faire *hacker* par les artistes digitaux.

Nous croyons que le luxe doit considérer les artisans digitaux comme les égaux de ses talents traditionnels.

Nous croyons que le luxe doit faire une place de choix dans ses ateliers aux artisans postdigitaux.

Nous croyons que le luxe doit gagner en agilité, trouver une place pour le *test and learn*, oser jouer un rôle d'incubateur.

Nous croyons que la jouissance du luxe ne remplacera jamais sa possession.

Nous croyons que le luxe doit rester le gardien du temps long, une promesse de déconnexion face à un temps réel obsédant.

Nous croyons en un monde où la distinction entre réel et digital n'existe plus.

Nous croyons que le luxe doit posséder par une seule obsession, imaginer les désirs de demain.

Nous croyons que le luxe peut ajouter de la poésie dans le monde prévisible et désenchanté contemporain.

Nous croyons que l'objet de luxe permet à l'individu de rester les pieds sur terre et la tête dans les nuages.

Nous croyons au *luxe Postdigital*.

Éric Darkplanneur Briones

Postface

> Patrick Albaladejo est professeur affilié à HEC Paris où il co-dirige la chaire de Luxury Brand Management après voir été directeur général-adjoint d'Hermès International de 2006 à 2015. Son parcours de dirigeant international s'est effectué au sein de grands groupes comme Quaker Oats, Colgate Palmolive, Diageo ou Lancaster (Coty) mais aussi chez William Grant, société de whiskies et spiritueux, détenue par une famille comme l'est Hermès.

Dans *Luxe et Digital* on ne perçoit pas d'emblée l'audace de la juxtaposition pourtant les deux mots forment un paradoxe puissant. En réconcilier les termes est le défi que relèvent Éric Briones et les contributeurs de cet ouvrage. Combien d'articles de presse et combien de conférences ont construit le mythe du retard du Luxe dans le domaine du digital. Et si ce que l'on qualifie bien trop facilement de retard n'était que précaution, soucis d'excellence, conscience des dangers car, pour paraphraser le dicton. « Il est toujours trop tôt de mal faire », plus encore dans le luxe où rien n'est pardonné.

Pour les générations de *digital natives* le principe conducteur de la vie pourrait presque se résumer à « tout, tout de suite, gratuitement ». C'est ce que leur a enseigné depuis l'enfance, la fréquentation assidue du monde digital. Plus qu'une boutade, ce principe conditionne leur pensée. L'accès à l'information et à la connaissance, aux autres par les réseaux sociaux et aux images sous toutes leurs formes, est devenu infini en à peine plus de vingt ans et sa gratuité est présupposée. Pour un acteur du digital, parvenir à monétiser son activité est toujours un exploit !

Dès lors, comment pourrait-on concilier aisément le digital qui est « tout, tout de suite, gratuitement » avec le luxe qui est « exclusivité, temps long et prix élevé » ?

Une deuxième facette de ce paradoxe tient à ce que les clients du luxe ont déjà accompli leur mutation digitale personnelle alors même que les marques n'en sont encore qu'aux prémices. Toutefois, elle n'est que l'application aveugle et indifférenciée au luxe, d'approches créées pour le mass market. Elle fait l'impasse sur l'impérieuse nécessité de traduire dans le domaine digital, les principes fondamentaux du Luxe qui sont justement aux antipodes de la massification, de l'intrusion et de la pensée quantitative.

On comprend mieux dès lors que les acteurs les plus sérieux de cette industrie prennent tout leur temps pour trouver la formule qui renforcera leur marque par le digital au lieu de la diluer : Rayonner pour perdurer ! Qui ne comprend pas les difficultés et les risques du digital pour le luxe, ne comprend simplement pas le luxe.

Le luxe opère sur un modèle économique qui est bâti sur le postulat, facilement vérifiable, que l'émotion est un moteur plus puissant que la raison. Il permet donc de créer plus de valeur en offrant des produits beaux, exclusifs, de haute qualité, avec lesquels le client établira une relation émotionnelle qui dépassera la satisfaction de la simple possession. Pour réussir son alliance avec le digital, le luxe doit donc apprivoiser le digital et l'inviter sur son territoire qui doit être scrupuleusement respecté.

Le digital est un progrès technologique majeur qui tente, souvent avec succès, d'imposer sa loi à toutes les autres industries surprises ou désemparées par la profondeur et la vitesse des mutations engendrées. Tétanisés par la peur de disparaître, certains embrassent pour se rassurer les pratiques courantes du digital en oubliant leurs propres fondamentaux comme si ces derniers se trouvaient soudain démonétisés.

L'alliance du Luxe et du Digital passera, en effet, par un rééquilibrage du rapport de force afin que le Luxe puisse inventer et mettre en œuvre une approche originale du digital, au lieu de se soumettre aux pratiques établies pour le mass market et d'y perdre son âme. C'est seulement dans cette perspective que les nombreux et spectaculaires recrutements d'experts venus du digital par les grandes marques de luxe prendraient tout leur sens. Leur mission ne saurait être de rattraper un prétendu retard en transposant les approches adoptées par les acteurs digitaux qui les employaient. Il s'agira pour eux d'aider les marques de Luxe à préserver leur singularité et leurs fondamentaux dans leur expression digitale, en inventant pour elles un nouvel abécédaire du digital. À défaut, la banalisation menace comme, par exemple, dans la diffusion massive et en direct sur le web des défilés de mode qui les rend inévitablement moins mystérieux donc moins désirables.

L'offensive menée par des grands acteurs du e-commerce à Bruxelles pour obtenir une remise en cause par la commission européenne du contrat de distribution exclusive, marqueur essentiel du luxe, illustre aussi parfaitement cette menace. Il importe que l'industrie, au-delà des arguments juridiques, apporte une réponse décisive sur le terrain même du digital en inventant ses propres règles et pratiques en toute indépendance rejetant la banalisation des pratiques formatées. Une marque de Luxe se grandira-t-elle en définissant son parcours d'achat en ligne avec, comme critère majeur, le nombre de clics nécessaires pour finaliser l'achat ?

A contrario, favorisée par le développement du web, la montée en puissance de l'image face au mot est une belle opportunité pour les maisons de Luxe. L'image est toute émotion et l'accumulation d'images fait naître le sens. Émotion et Sens sont un territoire familier au Luxe. L'image crée la viralité lorsqu'elle est forte et singulière. Elle nourrit l'imaginaire de la marque chez ses clients ou simples admirateurs. La viralité qu'offrent les appréciateurs d'une image nourrit la marque en retour. Ces leviers sont puissants presque universels. Les marques de luxe n'en ont sans doute jamais eu de tels.

Si définir la frontière entre réel et virtuel est devenu futile, prétendre en ignorer les différences est tout aussi absurde. La limitation de l'expression des sens dans le monde virtuel en l'état actuel de la technologie, ne permet pas d'y proposer aux visiteurs une expérience complète telle que le luxe se doit de l'offrir. Plutôt que tenter de définir les frontières, il faut travailler en profondeur la synergie entre expériences en ligne et en magasin. Là encore, un modèle de magasin dont l'objectif serait d'offrir une expérience de type digitale dans un mode réel serait un contresens grave. À quoi servirait qu'un vendeur montre sur sa tablette ce qui est présent sur le portant ou l'étagère derrière lui juste pour « faire moderne » ? En revanche quel privilège de pouvoir payer directement à son vendeur muni d'un terminal et éviter de faire la queue à la caisse un jour de rush !

La détermination du Luxe à entrer de plain-pied dans l'univers digital ne saurait être mise en doute. Sa prétendue lenteur n'est que le signal de l'importance qu'il accorde à cette mutation. La solution n'est surtout pas dans l'importation aveugle des pratiques nées des marchés de masse qui seraient un véritable poison. Elle est dans l'invention d'un modèle propre où l'intensité des désirs créés par l'émotion surpassera de très loin celle issue de l'efficacité pratique. Le Luxe a beaucoup à y gagner. Le digital règne, privilégié du quantitatif, en sortira également grandi. Il valorisera l'affinité là où règne la puissance, le respect de l'intime là où règne l'intrusion, et rétablira la sérénité là où sévit la fébrilité. Ainsi s'ouvriront grandes les portes de l'épanouissement personnel et la voie vers un monde postdigital où le pouvoir ira à l'humain plutôt qu'à l'algorithme. « Civiliser » le digital, telle est peut-être la mission du luxe pour créer de la valeur en respectant les valeurs.

Patrick Albaladejo

Index des marques

Y

Z

Index des personnalités

74418 – (III) – OSB 90° – NOC – NRI
Dépôt légal : mars 2016 – Suite du tirage : août 2017

Achevé d'imprimer par Dupli-Print à Domont (95)
N° d'impression : 2017072574
www.dupli-print.fr

Imprimé en France